Andreas Mölzer
Bernhard Tomaschitz

EUROPA – TRAUM UND ALBTRAUM

Andreas Mölzer • Bernhard Tomaschitz

Europa –
Traum und
Albtraum

Vom Heiligen Reich
zur Europäischen Union –
Ein Kontinent geeint
in seinen Gegensätzen

Die Edition

8

Gefördert mit Mitteln des
Europäischen Parlaments

„Zur Zeit"-Edition, Band 8

ISBN 987-3-900052-10-2
© 2007 W3 Verlagsges. m. b. H., 1030 Wien
Satz/Umschlag: Ecotext-Verlag, Mag. G. Schneeweiß-Arnold-
stein, 1010 Wien

Inhaltsverzeichnis

ANDREAS MÖLZER:

DER BRÜSSELER IRRWEG

EINE BESTANDSAUFNAHME DER „REAL EXISTIERENDEN EU"

Der Brüsseler Irrweg   9

BERNHARD TOMASCHITZ:

KRIEGE, HEGEMONIE UND VISIONEN

DER LANGE WEG ZUR EINIGUNG

Der große europäische Traum 39

Der karolingische Kern 41

An innerer Uneinigkeit gescheitert 53

Philipp II. – der spanisch-habsburgische Traum von der
   Hegemonie 69

„L' Europe c'est moi" 79

Napoleon – der Korse als „Kaiser Europas" 89

Deutschlands Staaten umfassendes Band 101

Das Gleichgewicht der Mächte 115

Das Zeitalter der Verträge 125

Die deutsche Mitte des Erdteils 137

Ein Kind von Versailles 147

Hegemonie oder Gleichberechtigung? 157

Großraum Europa 169

Der Beginn der europäischen Integration 181

Vom Atlantik bis zum Ural 191

Union der Krisen 201

Bernhard Tomaschitz:

STAATENBUND, SELBSTBEWUSSTSEIN UND MUT ZUR EIGENEN IDENTITÄT

Auswege aus der Krise der EU

Europa ohne Eigenschaften? 211

Mehr als ein geographischer Begriff 227

Zusammenarbeit statt Superstaat 241

Europa der zwei Geschwindigkeiten 253

Europa in der Welt 267

Freiheit in Not 277

Schicksalsfrage Demographie 289

Europa und den Europäern verpflichtet 303

Andreas Mölzer:

EUROPA, EIN GEISTIGER KONTINENT

Essays zur kulturhistorischen Substanz Europas

Mitteleuropa – gegen den Uhrzeiger 307

Die Renaissance Mitteleuropas 321

Krakau und Wittenberg – zwei Metropolen des europäischen
  Christentums 325

Zweierlei Wiederaufbau 331

Rund um Europas deutsche Mitte 337

Zwischen Drau, Donau, Theiß und Karpaten 359

Andreas Mölzer:

DER BRÜSSELER IRRWEG

Eine Bestandsaufnahme der
„real existierenden EU"

Der Brüsseler Irrweg

Eine Bestandsaufnahme der
„real existierenden EU"

Nationale, wertkonservative und freisinnige Menschen sind sui generis Europäer der ersten Stunde. Wir, die deutschen Österreicher, sind durch unsere Geschichte als Erben des alten Römischen Reiches Deutscher Nation, als Erben der alten Habsburger Monarchie natürlich in besonderem Maße Europäer. Wir wissen, was Europa bedeutet. Und konservative, geschichtsbewußte Österreicher wissen dies auch viel besser als die meisten anderen Bürger Europas, auch viel besser als die meisten anderen politischen Kräfte in unserem Lande, die von Europa schwadronieren. Wo man von jedem Politiker zuerst einmal hört, daß er ein „begeisterter Europäer" sei. Wenn man dann hinter die Fassade blickt und am schönen Schein kratzt, dann bleibt zumeist von dieser angeblichen Eigenschaft „begeisterter Europäer zu sein" nicht sehr viel übrig.

Wer Europa liebt, wer Europa als seinen großen geistigen und kulturellen Bezugsrahmen, auch als den geopolitischen Bezugsrahmen für unsere politische Existenz betrachtet, der muß in erster Linie die Vielfalt dieses Europas, die nationale, die kulturelle, die ethnische Vielfalt dieses Europas schätzen. Denn das ist ja die Kraft unseres Kontinents, das ist ja das Besondere, daß wir auf dieser kleinen eurasischen Halbinsel, auf dieser zerklüfteten, in viele Unterhalbinseln gegliederte Landzunge Eurasiens dutzende Hochkulturen hervorgebracht haben, mit gewaltigen geistigen, literarischen und anderen kulturellen Leistungen. Und daß diese Vielfalt der europäischen Völker einer der wichtigsten Bestandteile des geistigen Erbes und der geistigen Leistung der Menschheit überhaupt ist.

Eine einzigartige Kulturlandschaft

Es ist nicht der Einheitsbrei auf der eurasischen Landmasse, etwa im russisch-sibirischen Raum, der kulturelle Höchstleistungen gebracht hat, oder der Einheitsbrei im angelsächsisch dominierten Nordamerika, oder der Multikulturalismus in Südamerika, der die großen geistigen Leistungen der Menschheitsgeschichte, die beeindruckenden Leistungen des menschlichen Geistes hervorgebracht hat, sondern eben in erster Linie doch die Vielfalt der nationalen Kulturen in diesem alten Europa. Und es ist natürlich auch so, daß dieses alte Europa in seiner mehr als 1000jährigen Geschichte – eine Geschichte der gegenseitigen Kämpfe, des gegenseitigen Hasses, der gnadenlosen gegenseitigen Vernichtung, der Versuche, einander durch Hegemonie, durch quasi innereuropäischen Imperialismus zu unterjochen – daß dieses Europa trotz dieser Kämpfe, dieser ständigen Konkurrenz zwischen seinen Völkern auch eine ständige geistige Befruchtung, einen ständigen fruchtbaren Wettbewerb erlebte. Erst nach dem 20. Jahrhundert, mit seinen zwei Weltkriegen, die nicht zuletzt auch so etwas wie große europäische Bürgerkriege waren, wuchs die Erkenntnis, daß das Zeitalter der innereuropäischen blutigen Kämpfe vorbei sein müsse.

Wenn wir uns die Jahre 1918, 1919 und 1920, also die unmittelbare Zeit nach dem Ersten Weltkrieg, und weiters die unmittelbare Zeit nach dem Zweiten Weltkrieg vergegenwärtigen und uns vor Augen halten, wie Europa, speziell die deutsche Mitte Europas, ausgesehen hat, was es an unglaublichen materiellen Zerstörungen und an Chaos gab, was an menschlichen Opfern zu verzeichnen war, muß man sich einerseits wundern, daß es die Deutschen überhaupt noch gibt, als Staat, als Volk und auch als politische Kraft. Das ist wahrlich ein Wunder. Und das andere Wunder ist, daß es dann doch wieder gelungen ist, durch die mühevolle Arbeit der Kriegs- und Wiederaufbaugeneration, aus diesem so zerstörten, in so hohem Maße vernichteten, devastierten Europa wieder eine der faszinierendsten Kulturlandschaften dieses Planeten zu schaffen.

Wenn man heute durch Deutschland fährt und weiß, wie die Städte frührer ausgesehen haben, und man sich darüber hinaus klar macht, was an Wiederaufbausünden begangen wurde und an baulichen Geschmacklosigkeiten, dann ist es höchst erstaunlich, daß hier wieder eine Kulturlandschaft geschaffen werden konnte. Dies gilt darüber hinaus auch für das übrige Europa, wo eine Kulturlandschaft vorzufinden ist, die ja ihresgleichen auf diesem Planeten sucht. Da muß man erkennen, daß dieses Europa, und nicht nur unsere deutsche Mitte, sondern auch das was rundherum besteht, das alte Europa, das alte Kerneuropa von England bis Italien, von Spanien bis hinein ins Baltikum und bis hinein in den Balkan, ein geistiger Kontinent ist. Ein geistiger Kontinent, auf den wir über unseren engeren nationalen Bereich hinaus, über unsere engere Heimat in Österreich, über unsere deutsche Volks- und Kulturgemeinschaft hinaus unglaublich stolz sein können.

Es wird hierzulande kaum jemanden geben, der leichterdings bereit wäre zu sagen: Was ist das schon, dieses Europa? Was ist diese Kulturleistung des Abendlandes schon? Was sind schon die romanischen Kaiserdome und die gotischen Kathedralen und alles das was da geschaffen wurde? Was ist das schon?

11

Man darf getrost annehmen, daß es niemanden gibt, der da nicht mit uns einer Meinung wäre, daß das ein faszinierender geistiger Raum ist, daß das unsere gemeinsame Kultur ist, die Zusammenfassung all dieser europäischen Kulturleistungen. Und daß wir nach diesen beiden Weltkriegen und nach diesem leidvollen 20. Jahrhundert mit seinen totalitären Systemen, mit der jahrzehntelangen Unterjochung der Hälfte dieses Kontinents durch den real existierenden Sozialismus, durch den Kommunismus, daß wir froh sein müssen, daß man in Europa grundsätzlich zur Erkenntnis gekommen ist, daß das Zeitalter der europäischen Kriege, der europäischen Bruderkriege, wirklich vorbei sein muß.

Das Ende der europäischen Bürgerkriege

Es ist dies, wenn man ganz einfach hineinhört in die Völker Europas, nicht nur die Meinung der hohen Politik, nicht nur des großen Geistes- und Kulturlebens, nein, sondern auch die Ansicht der ganz normalen einfachen Menschen. Wir leben in einer Zeit, in der das Wiederaufleben der alten Konflikte fast nicht mehr denkbar wäre, in der es als paradox empfunden würde zu sagen, es könne beispielsweise wieder einen militärischen Konflikt zwischen Deutschen und Franzosen geben. Und selbst im Falle von Entwicklungen, wie man sie beispielsweise im Moment in Polen erlebt, wo starke chauvinistische und nationalistische politische Kräfte am Ruder sind, selbst dort ist bei aller Aversion gegen die Deutschen ein echter Konflikt nicht mehr denkbar. Es sind dies Kräfte in Polen, die in gesellschaftspolitischer Hinsicht, in kulturpolitischer Hinsicht, auch was das nationale Bewußtsein betrifft, durchaus Respekt verdienen. Es sind dies aber auch Kräfte, denen eines gemeinsam ist, nämlich die Aversion, und zwar eine intensive Aversion, gegen alles Deutsche. Aber selbst im Falle dieser Kräfte in Polen ist es einfach nicht mehr denkbar, daß das, was 1939, was 1914 geschehen ist, noch einmal geschehen könnte. Und auch in den meisten anderen Bereichen Europas ist dies undenkbar. Natürlich gibt es Randphänomene, es gibt die ETA, es gibt die IRA, es gibt am Balkan genug Krisenherde, wo die Gewaltbereitschaft latent, unter einer hauchdünnen, scheinbar friedlichen Kruste schwelt. Das gibt es alles, aber in Summe sollte man sich einig sein und sollte man darin übereinstimmen, daß das Zeitalter der europäischen Bruderkriege vorbei sein muß.

Nicht deswegen, weil die heutigen Europäer andere Menschen geworden wären als ihre Väter-, Großväter- und Urgroßväter-Generationen, als jene Generationen, die durch das Mittelalter oder durch die frühe Neuzeit all jene Kriege führten und erleiden mußten, die Europa zerrissen haben. Nein, nicht deswegen. Es sind keine anderen, es sind weder genetisch noch psychisch andere oder bessere Menschen. Es hat sich nur die Welt in all diesen Jahren

Fall der Berliner Mauer: Ende des Kommunismus erzwingt neues Bewußtsein

13

seit 1989, seit die Teilung Europas aufgehoben wurde, auf eine unglaubliche Art und Weise weiterentwickelt. Auf eine Art und Weise, die die Bewohner des alten Kontinents geradezu dazu zwingt, ein europäisches Bewußtsein zu entwickeln.

Die Globalisierung erzwingt ein europäisches Bewußtsein

Nehmen wir die Globalisierung, nehmen wir dieses Phänomen der weltweiten Nivellierung, die nicht nur in ökonomischer Hinsicht stattfindet, sondern auch im zivilisatorischen Bereich. Man kann dies nicht als kulturelle Nivellierung bezeichnen, denn es hat wenig mit wirklicher Kultur zu tun, es ist vielmehr eben bloß „Zivilisation". Es ist dieser triviale „american way of life", diese Form einer amerikanisierten Zivilisation, von der Kleidung bis zur Gebrauchsmusik in den Radiostationen, die diesen ganzen Planeten wie Pilzbefall überwuchert. Und es sind im ökonomischen Bereich die großen multinationalen Konzerne, die durch eine weltweite Nivellierung eben diese Globalisierung erzwungen haben. Eine Globalisierung, der wir uns sowohl als Einzelmensch als auch als Gemeinwesen, als Staat, schlicht und einfach nicht zu entziehen vermögen. Diese Globalisierung birgt ungeheure Gefahren in sich. Einerseits ist es der Verlust von sozialer, von ökonomischer Substanz in unseren Ländern, in Österreich, in Europa selbst, bis hin zum Verlust der meisten Arbeitsplätze. Man muß sich vergegenwärtigen, daß da bereits alles zu Grunde gegangen ist im klassischen Bereich des Wirtschaftslebens. Landwirtschaft, Bergbau, Industrie, das alles droht in unseren Breiten zu verschwinden angesichts dieser Globalisierung und angesichts des schrankenlosen als Neoliberalismus bezeichneten Gewinnstrebens dieser multinationalen Konzerne.

Das ist eine der größten Gefahren im gegenwärtigen Europa: diese multinationalen Konzerne sind nämlich etwas anderes als noch vor 20 Jahren, als Mercedes Benz im wesentlichen ein deutscher Konzern war, als die Deutsche Bank eben eine deutsche Bank war und eben überdies französische und britische, italienische und spanische Konzerne existierten. Heute gibt es im wesentlichen bei den großen multinationalen Konzernen eine nationale, staatliche oder gar in irgendeiner Form kulturell auf das Volk ausgerichtete Bindung überhaupt nicht mehr. Die großen multinationalen Konzerne sind eigenartige Gebilde geworden, die weltweit in der Anonymität des weltweiten Kapitalverkehrs agieren. Die nur auf die Gewinnmaximierung ausgerichtet sind und von einer Managerkaste geleitet werden, die durch unglaubliche Gehälter zutiefst korrumpiert ist.

Da muß man sich vor Augen halten, daß der Fall des österreichischen Gewerkschafts-Bankers Elsner ein ganz normaler Fall ist. Normal ist nicht, daß einer hinter Gittern sitzt, weil die Herrn alle nicht hinter Gitter sitzen, sondern in Elsnerschen Luxuxvillen. Das sind jene Manager, wo wir uns jetzt alle sagen: Um Gottes Willen, was die an Pension, an Gehalt, an Abfertigung kassieren! Das ist aber in dieser Managerkaste auf dieser Ebene weltweit üblich. Und man muß wissen, daß diese Menschen mit Privilegien dieser Dimensionen, die ja die eines Aristokraten früherer Jahrhunderte oder die eines Erzherzogs bei weitem übersteigen, maßlos übersteigen, daß Menschen mit diesen Privilegien überhaupt keinen Bezug mehr haben zum eigenen Volk, zum eigenen Land, zum eigenen Staat oder zu Europa.

15

Die haben nur mehr den Bezug zu diesen frei vazieren-
den Kapitalströmen. Die lassen dort produzieren, wo die
Produktion möglichst billig, die Löhne möglichst niedrig
und der Gewinn möglichst groß ist. Ob das bei uns in
Österreich ist, in der Slowakei, in Taiwan oder in Indien
ist, ist diesen multinationalen Konzernen völlig gleichgültig. Es zählt nur die Gewinn- und Kapitalmaximierung,
organisiert von einer Managerkaste, die in dieser Dimension, wie gesagt, völlig korrumpiert ist.

Und das alles ist absolut legal. Wenn man diese Kaste
als korrumpiert bezeichnet, dann charakterisiert man keinen strafrechtlichen Tatbestand, sondern einen moralisch
verwerfliche Tatsache. Das ist alles absolut legal und man
wird sehen, daß auch ein Herr Elsner wahrscheinlich un-
geschoren davonkommen wird, weil das, was er gemacht
hat, im Rahmen dessen, was international geschieht, möglicherweise unglücklich war, erfolglos, aber legal. Das ist
ja das Perverse dabei.

Diese Form der Globalisierung und die ungeheure
Macht, die mittels dieser in erster Linie ökonomischen
Globalisierung auf unsere Völker und auf unsere Staaten
in Europa wirkt, hat eine Potenz, derer wir uns als kleines Land wie Österreich, aber auch als großes Land wie
etwa die Bundesrepublik Deutschland, wie Frankreich
oder England, nicht erwehren können. Das heißt, das, was
uns zwingt, Europäer zu sein, ist in erster Linie einmal die
ökonomische Globalisierung.

Aber auch die zivilisatorische Globalisierung zwingt
uns dazu. Auch da vermögen wir uns im kleinen national-
staatlichen Rahmen nicht mehr zu behaupten. Es ist völlig
klar, daß dieses Europa, wie wir es uns wünschen, ein anders Europa ist als jenes, welches derzeit existiert – die EU,
die es heute gibt, sollte eigentlich Schutzwall gegen diese

Globalisierung sein. Ein Schutzwall zur Erhaltung unserer Arbeitsplätze, zur Bewahrung unserer Lebensweise, unserer kulturellen Lebensart.

Die „real existierende EU" und ihre Gründungsfehler

Die heute real existierende EU – wir nennen sie bewußt so wie seinerzeit den real existierenden Sozialismus „real existierende EU", im Gegensatz zum positiven Begriff „Europa", dem geistigen Europa – diese heute real existierende EU ist kein Bollwerk gegen die Globalisierung, sie verkommt vielmehr zum Instrument der Globalisierung. Hier agieren die Helfershelfer, die Schergen der Globalisierung, die als EU-Kommissare, als Brüsseler Bürokraten, als Lobbyisten der multinationalen Konzerne für diese Globalisierung zu Lasten der europäischen Völker, zu Lasten der europäischen Kulturen und zu Lasten der europäischen Menschen tätig sind.

Das ist eine der zentralen Fehlentwicklungen, der primäre Mißstand, den diese Europäische Union aufzuweisen hat. Dies ist aber auch kein Zufall, es liegt vielmehr an den Gründungsfehlern dieser europäischen Integration. Integration heißt bekanntlich Zusammenarbeit, auch Zusammenschluß in vielerlei Hinsicht. Im Hinblick auf das Verkehrswesen, auf den Zoll und auf alles andere. Eine solche Integration ist an sich notwendig, denn eine gemeinsame europäische Zukunft ohne Integration wird nicht möglich sein.

Wie aber sieht sie aus, wie soll sie aussehen? Diese Frage verweist uns auf besagte Gründungsfehler: Es ist natürlich klar, daß der Beginn dieser europäischen Integration in den späten 40er Jahren ein Siegerprojekt war. Ein Vorhaben, das man in erster Linie für eine europäische Zukunft zu Lasten der Besiegten geplant hat. Und diese Zukunft soll-

17

te natürlich so aussehen, daß man die Deutschen, die sich in zwei Weltkriegen für das internationale Establishment als so gefährlich erwiesen haben, niederhalten wollte. Wir wissen, daß die Montan-Union in erster Linie ein Projekt war, um das deutsche Industrie- und Bergbaupotential, etwa im Ruhrgebiet, zu kontrollieren.

Dabei war es nur natürlich, daß man dieses deutsche Potential kontrollieren und auch ausbeuten wollte, es auch nutzbar machen wollte für die Sieger. Es war insofern ja verständlich und von einer gewissen tückischen Logik, weil man im Gegensatz zu Versailles, im Gegensatz zu den Pariser Vororteverträgen nach dem Ersten Weltkrieg, auf offene Reparationen verzichtete und darauf verzichtete, die offene Knechtschaft über die Besiegten zu verhängen. Man verhängte vielmehr eine Art von verdeckter Knechtschaft über die besiegten Deutschen.

Dieser Gründungsgedanke, der erstens einmal ein ökonomischer war, also die Wirtschaft absolut in den Mittelpunkt stellte und zweitens einer, der zu Lasten der Besiegten gehen sollte, zieht sich durch bis zum heutigen Zustand der Europäischen Union. Das ist völlig klar. Es ist also diese Europäische Union – obwohl sie sich von der EWG, von der Europäischen Wirtschaftsgemeinschaft zur Europäischen Union entwickelt hat – noch immer ein vorwiegend ökonomischer Verband. Die Wirtschaft, bzw. die Interessen der Wirtschaft, sind im Mittelpunkt geblieben, wobei die Problematik ist, daß die Wirtschaft von heute eben nicht mehr die Wirtschaft der 50er Jahre ist, oder die der 60er und 70er Jahre, als es noch Volkswirtschaften gab.

Lobbyisten: Überproportionaler Einfluß der Interessenvertreter der Konzerne

Die Herrschaft der Multis und der Lobbyisten

Es gibt de facto keine Volkswirtschaft mehr im gro-ßen Bereich der EU. Noch immer aber ist es so, daß diese indessen zu weltweit agierenden multinationalen Kon-zernhierachien mutierte Wirtschaft über ihre Lobbyisten Brüssel in wesentlichen Bereichen beherrscht. Und dieses Lobbyisten-Unwesen wird auch offen gehandhabt. Es ist nichts Geheimes, es gibt keine konspirativen Treffen ir-gendwelcher Geheimagenten eben durch amerikanische Konzerne. Sie sind akkreditiert bei der Kommission, beim Rat, gehen bei den „Meetings", wie es so schön heißt, ein und aus und vertreten die Interessen der multinationalen Konzerne ganz offen.

Daher ist auch leicht erklärbar, warum diese Europä-ische Union kein Schutzwall gegen die Globalisierung ist, sondern ein Helfershelfer, oder sogar die zentrale Triebfeder dieser Globalisierung. Alles, was in Brüssel an Verordnungen und Gesetzen beschlossen wird, die in wirtschaftlicher Hinsicht relevant sind, wird in den EU-Staaten nur noch umgesetzt und in den nationalen Parlamenten vollzogen. Wenn man sich diese EU-Verordnungen im Detail anschaut, erkennt man, daß sie zumeist maßgeschneidert für die Interessen dieser multinationalen Konzerne beschlossen werden. Das sind meist unglaublich komplizierte Materien, wobei es etwa im EU-Parlament viele hunderte Abstimmungen zu Detailproblemen gibt, die man als Abgeordneter gar nicht durchschauen kann. Und insbesondere die großen Fraktionen – etwa die christdemokratische, welche die größte im Europäischen Parlament ist – vollziehen eins zu eins die Interessen, die über die Lobbyisten dort hineingetragen werden.

Dieser Gründungsfehler, daß die Europäische Union in erster Linie unter ökonomischen, also wirtschaftlichen Aspekten gesehen wurde, zieht sich bis heute durch. Und er bewirkt, daß das europäische Projekt, so wie es heute existiert, nicht unser Schutzwall gegen die Globalisierung ist, sondern ganz im Gegenteil, sein Erfüllungsgehilfe.

Wir aber müssen unseren positiven Blick auf ein anderes Europa werfen. Was wir zu schaffen versuchen müssen, ist ein Europa, das sich wirklich wieder in wirtschaftspolitischer Hinsicht, in der globalen finanzpolitischen und ökonomischen Auseinandersetzung zum Schutzfaktor für die Wirtschaft der Mitgliedstaaten machen läßt. Zum Schutzfaktor für die europäischen Menschen, die im Erwerbswesen stehen, zum Schutzfaktor für die europäischen Arbeitsplätze, zum Schutzfaktor für eine europäische Industrie, für den europäischen Bergbau, für eine europäische Landwirtschaft. Wie das im Konkreten dann funktionieren kann, ob über eine Renationalisierung etwa der Landwirtschaft oder über eine Reaktivierung des europäischen Bergbaus, darüber muß nachgedacht werden.

Volksvermögen erhalten – Scheinprivatisierung stoppen!

Das heißt, es müßte wieder ein Europa entstehen, das sich in erster Linie in ökonomischer Hinsicht aus den Klauen dieser multinationalen Konzerne löst, oder auch in der Lage ist, eine Renationalisierung der Konzerne durchzuführen. Dabei stellt sich natürlich die Frage, wie weit dies möglich sein wird. Auch die Freiheitlichen haben sich in den 80er und 90er Jahren zu Helfershelfern der Globalisierung in Österreich gemacht, in dem sie für eine schrankenlose Privatisierung plädiert haben. Natürlich kann man kein Verfechter eines staatssozialistischen Wirtschaftssystems sein.

Aber man hat das Kind mit dem Bade ausgeschüttet, es wurde alles verscherbelt, was der Republik Österreich und ihren Bürgern gehört hat. Was gehört heute noch der Republik? Was gehört der Republik noch an Energieerzeugern, was an relevanten Bodenschätzen? Alles wurde verkauft an irgendwelche dubiosen Konzerne, und man weiß häufig nicht, wer wirklich dahintersteht.

Da haben auch die Freiheitlichen in ihrem alten Reflex gegen die großkoalitionäre korrupierte Industrie, wo rot-schwarz sich alles geteilt hat, mitgemacht. Man hat alles privatisiert und dabei übersehen, daß wir den Ausverkauf des ganzen Volksvermögens in Österreich – und das ist in anderen europäischen Staaten nicht anders – bewerkstelligt haben. Und dies bis zum heutigen Tage. Seit Jahren werden durch die Bundesregierung aus Gründen der Budgetkosmetik ständig scheinbar privatwirtschaftliche Firmenkonstrukte begründet, in welche diverse Aufgaben ausgelagert werden. Da gibt es dann eine „Familien GmbH" und Ähnliches, Scheinprivatisierung also nicht nur in ökonomischen, sondern auch in gesellschaftspoli-

21

tisch relevanten Bereichen. Da gibt es dann in diversen Ministerien oder in den Landesregierungen Beamtenapparate, die formal für die entsprechenden Bereiche zuständig sind. Und parallel dazu werden privatwirtschaftliche Firmen gegründet, mit Parteigünstlingen besetzt und Pseudomanagern, die die doppelten Kosten verursachen. Das Ganze hat den Vorteil, daß es von der Budgetseite nicht mehr relevant ist, die Defizite scheinen nicht mehr auf. So geht es bei der ASFINAG zu, der die Autobahnen gehören. Das ist eine private Gesellschaft, an der sich theoretisch auch ausländische Investoren beteiligen können. Und das ist natürlich auch eine Spielwiese für jene Parteigünstlinge, die man unterbringen muß. Da finden sich dann alle möglichen Ex-Politiker, die dort angeblich unglaubliche Leistungen für das Gemeinwohl erbringen.

Es ist in diesem ökonomischen Bereich eine Fehlentwicklung eingetreten, die wir nur korrigieren können, wenn wir in der Lage sind, eine Kehrtwende in Europa zu erzwingen, welche Europa zu einem anderen Europa macht, sprich, zu einem Schutzfaktor gegen die Interessen der multinationalen Konzerne. Unklar ist, wie das gehen kann, weil es ja fast utopisch zu sein scheint. Das sind Mächte und Kräfte, die unglaublich stark sind. Das ist das eine.

Europa in der Legitimitätskrise

Andererseits stehen wir natürlich in diesem Europa auch in einer Legitimitätskrise. In einer Legitimitätskrise, die sich darin äußert, daß dieses Verfassungswerk, das geplant war und wohl im Wesentlichen von den masonschen Kräften im Hintergrund gesteuert wurde, daß dieses Verfassungswerk offenbar und gottlob weitgehend gescheitert ist. Wir wissen ja, Franzosen und Niederländer

EU-Verfassung: Europa am Weg zum Weg zum Superstaat

haben diese Verfassung in zwei Referenden abgelehnt. An sich ist es also so, daß diese Verfassung nur in Kraft treten kann, wenn sie von allen Mitgliedsländern gleichermaßen ratifiziert wird. Österreich hat sie bereits ratifiziert. Der Herr Bundeskanzler und der Herr Haider haben ihre Abgeordneten dazu genötigt, Rot und Grün haben mitgemacht, weil ja Hintergrundkräfte, die diesen nahe stehen, wesentlich bei der Entstehung dieser Verfassung beteiligt waren. Und einzig die Abgeordnete Barbara Rosenkranz sowie einige Bundesräte wie John Gudenus und Peter Böhm haben sich dem verweigert.

Diese Verfassung, und das ist natürlich das Perverse, soll, wenn es nach den Mächtigen in der EU geht, trotzdem in Kraft gesetzt werden, was schon einmal ein eigenartiger Vorgang ist. Da wird abgestimmt und wenn das Ergebnis dann den Mächtigen nicht so koveniert, dann macht man eine Nachdenkpause, man macht dafür Propaganda und schließlich stimmen wir halt noch einmal ab, vielleicht geht es ja dann. Das ist auch ein Indiz, wie es wirklich um die Demokratie auf europäischer Ebene steht. Das ist da nämlich ein schönes Wort, aber nicht viel mehr.

Tatsache ist jedenfalls, daß man diese Verfassung schrittweise offenbar doch noch umsetzen will. Vielleicht mit einem anderen Namen, vielleicht mit einigen Bereichen, die man verändert, die man herausnimmt. In diese Richtung hat die österreichische Ratspräsidentschaft im ersten Halbjahr 2006 massiv gewirkt. Ganz im Gegensatz zu den Interessen der Österreicher und im Gegensatz zur breiten Meinung der Österreicher will man jetzt, wenn die bundesdeutsche Ratspräsidentschaft stattfindet, einen wesentlichen Teil dieser Verfassung durchziehen – wider jedes Recht und wider alles demokratische Empfinden. Diese Verfassung schaut auf den ersten Blick harmlos aus, sie ist ein Verfassungsungetüm, ein aufgeblähter bürokratischer Text, der in weiten Passagen harmlos oder zumindest nichtssagend ist. Aber von der zentralen Tendenz her ist diese Verfassung natürlich der Grundstein für den Weg Europas zum zentralistischen Bundesstaat, auch zur Nivellierung der europäischen Kulturen, zur völligen Aufhebung der Souveränitäten – Restsouveränitäten der Mitgliedsstaaten, muß man ja sagen – und damit auch zur Auflösung der herkömmlich gewachsenen europäischen, geistig-ethnisch-kulturellen und der staatlichen Einheiten.

Dieser Verfassungsentwurf wurde und wird von den Menschen abgelehnt. Und das ist das Merkwürdige: Natürlich haben die meisten Normalbürger weder das staatsrechtliche noch das juristische Wissen, um beurteilen zu können, wo die Gefahren liegen. Die Menschen haben ein Gespür für diese Dinge. Nun heißt es ja in Frankreich, in den Niederlanden, die Leute hätten über ganz etwas anderes abgestimmt. In Frankreich zum Beispiel hätten sie ihren Unwillen gegenüber Chirac artikulieren wollen und damit die Verfassung abgelehnt. Das mag schon stimmen, aber irgendwo ist dieses Unbehagen bei den Menschen drinnen. Und sie wissen genau, daß diese Verfassung ein Faktor ist, gegen den sie sich wehren müssen.

Der Weg zu einem anderen Europa

Auch in Österreich und Deutschland ist es natürlich so, daß die Mehrheit der Menschen massive Vorbehalte gegen diese Verfassung hat. Da macht sich wieder einmal die große Kluft zwischen der politischen Klasse und dem Volk bemerkbar. Die politische Klasse, sowohl in Deutschland als auch in Österreich hat diese Verfassung leichterdings und in breitester Mehrheit ratifiziert und abgesegnet. Die Bevölkerung hingegen ist allen Umfragen zufolge massiv aber eher intuitiv dagegen. Und das ist richtig, weil das auch quer durch Europa festzustellen ist. Die politischen Gruppierungen, die diese Skepsis gegen die EU-Verfassung tragen, sind eher schwächer – wie in Österreich die Freiheitlichen. Auch in den anderen Ländern sind es Parteien, die zumeist nicht in der Regierung sind oder eher keine Mehrheiten haben. Aber die Bevölkerung, die schweigende Mehrheit, ist in diesen wesentlichen Fragen auf ihrer Seite. Und wenn die Dinge glücklich laufen, siehe Frankreich, siehe Niederlande, ist es auch möglich, daß sich diese schweigenden Mehrheiten artikulieren und den Mächtigen dann doch die Suppe gehörig versalzen.

Allerdings kommt man nicht um die Feststellung herum, daß wir als Kritiker dieser real existierenden Europäischen Union auch einen Alternativentwurf erarbeiten werden müssen. Wir werden zeigen müssen, wie von der Legitimitätsseite her, von der konstitutionellen Seite her, von der großen Konstruktion eines solchen Staatsgefüges her das Europa aussehen soll, das wir wollen. Wir haben da vorläufig nur ein paar Schlagworte, Europa der Vaterländer, Europa der Völker zum Beispiel. Das ist alles richtig, das ist alles schön. Nur ersetzt es natürlich nicht einen durchdachten Entwurf, ein durchdachtes Konzept, wie ein solches Europa der Vaterländer, ein Staatenbund, wirklich aussehen kann und aussehen soll.

Und das wird eine Aufgabe sein, der wir uns zu stellen haben, mit vielen Freunden aus anderen europäischen Ländern und befreundeten politischen Bewegungen. Wie kann denn das Europa aussehen, das wir uns wünschen? Und wie können wir den Weg dazu bauen, ohne eine Stunde Null zu brauchen. Wir wissen ja, die jüngere Geschichte hat große Umwälzungen zumeist dann gebracht, wenn eine große Katastrophe gerade noch überlebt wurde, etwa 1918 oder 1945. Das können wir uns aber nicht erlauben, und das können wir auch nicht erhoffen, so eine Stunde Null, denn die würde ja zuerst eine gewaltige Katastrophe voraussetzen. Das heißt, wir müssen Wege in ein neues Europa konstruieren, die auf friedlichem, evolutionären Weg, auf dem Weg von Reformen denkbar sind, auf demokratischem Wege natürlich.

Das ist nicht ausgeschlossen, wenn wir an Frankreich und an die Niederlande denken und an die Ablehnung der Verfassung. Es gibt quer durch Europa wahrscheinlich breite Mehrheiten – das besagen Umfragen –, die das Bild eines zukünftigen Europas ähnlich im Kopf haben wie wir: Ein Europa, in dem ihr Volk, ihre Heimat, ihre Muttersprache, ihre Kultur überleben. Ein Europa, in dem auch der Staat weiter existiert, in dem sie seit Generationen leben, sei es Portugal oder Österreich, sei es Polen, sei es Tschechien, sei es ein anderes europäisches Mitgliedsland, auch das wollen die Menschen. Daß also nationalstaatliche

Souveränitäten – so weit sie mit einem Staatenbund vereinbar sind – in einem gemeinsamen Ganzen überleben. Das heißt, die Menschen wollen das und das ist unsere Chance. Da geht es darum, daß man – und zwar nicht nur bei uns, sondern quer durch Europa – jene politischen Kräfte entwickelt, die dieses Wollen in die Tat umsetzen. Und es gibt, zwar nicht in dem Ausmaße wie die schweigende Mehrheit vorhanden wäre, aber es gibt quer durch alle europäischen Länder diese 10- bis 20-Prozent-Parteien, die neben anderen gesellschaftspolitischen Vorstellungen in europapolitischer Hinsicht ähnliche Konzepte haben wie wir. Diese Kräfte sind natürlich von großen Unterschieden geprägt. Es gibt Zentralisten, wie etwa der Front National in Frankreich, die nicht rütteln lassen wollen an der großen französischen Einheit. Die wollen nichts hören von Volksgruppen, die wollen nichts hören von Regionalisierung. Das sind die Franzosen. Und es gibt Separatisten, wie den Vlaams Belang, die ihre nationale Heimat sozusagen als eigenen Staat, allerdings auch in einem wohlverstandenen Europa konstituieren wollen. Es gibt Leute in Parteien wie die Lega Nord, die Föderalisten sind und viele andere.

Ein Europa der Renationalisierung

All diese Unterschiede gibt es und die muß man natürlich im Rahmen der historischen Besonderheiten, der kulturellen Besonderheiten kennen. Und man muß sie berücksichtigen, aber sie lassen sich doch zu einem gemeinsamen Europakonzept überführen. Dieses gemeinsame Europakonzept kann natürlich aus der großen staatsrechtlichen Sicht her nur zu einem Staatenbund, zu einem möglichst föderativen Gebilde führen. Ein Staatenbund, der, wie gesagt, die Restsouveränität der Nationalstaaten möglichst stark beläßt, der auch eine Renationalisierung

ermöglicht. Renationalisierung etwa im Bereich der Landwirtschaft oder im Bildungswesen. Weil europäischer Bil-
dungsgeist heißt ja noch lange nicht, daß man von Brüssel
zentral bestimmen muß, wie unsere Hochschulen oder unsere Gymnasien und Volksschulen auszusehen haben. Da
ist durchaus so etwas wie eine Renationalisierung denkbar.
Das kann so ähnlich aussehen wie in der Bundesrepublik,
wo diese Bereiche Ländersache sind, aber deswegen am
gemeinsamen bundesdeutschen Kulturauftrag, so schlecht
er im Moment sein mag, nicht gerüttelt wird. Das heißt
also, ein Staatenbund mit möglichst großer Vielfalt, bei
dem sich die Vielfalt im Inneren auf die Mitgliedstaaten
konzentriert. Ein Staatenbund, mit möglichst großem Eigenleben, mit möglichst großer Bewahrung und Weiterentwicklung der nationalen Kulturen, der ethnisch gebun-
denen Kulturen, der nationalen Sprachen, der nationalen
Literatur, des nationalen Geisteslebens.

Das ist gewiß eine schwierige Sache, in diesem Zeitalter der medialen Gleichschaltung. Es ist völlig klar, daß da
eine Sache gibt, die man von Seiten der Politik, auch dann
einer europäischen Politik, gezielt fördern muß. Natürlich
gibt es Tendenzen, etwa die Sprachverhunzung: „Eng-
leutsch" und all diese Tendenzen zur geistigen Nivellierung. Diese sind weniger geplant aufgrund irgendwelcher
Verschwörungen, sondern entstehen aus einer Eigendyna-
mik, die auch mit dieser ökonomischen Globalisierung zusammenhängt. Und da muß natürlich dann der Staat, die
Gesellschaft, der Gesetzgeber gezielt gegensteuern. Und
das kann er. Es gibt Beispiele wie etwa Frankreich und
seine Sprachpolitik. Das heißt also, daß ein solcher Staatenbund, der im Inneren möglichst föderativ gegliedert
ist, auch kulturell, sprachlich, geistig das Ziel sein muß.
Und dieses Ziel ist natürlich auch zu erreichen, indem

man etwa den bestehenden Verfassungsentwurf mittels eines Alternativentwurfes konterkariert. Das heißt, daß EU-kritische politische Kräfte in Europa so etwas wie eine europäische Charta entwickeln sollen, um einmal festzusetzen, wie dieses Europa ausschauen soll.

Mut zur europäischen Macht

Neben der Legitimitätskrise und der ökonomischen Krise Europas gibt es auch so etwas wie eine Krise des Machtbewußtseins in Europa. In Wahrheit hat es so etwas wie Machtbewußtsein für Europa in diesen letzten 60 Jahren gar nicht gegeben. Wir sehen das ja an aktuellen Konflikten wie etwa im Nahen Osten, wo die Amerikaner oder die Israelis, oder jene Kräfte, die dahinter stehen, ohne jede Hemmung ihre machtpolitischen Interessen vertreten. Bis hin zu klar völkerrechtswidrigen Kriegshandlungen, bis hin zu Massakern an der Zivilbevölkerung, bis hin zur flächendeckenden Zerstörung der Gebiete, etwa des Libanons im jüngsten Falle. Von Europa hört man dann schöne Aufrufe, die niemanden beeindrucken. Nur dann, wenn es darum geht, die Kanalsysteme wieder herzurichten, die Krankenhäuser wieder aufzubauen, die Infrastruktur, die Brücken, die Straßen zu reparieren und zu schauen, daß die Menschen dort überleben können, dann auf einmal gibt es eine Geberkonferenz, wo in erster Linie die Europäer gefragt sind, und wo dann viele Millionen europäischen Steuergeldes gefragt sind. Dieses Steuergeld, das ist nichts Anonymes, das ist das Geld der Nettozahler, in erster Linie der Deutschen, der Österreicher, Holländer, der Schweden. Das bedeutet also, daß die Europäer machtpolitisch nach wie vor völlig impotent sind. Aber wenn es ums Zahlen geht, ums Befrieden, um den Wiederaufbau, dann dürfen wir das bezahlen, was die Israelis und die Amerikaner

29

zusammenhauen. Die Geschäfte machen dabei natürlich andere, die multinationalen oder die amerikanischen Konzerne.

Das heißt, dieses Europa – das haben wir auch am Balkan in den letzten Jahrzehnten und auch in anderen Bereichen gesehen – ist machtpolitisch nach wie vor völlig bedeutungslos, hat überhaupt keine Möglichkeit, sich diesbezüglich in Szene zu setzten und seine Interessen zu vertreten. Im Gegenteil, dann, wenn es versucht wird – wie im letzten Irakkrieg, wo man andeutungsweise gesehen hat, daß sich Europa vielleicht doch den amerikani-

Gespaltenes Europa: Beschränkt auf Friedensaufrufe und KFOR-Truppen

schen Plänen widersetzt – ist es allzu leicht zu spalten. Da kommen dann die amerikanischen Emissäre, kaufen sich Politiker irgendwo in den neuen EU-Mitgliedsstaaten, in Polen und anderswo, oder in Italien, wo halt die Leute käuflich sind, um dieses Europa zu spalten. Sofort stand das „neue" gegen das „alte" Europa, und sofort haben die Amerikaner dann willfährige Helfershelfer gehabt. Für das

A. Mölzer: **Der Brüsseler Irrweg**

Europa der Zukunft, für das Europa, wie wir es uns vorstellen sollten, bedeutet das aber Folgendes: Neben dem
Streben, einen solchen Staatenbund zu konstituieren, der
nach innen hin möglichst föderativ, möglichst subsidiär,
möglichst kleinteilig gegliedert ist, muß man es schaffen
– und das ist ein scheinbarer Gegensatz – dieses Europa
nach außen hin zu einem starken und einigen Europa zu
machen. Nach außen hin zu einem Europa, das in der Lage
ist, seine weltpolitischen, geopolitischen, militärischen
Sicherheitsbedürfnisse auch wirklich zu vertreten und
durchzusetzen.

Wie schafft man das? Auf der einen Seite ein Staatenbund wo alle Teilstaaten möglichst ihr Eigenleben und ihre
Eigenentwicklung bewahren, auf der anderen Seite ein Europa, das nach außen hin Gewicht hat, das sich gegenüber
den Amerikanern, auch gegenüber der islamischen Welt
durchzusetzen vermag. Das ist eine der großen Aufgaben
und eine der großen Fragen: Wie konstruiere ich einen
derartigen Staatenbund?

Das beginnt mit der Frage: Gibt es einen gemeinsamen Außenminister oder nicht? Gibt es eine gemeinsame
Armee oder nicht? Und auch das wird eine der Schicksals-
fragen sein: Wenn Europa zu einer letztklassigen Macht
absinkt, werden wir dann ökonomisch, machtpolitisch
und militärisch auf Dauer überleben können? In unserer
Identität als europäische Völker, auch als Österreicher,
auch als Deutsche? Werden wir das schaffen?

Da gibt es das aufstrebende China. Man muß erkennen,
welches Wachstums- und Industriepotenzial dort heran-
wächst. Und nach wie vor gibt es die USA und Rußland
– das noch immer der größte Flächenstaat der Erde ist und
das natürlich neues Selbstbewußtsein schöpft. Dazu die
chaotischen Bereiche Lateinamerikas, Schwarzafrikas, die

islamische Welt. Wenn wir da als Europäer nicht Kraft und Stärke gewinnen, können wir uns in dieser Welt nicht behaupten. Das geht nicht mit einzelnen Mitgliedsländern, das schaffen weder die Briten noch die Franzosen, geschweige denn die Deutschen und von uns kleinen Staaten gar nicht zu reden. Das geht nur gemeinsam in einem wohlverstandenen Europa, sonst werden wir dieses Jahrhundert als selbstbestimmte Macht nicht überleben. Sonst werden unsere Kinder und Enkelkinder keine Möglichkeit haben, ihre Kultur zu leben, keine Möglichkeit haben, auch ihre Interessen durchzusetzen. Deshalb muß man ernsthaft erwägen, wie man ein solches Europa konstruiert.

Wie sieht dieser Staatenbund nach außen hin aus, wo gibt es Modelle? Ist es das Heilige Römische Reich in seiner Zerrissenheit? Wahrscheinlich höchstens in der Langlebigkeit wird es ein Vorbild sein. In der Ohnmacht wohl nicht, da die Ohnmacht des Heiligen Römischen Reichs in den Jahrhunderten der Neuzeit ein schlechtes Vorbild für Europa wäre. Ist es die Habsburger Monarchie? Auch ein interessantes Modell, wo wir ja auch Cisleithanien, Transleithanien gehabt haben. Es gibt andere Modelle: der Deutsche Bund, der beim Wiener Kongreß konstituiert wurde, ist etwa ein solches Modell. Man muß sich das alles anschauen, und das Ziel muß es sein, die Vielfalt nach innen und die Einheit nach außen hin zu stärken. Das ist etwas, was wir schaffen müssen.

Europa in der Identitätskrise

Zu guter Letzt nun zur Identitätskrise Europas. Neben der ökonomischen Krise und neben dieser Krise des Machtbewußtseins gibt es eben auch die europäische Identitätskrise. Wir haben durch eine Reihe von Faktoren, durch die gegenseitigen Vernichtungsversuche in den beiden Weltkriegen des 20. Jahrhunderts, durch die totalitären Systeme, insbesondere durch den Kommunismus ja schon eine solche Zerstörung von europäischer Identität erlebt, daß es geradezu ein Wunder war, daß wir das überlebt haben und die grundlegende Identität Europas wieder restituieren konnten. Wir haben allerdings durch die Massenzuwanderung in jüngster Zeit eine weitere massive Zerstörung der Identität der europäischen Völker erlebt, sodaß man sich fragen muß, ob wir das überstehen werden. Diese Massenzuwanderung, dazu die Kinderlosigkeit, wirft die Frage auf, ob wir in unserer biologisch-kulturellen Identität überleben können. Die Frage steht wirklich und ganz konkret im Raum.

Verschärft wird diese Identitätskrise zusätzlich durch die Osterweiterung der EU, insbesondere durch die Türkeifrage. In diesem Zusammenhang müssen wir uns fragen: Wie definieren wir dieses Europa? Ist es das alte christliche

Selbstverleugnung: Diktieren Wirtschaftslobbys Europas neue Grenzen?

Abendland, oder spielt das keine Rolle? Die masonschen Kreise im Hintergrund, die hier als Drahtzieher fungieren, die wollen das natürlich untergraben, unterbinden und hoffen nicht zuletzt auch durch diese maßlose Erweiterung, durch die Massenzuwanderung, auch durch die Islamisierung, die traditionelle europäische Identität zu vernichten. Ein militanter und offensiver Islam ist allerdings auch der Gegner des Atheismus' und der spirituellen Anarchie, wie sie diese masonschen Kreise wollen. Aber die Islamisierung ist ein Mittel zur Auflösung der alten christlich abendländischen Identität und wird als solche offensichtlich gefördert.

Wir werden uns in den nächsten Jahren entscheiden müssen, ob wir diesen Vernichtungsschlag gegen die europäische Identität durch die Islamisierung, durch den Beitritt der Türkei, zulassen oder nicht. Das ist eine der großen Fragen, die wahrscheinlich im nächsten Jahrzehnt entschieden wird. Im Moment sieht es so aus, als wäre dieser Beitritt der Türkei festgelegt. Es gibt aber genug Faktoren, die dazu führen könnten, daß dieser Plan doch noch fehlschlägt. Der Hauptfaktor sind die Türken selbst, die natürlich auch erkennen, daß ihre Interessen auch ganz anders gelagert sein könnten und die unter Umständen auch hypertroph genug sind, um sich Bevormundungen und ähnliches aus dem europäischen Bereich nicht gefallen zu lassen.

Die letzte Runde der Osterweiterung, die am 1. Januar 2007 stattfand, Rumänien und Bulgarien betreffend, ist Faktum, da können wir nichts mehr ändern. Es ist natürlich so, wie wir es auch bei der Osterweiterung von 2004 erleben mußten, daß diese schlecht vorbereitet ist, daß sie zu Lasten der Nettozahler geht und zu Lasten unserer Arbeitsplätze. Das wird auch verstärkt im Falle Rumäniens

und Bulgariens der Fall sein. Andererseits muß man natürlich sagen, gerade als Österreicher, die mit weiten Bereichen etwa Rumäniens, sprich mit Siebenbürgen, Jahrhunderte in einem Staats- und Kulturraum zusammengelebt
haben, daß die Rumänen zur europäischen Völkerfamilie
gehören. Nur müßte die Osterweiterung anders gemacht
werden. Es kann nicht sein, daß alles ohne Übergangszeit
über die Bühne geht, daß unsere Arbeitsplätze dadurch
ruiniert werden. Es kann nicht sein, daß die gewaltigen
Kosten letztlich die Nettozahler tragen. Aber man muß
sich damit abfinden. Und positiv sollte man sehen, daß
Kroatien in absehbarer Zeit in die EU kommen wird.
Kroatien ist ein europareifes Land und es ist eine Schande,
daß es bislang nicht dabei ist.

Was den sogenannten Westbalkan – wie man jetzt die
anderen jugoslawischen Nachfolgestaaten nennt – betrifft,
so sind die zwar kaum europareif, aber es ist dies ein Vorhof
Europas, wo es einfach eine Frage des Selbstbewußtseins
ist, ob Europa in der Lage ist, die Probleme dort zu lösen
oder ob man das Pentagon dazu braucht oder Tel Aviv.
Wenn Europa dort die Probleme nicht zu lösen vermag,
dann hätte es auf Dauer seine Impotenz als politische
Macht ausgewiesen. Die europäische Identität, die durch
Massenzuwanderung, durch Umerziehung, durch geistige
Nivellierung und auch durch Islamisierung im Zuge des
geplanten Türkeibeitritts gefährdet ist, steht also auf dem
Prüfstand. Es hätte gar keinen Sinn, würden wir große
politische Anstrengungen unternehmen, um Europa zu
reformieren hin zu einem ganz anderen Europa, würden
wir die EU, wie sie heute ist, zu Grabe zu tragen, um ein
neues Europa zu schaffen, wenn wir dann dieses Europa nicht mehr für unsere Völker, nicht mehr für unsere
Kinder und Kindeskinder, nicht mehr für unsere Kultur

schaffen, sondern für eine multikulturelle Zuwanderungsgesellschaft, die völlig anders aussieht. Wenn wir nicht in
der Lage sind, unsere ethnisch-kulturelle Substanz, nicht
nur als Deutsche und als deutsche Österreicher, sondern
als Europäer insgesamt zu erhalten, dann – Oswald Speng-
ler läßt grüßen – gibt es den Untergang des Abendlandes
wirklich. Die Gefahren sind ungeheuer, die Probleme sind
so gewaltig, die Gegner sind scheinbar übermächtig, aber
dennoch hat der Klassiker recht, der sagt: Wo die Gefahr
groß ist, wächst auch das Rettende.

BERNHARD TOMASCHITZ:

KRIEGE, HEGEMONIE UND VISIONEN

Der lange Weg zur Einigung

Der große europäische Traum

Pläne zur Hegemonie und Einigung im Wandel der Geschichte

Europa, wie zur Zeit der römischen Cäsaren von einem Herrscher regiert – dieser Traum zieht sich seit den Wirren und Umwälzungen der Völkerwanderung wie ein roter Faden durch die Geschichte. Herrscher verschiedener Geschlechter und Nationalitäten versuchten ihn zu verwirklichen, mit wechselndem Erfolg, teils durch kluge Politik, teils durch blutige Eroberungskriege. Dieser „europäische Traum", eine politische Einigung jenes Kontinents zu verwirklichen, in dem wie auf keinem anderen Erdteil so viele verschiedene Völker so dicht beieinander leben, hat die Zeitenwenden der letzten Jahrhunderte überdauert.

Die Europäische Union unserer Tage, die die freien und selbstbestimmten Völker Europas in ein zentralistisches Gebilde sperren will, das allein von den Gesetzen des Marktes und von anonymen Drahtziehern im Hintergrund beherrscht wird, ist freilich ein europäischer Albtraum, eine Pervertierung des europäischen Traums.

Die folgenden Kapitel werden sich einerseits mit historischen Europaprojekten beschäftigen. Beginnend mit dem Reich Karls des Großen spannt sich der Bogen über das Heilige Römische Reich, Philipp II., der von Spanien aus die habsburgische Vorherrschaft über den Kontinent begründen wollte, Ludwig XIV. der die Vormachtstellung Frankreichs begründet hatte, Napoleon Bonaparte, der die alte Ordnung zertrümmerte und diese für einige Jahre durch eine neue ersetzte, dem Deutschen Bund und die Heilige Allianz, die versuchten, Europa wieder Ruhe und Ordnung zu geben.

Weitere Kapitel widmen sich der Bündnispolitik Otto von Bismarcks, Friedrich Naumanns Traum von „Mitteleuropa", dem Völkerbund, der als Siegerprojekt Europa keinen dauerhaften Frieden zu geben vermochte, Richard Coudenhove-Kalergis „Paneuropa"-Konzeption, Aristide Briands „Bundesordnung für Europa" und Adolfs Hitlers „Großgermanien".

Schließlich soll der Weg von Churchills Zürcher Rede im September 1946 über die Gründung der Montanunion, der Europäischen Wirtschaftsgemeinschaft bis hin zur Europäischen Union kurz nachgezeichnet werden. In diesem Zusammenhang befaßt sich ein eigenes Kapitel mit Charles de Gaulle, der sehr früh die Fehlentwicklungen der europäischen Einigung erkannt hatte und dem deshalb das Modell eines „Europas der Vaterländer", das die Souveränität der europäischen Staaten achtet, entgegenstellte.

Die anschließenden Kapitel gehen dann den Fragen nach der Identität und den Grenzen Europas nach, beleuchten Europas Stellung in der Welt, befassen sich mit der Gefährdung der europäischen Staaten durch die zentralistische EU. Zum Abschluß wird dann noch aufgezeigt, wie sehr die „political correctness" die Freiheit der Bürger gefährdet und mit ihren Vorgaben der hemmungslosen Massenzuwanderung Vorschub leistet, die zusammen mit der besorgniserregenden Geburtenarmut zur Schicksalsfrage Europas geworden ist. Nicht zu kurz kommen hierbei die Lösungsvorschläge, welche die rechtsdemokratischen und patriotischen Parteien und Bewegungen Europas entwickelt haben.

Der karolingische Kern

Karl der Große, der „Vater Europas"

Das alte Römische Reich endete gemäß der offiziellen Geschichtsschreibung mit der Absetzung des letzten weströmischen Kaisers Romulus Augustulus im Jahre 476. Aber die Strahlkraft des alten Imperiums, jenes politischen Gemeinwesens, das von den Küsten des Atlantiks bis zum Heiligen Land und von Britannien bis nach Nordafrika reichte, überdauerte die Jahrhunderte.

Bevor es jedoch zur Erneuerung des alten Römischen Reiches unter Karl dem Großen kam, wären die verschiedenen Völker und Stämme, die im Frühmittelalter Europa besiedelten, beinahe Teil eines anderen „Reiches" geworden, nämlich jenes des Islam. 711 waren die Araber ins Westgotenreich vorgedrungen. Tarik, aus der berühmten arabischen Herrscherdynastie der Omajaden, setzte nach Gibraltar über und besiegte bald darauf die Westgoten unter ihrem König Roderich. Damit war der Eroberungsdurst der Araber aber noch nicht gestillt. Im Eiltempo unterwarfen sie Spanien bis zu den Pyrenäen und rückten dann nach Frankreich, in die frühere römische Provinz Narbonnensis, ein, Narbonne fiel 720. 723 versuchte Herzog Oldo von Aquitanien, der 721 erfolgreich Toulouse verteidigt hatte, durch eine Heirat ein Bündnis mit den Arabern zustandezubringen, denn so wie es aussah, hatte er die Wahl zwischen den Omajaden oder den Franken, die sich ihm bald zuwenden würden. Die Heirat kam jedoch nicht zustande und bis 725 gingen weite Landstriche verloren. Als auch noch Karl 731 in Aquitanien einfiel, gab Herzog Oldo auf und bat den Frankenkönig um Hilfe gegen den erfolgreichen arabischen Eroberer Abd ar-Rachman. Mit dem Sieg in der Schlacht bei Tours und Poitiers 732 konnte Karl Martell den islamischen Vormarsch nach Europa beenden.

Karl Martell (686–741) aus dem Geschlecht der Arnulfinger herrschte von 714 an, obwohl er nur Hausmeier, also der Verwalter des Hofes war, de facto über das Frankenreich. Durch eine kluge Politik gelang es ihm, Rivalen auszuschalten, seine Herrschaft sowie die Einheit des fränkischen Reiches zu sichern. Als richtungsweisend erwies sich Karls Heeresreform, die er bei der Schlacht bei Tours und Poitiers eingeführt hat. Im Gegensatz zu den bis dahin üblichen freibäuerlichen Fußtruppen ließ er eine schwere gepanzerte Reiterei aufstellen. Darüber hinaus stattete er die Reiter mit Lehen aus und legte somit den Grundstein für das Lehenwesen, das in der Folge zu einem bestimmenden Merkmal des mittelalterlichen Europas werden sollte. Als der Merowingerkönig Theuderich IV. 737 starb, war Karl Martell bereits so mächtig, daß auf die Ernennung eines neuen Königs verzichtet wurde. Als Hausmeier regierte er die letzten Jahre seiner Herrschaft mit allen königlichen Machtbefugnissen. Kurz vor seinem Tod teilte Karl Martell sein Reich zwischen seinen Söhnen aus erster Ehe, Karlmann und Pippin, auf.

Weil aber die Macht der beiden Söhne Karl Martells nicht so gefestigt schien, setzten sie 743 einen merowingischen König, Childerich III., ein, um auf diese Weise ihr Amt als Hausmeier königlich zu legitimieren. Weinige Jahre später, 747, übergab Karlmann – aus eigenem Entschluß, wie zeitgenössische Quellen berichten – seine Ländereien Pippin und zog sich in die Klöster Monte So-

Schlacht bei Poitiers: Im Jahre 732 konnte Karl Martell den Vormarsch der Mauren nach Europa aufhalten

racte und Monte Cassino zurück. Damit war Pippin de facto Alleinherrscher im Frankenreich. Außerdem erweiterte er sein Reich dadurch, indem er bei den Alemannen die Herzogswürde aufhob und in Bayern Odilos unmündigen Sohn Tassilo III. als Herzog einsetzte, der freilich unter fränkischer Oberhoheit stand.

In dieser Situation war es nur logisch, daß Pippin nach der Königswürde strebte. Weil die merowingischen Könige schon lange nur noch dem Titel nach die Herrscher im Frankenreich waren, bediente sich Pippin den fränkischen Reichsannalen zufolge Papst Zacharias' zur Legitimierung seines Vorgehens. Dazu schickte er einen Boten nach Rom mit folgender Frage: „Wegen der Könige in Francia, die keine Macht als Könige hätten, ob das gut sei oder

43

nicht?". Nachdem der Papst „Es ist besser, den als König zu bezeichnen, der die Macht hat", geantwortet hatte, ließ sich Pippin im November 751 durch eine Versammlung der Franken, die Childerich III. abgesetzt und in ein Kloster verwiesen hat, zum König ausrufen. Als der von den Langobarden bedrängte Papst Stephan II. nach Frankreich kam, um Pippin um Hilfe zu bitten, ließ sich dieser am 28. Juli 754 samt seinen Söhnen Karlmann und Karl in der Basilika Saint-Denis von ihm krönen und zog darauf im Frühjahr 755 nach Italien.

Bevor Pippin am 24. September 768 im Alter von 54 Jahren in Paris starb, teilte er sein Reich unter seinen Söhnen Karl (748–814) und Karlmann (751–771) auf. Aber anders als traditionell üblich wurde das Reich nicht in Ost und West (also Austrien und Neustrien) unterteilt, sondern in Nord (Karl) und Süd. Das Reich war gespalten und die Brüder waren zerstritten, es herrschten große Differenzen, die offenbar nicht politischer, sondern persönlicher Natur waren. Beide Söhne wurden am 9. Oktober 768 durch Akklamation ihrer jeweiligen Adeligen zu Königen erhoben. Zu einer bewaffneten Auseinandersetzung zwischen den beiden Söhnen Pippins kam es deshalb nicht, weil Karlmann 771 starb. Der Tod seines Bruders öffnete Karl den Weg zur Alleinmacht und zu seinem kometenhaften Aufstieg, der im ersten westlichen Kaiserreich nach dem Ende des Weströmischen Reiches gipfelte.

Bevor sich Karl am Weihnachtstag des Jahres 800 vom Papst Leo III. in Rom zum Kaiser krönen ließ, festigte er sein Herrschaftsgebiet durch die Unterwerfung der Sachsen und Langobarden. Die Unterwerfung der Sachsen, die eigentlich ein dreißigjähriger Krieg war und 772 begonnen hatte, bezeichneten die Reichsannalen als den „langwierigsten, grausamsten und anstrengendsten Krieg des fränkischen Volkes". Dabei handelte es sich um eine politische Notwendigkeit, zumal die Sachsen der vitalste Germanenstamm waren. Insbesondere mußte Karl das Gleichgewicht des Reiches wiederherstellen, das durch die Angliederung der romanisierten Langobarden gestört worden wäre. Darüber hinaus eröffnete Karls Sachsenkrieg der christlich-abendländischen Kultur den Weg nach Osten und verhinderte den im Bereich des Möglichen liegenden Anschluß der kontinentalen Sachsen an den angelsächsischen Staatenbund.

Einfacher als die Unterwerfung der Sachsen gestaltete sich jene der Langobarden. Im März 773 baten päpstliche Gesandte am Hof Karls um Unterstützung gegen die Langobarden und ein Jahr später schon eroberten die Franken Padua. Karl setzte dann den Langobardenkönig Desiderius ab und ließ sich selbst zum König der Langobarden krönen. Jahre zuvor hatte Papst Stephan III. die Langobarden in einem Brief an die Frankenkönige als eine „treulose und stinkende Nation" bezeichnet, „die nicht einmal zu den Nationen gerechnet wird und von der gewiß die Aussätzigen ihren Ursprung haben". Mit der Unterwerfung der Langobarden wurde Karl faktisch zum Herrscher über den italienischen Stiefel. Denn das Herzogtum Benevent im Süden blieb zwar bis zur Eroberung durch die Normannen im 11. Jahrhundert selbständig, geriet aber doch in den Einflußbereich des Frankenkönigs. Ein weiterer wichtiger Erfolg Karls war die Einverleibung Bayerns im Jahr 778.

In den letzten Jahren des 8. Jahrhunderts suchte die Machtfülle Karls ihresgleichen. Sein Reich erstreckte sich von der Nordseeküste bis nach Italien und von den Pyrenäen bis zur Elbe. Daher tauchten schon lange vor der Kaiserkrönung die Bezeichnungen „Imperium", „imperiale regnum" auf, und Karl selbst wurde „summus rex" (oberster König) oder sogar „pater Europae" (Vater Europas) genannt. All das entsprang der Vorstellung einer auf politischer Geltung beruhenden hegemonialen Gewalt. Und nach seiner Kaiserkrönung dehnte er sein Reich auch nach Osten hin aus. Die slawischen Böhmen etwa gerieten in den Jahren 805 und 806 unter fränkische Oberhoheit und wurden tributpflichtig. Karls Herrschaft umfaßte zwar nicht gesamten Kontinent, war aber für damalige Verhältnisse dennoch so weitläufig und so viele Völker umfassend, daß ihn mittelalterliche Geschichtsschreiber bewundernd als „den Herrn fast ganz Europas" bezeichneten.

Folgedessen wurde die Kaiserkrönung Karls am Weihnachtstag des Jahres 800 von langer Hand vorbereitet, wurde aber aus Rücksicht auf Byzanz als spontanes Geschehen inszeniert. Außerdem konnte die Kaiserkrönung auch damit gerechtfertigt werden, daß in Byzanz die Kaiserin Irene 797 den unglücklichen Konstantin VI. beseitigt und selbst den Titel Basileus angenommen hatte. Dies konnte als rechtswidrige Usurpation angesehen werden, und der kaiserliche Thron als vakant gelten. Allerdings empfand Irenes Nachfolger Nikephoros I. (ab 802) die Kaiserwürde Karls als Anmaßung und verweigerte deren Anerkennung, sodaß die Beziehungen zu Byzanz in den folgenden Jahren spannungsgeladen waren. Erst als Nikephoros' Schwiegersohn Michael I. die Macht an sich riß, beruhigte sich die Lage. Weil dieser an einem dauerhaften Übereinkommen mit dem Westen interessiert war, entsandte er eine byzantinische Gesandtschaft nach Aachen, dem Hof Karls, die dort 812 eintraf. In einer öffentlichen Zeremonie huldigte diese Karl dem Großen und nannte ihn „Kaiser". Als Preis für diese diplomatische Anerkennung mußte Karl auf Venedig und Dalmatien verzichten. Karl scheint seine Würde zunächst als persönliche aufgefaßt haben, als ein

„Gegenkaisertum" gegen Ostrom. Erst nachdem sich der oströmische Kaiser 812 zu ihrer Anerkennung entschlossen hatte, gab er sie an seinen Sohn Ludwig weiter.

Theoretisches Fundament der Kaiserkrönung Karls ist die Idee der „renovatio imperii", der Erneuerung des untergegangenen weströmischen Kaisertums. Seinem eigenen Verständnis nach war er „Augustus Imperator Renovati Imperii Romani", also Kaiser des erneuerten römischen Reiches und damit direkter Nachfolger der römischen Kaiser, der seine Legitimation durch die Kirche, als deren Schutzherr er galt, bezog. Diese Symbiose zwischen weltlicher und geistlicher Macht fand ihren Ausdruck darin, daß sich Karl als „patronus et advocatus", als Beschützer und Fürsprecher der Kirche ansah und dies in einem entsprechenden Handeln Papst Leos III. und des Patriarchen von Jerusalem, die Karl die Schlüssel zum Grab Petri bzw. zum heiligen Grab übersandten, seinen Niederschlag fand.

In Anbetracht der hochmittelalterlichen technischen und wirtschaftlichen Gegebenheiten war die Verwaltung eines Reichs dieser Größenordnung ein schwieriges Unterfangen. Als zentrales Instrument bediente sich Karl des Instituts der Missi dominici, die auch Königsboten genannt werden, obwohl sie rechtlich eigentlich Vertreter waren. Die Missi dominici traten überall als Vertreter des Reichsgedankens auf, ihre Aufgabe war die Kontrolle der Verwaltung in allen Bereichen, Entgegennahme von Beschwerden gegen Beamte, Abhaltung von Landtagen und vieles mehr. Um das missiatische Institut aber durchsetzen zu können, mußten zuerst die Stammesherzogtümer beseitigt werden. Die Stämme sollten zwar Elemente des Reiches bleiben, aber nicht mehr Stützpunkte der Herzogsgewalt. Statt dessen sollte die Grafschaft der oberste Verwaltungsbezirk sein.

Bei der Neuordnung und Festigung des Reiches spielte die Kirche eine herausragende Rolle. Karl förderte den Ausbau der klerikalen Infrastruktur, gründete zahlreiche neue Bistümer, wobei er sich allerdings das Recht der Bischofsernennung vorbehielt, und bedachte die Kirche mit zahlreichen Schenkungen. Zugute kam Karl der Umstand, daß sich die kirchliche Organisation zu seiner Zeit erst im Aufbau befand. Und mit der Förderung der Kirche ergaben sich wiederum besonders starke Möglichkeiten der Einflußnahme.

Von besonderer Bedeutung waren die Marken, Gebiete an den Rändern des Reiches, die zum militärischen Grenzschutz dienten. So errichtete Karl eine dänische, wendische, sorbische, awarische, spanische, bretonische Mark, die Mark Meißen, die bairische Ostmark, die Mark Friaul und andere. Weil das Schwergewicht der Heeresorganisation in die Marken verlegt wurde, konnte das Binnenreich als befriedet angesehen werden. Die Marken, die unter dem Befehl eines Markgrafen standen, waren also Bollwerke für die Verteidigung des Reiches und Aufmarschgebiete für Kriege. Damit die Marken ihre Aufgaben auch erfüllen konnten, wurden in ihnen eine wehrhafte Bauernbevölkerung angesiedelt und zum Burgenbau verpflichtet.

In seinem politischen Testament 806 bestimmte Karl die Teilung des Reiches unter seinen Söhnen. Weil ihn aber von seinen Söhnen – Karl starb 814 – Ludwig der Fromme (778–840) überlebte, ging die Kaiserwürde auf ihn über, und zur Teilung des Reiches kam es (noch) nicht. Ludwig bestimmte 817 in der Ordinatio imperii, daß die Kaiserwürde ungeteilt auf seinen ältesten Sohn Lothar übergehen sollte, und für die jüngeren Söhne wurden Teilreiche ausgesondert. Dabei sollte der Kaiser seinen Brüdern als Familienoberhaupt und Lehenherr übergeordnet

B. Tomaschitz: **Der karolingische Kern**

Karl der Große: Herrscher über Europa und Schutzherr der Christenheit

sein und auch die alleinige Vertretung des Reiches nach
außen haben. Das Reich sollte also als ein dezentralisierter
Einheitsstaat erhalten bleiben. Als Ludwig 837 für seinen
Sohn Karl den Kahlen ein neues Reich im Westen schaffen
wollte, führte dies zu Unruhen, die erst mit dem Vertrag
von Verdun 843 beendet wurden. Der Vertrag von Verdun,
der die Teilung in ein West-, Mittel- und Ostreich vorsah,
bewahrte noch ideell den Gedanken der Reichseinheit,
doch tatsächlich legte er den Grundstein für die eigenständige Entwicklung Frankreichs und Deutschlands. Karl der
Kahle sollte das Westreich, Kaiser Lothar das Mittelreich
und Ludwig der Deutsche das Ostreich erhalten.

Als besonders problematisch sollte sich die Gestalt des
Mittelreiches erwiesen, denn dieses bestand eigentlich nur
aus einem schmalen Streifen von der Nordseeküste bis zum
Golf von Gaeta in Italien. Offenbar sollte der Kaiser die
Hauptstützpunkte der Reichsgewalt, die Städte Aachen
und Rom, den Rhein, die Alpenpässe und die lombardi-
sche Ebene in die Hand bekommen. Allerdings löste sich
bald Burgund von Italien und ging eigene Wege. Der Teil
nördlich der Alpen fiel an Lothar II. als Lothari regnum, der
Name beschränkte sich später auf das heutige Lothringen,
das ein eigenes Herzogtum wurde. Die Karolinger starben
911 aus und nach einer Zwischenregierung Konrads I.
ging die Krone 919 an den Sachsenherzog Heinrich I.

Das Reichs Karls des Großen ist nicht nur die gemeinsame Wiege Deutschlands und Frankreichs, sondern dessen Stellung zog die Menschen auch noch Jahrhunderte
nach dessen Tod in ihren Bann. Ein Reich schaffen, das
sich sowohl über Frankreich als auch über Deutschland
erstreckt, wollte beispielsweise Napoleon. Im 20. Jahrhundert erkannte Charles de Gaulle, daß – bei Bewahrung
aller historisch gewachsenen Unterschiede – nur ein geein-

tes Europa, das die deutsch-französische „Erbfeindschaft"
überwindet, in der Welt eine Rolle spielen kann. Und nicht
zuletzt gründeten die „Nachfolgestaaten" des karolingi-
schen Reiches, Frankreich, Deutschland, Italien, Belgien,
die Niederlande und Luxemburg am 25. März 1957 mit
den Römischen Verträgen die Europäische Wirtschaftsgemeinschaft, aus der sich die Europäische Union entwickeln
sollte.

An innerer Uneinigkeit gescheitert

Der langsame Untergang des Heiligen Römischen Reiches Deutscher Nation

W eder Staatenbund noch Bundesstaat, aber auch keine Adelsherrschaft. Das Heilige Römische Reich, das später den Zusatz „deutscher Nation" erhielt, dieses in der Geschichte so einmalige Gebilde, zieht heute noch viele in seinen Bannkreis. Allerdings nicht wegen seiner politischen Macht, die im Laufe der Jahrhunderte einem beständigen Niedergang ausgesetzt war, sondern wegen seiner sakralen Legitimation einerseits und weil es in manchen Bereichen unübersehbare Parallelen zur Europäischen Union unserer Tage aufweist.

Die Idee des antiken Römischen Reiches – die Vereinigung der damals bekannten Welt unter einem Herrscher – überlebte nach dessen Ende die Wirren und Umwälzungen der Völkerwanderung. Es blieb der Anknüpfungspunkt für Herrscher und Völker und seine Anziehungskraft wuchs mit der Ausbreitung des Christentums nach Norden und Osten hin.

Den ersten Versuch zu einer Erneuerung des römischen Imperiums unternahm der Frankenkönig Karl, der sich am Weihnachtstag des Jahres 800 von Papst Leo III. zum Kaiser krönen ließ. Untrennbar mit dem Heiligen Römischen Reich verbunden ist die Idee der „translatio imperii", des Übergangs des alten römisches Reiches auf die Karolinger und später mit der Kaiserkrönung Ottos I. 962

auf die Deutschen. Diese Idee forderte freilich den Widerspruch des christlich-orthodoxen byzantinischen Reiches,
das nach eigenem Verständnis aus dem alten Römischen
Reich entstanden war, heraus. Mit anderen Worten: Byzanz betrachtete das neue (westliche) Römische Reich als
selbsternanntes und daher illegitimes.

Mit der Kaiserkrönung Ottos I. am 2. Februar 962
werden die Deutschen zu den Trägern des Reichs und blieben es bis zu dessen Ende 1806. Das deutsche Königtum
trat damit in den Bannkreis einer universalen, transzen-
denten Idee. Bezüglich der „ideologischen Grundlagen",
um einen modernen Begriff zu gebrauchen, wurde angenommen, daß das deutsche Kaisertum eine Fortführung
und Erneuerung (renovatio) des römischen Imperiums sei;
die Deutschen somit als Erbe des Reiches. Das Römische
Reich trug zu diesem Zeitpunkt noch nicht den Zusatz
„Heilig", was angesichts der Machtverhältnisse auch nicht
notwendig war. Geistlicher und weltlicher Universalismus
waren im hochmittelalterlichen Kaisertum noch aufs engste miteinander verknüpft. Der Kaiser war je nach Auslegung Patron oder Vogt der Kirche, ihr Schutz war seine
vornehmste Aufgabe.

Das mittelalterliche Reich, das aus dem Zusammenschluß fränkischer, sächsischer, schwäbischer und bairi-
scher Stammesherzogtümer hervorgegangen war, bildete
zu keiner Zeit eine sprachliche oder völkische Einheit. Der
Historiker Joachim Ehlers vertritt die Auffassung, daß
Bayern, Franken, Sachsen und Alemannen in der Frühzeit
des Reiches keine „deutschen Stämme" im Sinne von Un-
tereinheiten eines deutschen Volkes waren, sondern eigenständige Völker. Erst der freiwillige und „gelegentlich auch
erzwungene Zusammenschluß" in einem Königreich habe
die Voraussetzungen für die „wesentlich später einsetzende

deutsche Ethnogene (Volkswerdung, Anm.) geschaffen". Die westlichen und südlichen Ränder des Reiches waren von Romanen besiedelt, seine östlichen von Slawen. Die Eindeutschung der Gebiete östlich der Elbe vollzog sich nur langsam, wurde teilweise erst im 16. Jahrhundert erreicht, und der Block der Tschechen blieb bestehen. Zum Zeitpunkt seiner größten Ausdehnung umfaßte das Reich den überwiegenden Teil der heutigen Bundesrepublik Deutschland, Österreichs, der Schweiz, Sloweniens, Liechtensteins, Luxemburgs, Belgiens, der Niederlande, der Tschechei, des nördlichen Italiens, den östlichen Teil Frankreichs sowie Istrien.

Im Hochmittelmittelalter trat der Gegensatz zwischen immer selbstbewußter auftretenden Päpsten und den Kai-

Reichskrone:
Symbol für die
römisch-deutsche
Kaiserwürde

sern, deren Machtfülle langsam schwand, immer offener zutage. Nach der auf Papst Gelasius zurückgehenden Zwei-Schwerter-Lehre sollte dem Papsttum, symbolisiert durch das geistliche Schwert, der Vorrang in geistlichen Dingen, und dem Kaiser mit dem weltlichen Schwert der Vorrang in weltlichen Dingen eingeräumt werden. Hauptstreitpunkt war die Rangordnung der beiden Schwerter: Nach kaiserlicher Auffassung empfingen Papst und Kaiser ihre Schwerter unmittelbar von Gott, nach kirchlicher Auffassung empfing der Papst beide Schwerter und gab das weltliche an den Kaiser weiter, womit sich auch die Unterordnung des Reiches unter die Kirche begründen ließ.

Der Dualismus mündete schon bald in eine offene Konkurrenz; Hauptangriffspunkt der Päpste war die sogenannte Laieninvestitur, der Einsetzung von Geistlichen durch die weltliche Macht und das damit verbundene Eigenkirchenrecht, welches dem Grundherrn mit Gotteshäusern erlaubte, Geistliche zur Verwaltung dieser einzusetzen. In der Mitte des 11. Jahrhunderts kam im Heiligen Römischen Reich sowie in Teilen Frankreichs und Englands eine starke Bewegung zur Reformierung der Kirche auf. Die Reformer kritisierten, daß die Laieninvestitur nicht den alten Kirchengesetzen entsprach, und führten auf sie den moralischen Verfall des damaligen Klerus zurück, insbesondere dessen Nachsicht gegenüber der Nichteinhaltung des Zölibats sowie der weitverbreiteten Simonie, dem Kauf und Verkauf von Kirchenämtern. Im Jahr 1059 verurteilte Papst Nikolaus II. die Laieninvestitur und schloß den Kaiser von der Teilnahme zur Papstwahl aus. Noch einen Schritt weiter ging dann Papst Gregor VII., der 1075 die Laieninvestitur ausdrücklich verbot und damit den Zorn Heinrichs IV. erregte. Dieser wurde 1077 vom Papst mit dem Kirchenbann belegt, was seine Handlungsfähigkeit erheblich einschränkte. Um sich aus der für damalige Verhältnisse mißlichen Lage zu befreien, harrte Heinrich 1077 mehrere Tage im Büßergewand vor der Burg Canossa aus, um den Papst zur Aufhebung des Bannes zu bewegen, was dann auch geschah. Der harte Streit um die Laieninvestitur endete erst mit Gregors Tod 1085.

Die Nachfolger Gregors waren bei der Suche nach Lösungen flexibler. Die Kirche wollte vor allem sicherstellen, daß weltliche Herrscher keine geistlichen Ämter verliehen, während es dem Kaiser vor allem darum ging, daß jene Bischöfe, die auch die weltliche Herrschaft ausübten, seine Oberhoheit in weltlichen Angelegenheiten anerkannten. Ein Kompromiß konnte schließlich erst mit dem Wormser Konkordat 1122 gefunden werden: Die Kirche bekam das Recht, Bischöfe zu ernennen, und der Klerus führte die Investitur mit Ring und Stab durch; die Wahl fand jedoch in Gegenwart des Kaisers statt und dieser übertrug durch die Investitur mit dem Zepter die zum Bistum gehörenden Ländereien und Einkünfte.

Infolge des Investiturstreits kam es auch zu verschiedenen Auffassungen über den Charakter des Kaisertums, auf die an dieser Stelle kurz eingegangen werden soll. Dante Alighieri argumentiert etwa in seinem Monarchia-Traktat, daß es sich beim Kaisertum um eine vom Papsttum unabhängige, vom römischen Volk nur historisch ausgegangene und vom Kaiser verkörperte Weltmonarchie handle. Als Begründung führt Dante das Ziel des allgemeinen Friedens, der pax universalis, an, das nur durch eine Instanz von ebenfalls universaler Reichweite zu erreichen sei. Dem gegenüber sahen die Päpste, wie vorhin erwähnt, das Kaisertum in ihrem Auftrag stehend an. Auch nördlich wurde das römische Kaisertum immer mehr mit dem deutschen

Königtum identifiziert, was schließlich im Rhenser Weistum und dem Kaisergesetz „Licet iuris" seinen Ausdruck fand. Demnach sollte der durch die Kurfürsten Erwählte keines päpstlichen Rechtsaktes mehr bedürfen, um die imperialen Rechte auszuüben.

Weil der Investiturstreit das Römische Reich seiner sakralen Legitimität entkleidete, wurde schließlich ab dem 12. Jahrhundert der Zusatz „sacrum imperium", also „Heiliges Reich", beigefügt. Mit der Niederlage im Investiturstreit verloren die römisch-deutschen Kaiser – was realpolitisch wichtiger war – aber auch ihren Einfluß in Italien. Damit war die Rolle des Reiches, das nun überwiegend ein deutsches war, als beherrschende europäische Großmacht nicht mehr aufrechtzuerhalten. Diese Tatsache fand ihre Entsprechung im Namen des Reiches, das seit 1512 offiziell Sacrum Romanum Imperium Nationis Germanicae, also Heiliges Römisches Reich Deutscher Nation, hieß. Dieser Name darf allerdings nicht darüber hinwegtäuschen, daß Tschechen, Slowenen (Wenden) und andere slawische Stämme auf dem Gebiet des Reiches lebten.

Aber auch innerhalb des Reiches blieb der Streit zwischen dem Kaiser und dem Papsttum, der eine Schwächung der Stellung des ersteren zur Folge hatte, nicht ohne Folgen: Im Jahr 1220 vereinbarte Friedrich II. mit den geistlichen Fürsten für ihre Zustimmung und für ihr Entgegenkommen in der Frage der Königswahl seines Sohnes (Heinrich VII.) die „Confoederatio com principus ecclesiasticis". Mit diesem Bündnis sicherte Friedrich II. den geistlichen Fürsten, Bischöfen und Äbten weitreichende herrschaftliche Befugnisse in ihren Territorien zu. Die geistlichen Fürsten konnten sich ab diesem Zeitpunkt im Reich als relativ unabhängige weltliche Landesherren betrachten, die zwar die Oberhoheit des Papstes in geistlichen Fragen zu achten hatten, in weltlichen Dingen aber frei vom Kaiser entscheiden konnten.

Die den geistlichen Fürsten gemachten Zugeständnisse erweckten natürlich das Begehren der weltlichen Seite im Reich: Bereits 1231/32 sicherte Heinrich VII. den weltlichen Fürsten mit dem „Statutum in favorem principum" die gleichen Rechte zu, wie sie sein Vater Friedrich gut ein Jahrzehnt zuvor den geistlichen Fürsten eingeräumt hatte. Die beiden Bestimmungen bedeuteten nicht nur die Anerkennung der bestehenden Machtverhältnisse im Reich, sondern legten darüber hinaus den Grundstock zur Herausbildung von Landesherrschaften mit mehr oder weniger machtvollen Landesfürsten. Anders als den französischen oder englischen Königen war es den deutschen Kaisern nicht gelungen, die wichtigsten Herrschaftsrechte des Staates in ihrer Hand zu vereinigen. Die Staatsbildung, wenn man es so bezeichnen will, vollzog sich nicht auf Reichs-, sondern auf der untergeordneten Ebene der Territorialfürstentümer. Das Recht zu Steuererhebungen, die Hochgerichtsbarkeit, aber auch das Münzrecht waren auf die Reichsfürsten und Freien Reichsstädte übergegangen.

Weil das Reich weder über nennenswerte eigene Einnahmen verfügte und die einzelnen Reichsstände ihre jeweils eigene Bündnispolitik betrieben, war ein gemeinsames Auftreten gegenüber auswärtigen Mächten nicht möglich. Das Reich konnte als solches keine Außenpolitik betreiben und keine Kriege führen, nicht einmal zu seiner Verteidigung. Das Problem der mangelnden Handlungsfähigkeit wurde im 15. Jahrhundert aufgrund der Hussitenkriege und der beginnenden Türkengefahr auch den ansonsten auf ihre „Libertät" bedachten Reichsfürsten als solches bewußt. Angesichts der auftretenden Bedrohungen rächte sich auch das Fehlen einer straffen Reichsverwaltung: Seit 1471 wurden wegen der Türkengefahr immer wieder Reichskriegssteuern bewilligt, das Fehlen einer Reichssteuerverwaltung nahm jedoch diesen Versuchen einer direkten Besteuerung jede verfassungsrechtliche Wirkung.

Schon im Jahre 1365 wurde mit der Goldenen Bulle den politischen Verhältnissen im Reich Rechnung getragen. Dieses erste verfassungsrechtliche Dokument – Karl IV. bezeichnete sie als „unser kaiserliches rechtbuch" – regelte die Königswahl verbindlich und beschränkte die Königswahl wurde auf sieben – drei geistliche und vier weltliche – Kurfürsten: Die Erzbischöfe von Köln, Mainz und Trier, den König von Böhmen, den Herzog von Sachsen, den Markgraf von Brandenburg und den Pfalzgrafen bei Rhein. Zum Wahlvorgang selbst bestimmte die Goldene Bulle, daß diese durch die sieben Kurfürsten, das Kurkolleg, in offener Abstimmung zu erfolgen hatte. Gewählt war, wer mindestens vier Stimmen auf sich vereinigen konnte bzw. wer sich vier Kurfürstenstimmen kaufen konnte. Um Doppelwahlen zu verhindern, bestimmte die Goldene Bulle die Unteilbarkeit der Kurfürstenwürde und daß diese nach dem Recht der Erstgeburt vererbt werden sollte. Die Goldene Bulle, die wahrscheinlich jene damals üblichen Vorschriften in Schriftform goß, errichtete das Kolleg der Kurfürsten und erhob auf diese Weise die Wahlfürsten zu besonders mächtigen Reichsständen, die sich deutlich von den übrigen abhoben. Denn ihnen wurden königliche Rechte wie das Münz- und Zollregal zugesprochen und sie konnten die Gerichtsbarkeit über ihre Untertanen ausüben.

Vor dem Hintergrund der drohenden Türkengefahr verdichteten sich in der zweiten Hälfte des 14. Jahrhunderts die Pläne zu einer Reform des Reiches. Den wohl ehrgeizigsten unternahm Maximilian I., der vor der entscheidenden Frage stand, wie ein Ausgleich zwischen dem Kaiser und den Reichsständen herbeizuführen sei. Beim Reichstag in Worms wurde 1495 der „Ewige Reichslandfriede" verabschiedet. Dieser untersagte, um den gewaltsamen Binnenkonflikten und Fehden im Reich ein

Siegel der Goldenen Bulle: Das erste verfassungsrechtliche Dokument des Reiches regelte 1365 die Wahl der deutschen Könige

Ende zu setzen, die Geltendmachung von Ansprüchen im Kampf und verwies die Streitparteien auf den Rechtsweg. Zur besseren Rechtsdurchsetzung wurde das Königliche Gericht ins Reichskammergericht umgewandelt und als Ausführungsgesetz die sogenannte „Handhabung Friedens und Rechts" verabschiedet. Außerdem wurde, um die Handhabung des Landfriedens zu gewährleisten, das Reich in sechs, später in zehn Reichskreise eingeteilt. Auch wenn es noch Generationen dauerte, bis die Austragung von Streitigkeiten im Rechtsweg zum Allgemeingut geworden war, so formulierte der Ewige Landfrieden doch das Gewaltmonopol des Staates, das zu einem wesentlichen Merkmal der Nationalstaaten werden sollte.

Bei einem anderen Vorhaben scheiterte Maximilian jedoch. Die Stände waren nicht bereit, dem Gesetz über den „Gemeinen Pfennig", der als eine Art Kopfsteuer eine allgemeine Reichssteuer sein sollte, zuzustimmen. Im Gegenzug kam es auch nicht zur Errichtung des von den Ständen gewünschten „Reichsrates", der eine ständische Mitregierung sein sollte. Die versuchte Reichsreform Maximilians zeigte einerseits den Gegensatz zwischen dem Kaiser und den Reichsständen und andererseits die rechtlichen Umrisse des Reiches. Der Kaiser, das Symbol für die Reichseinheit, hatte die lehnensrechtliche und gesetzgebende Gewalt inne, die Reichsstände die richterliche und die vollziehende Gewalt. Dennoch war die Reform die Grundlage für das neuzeitliche Reich. Das Reich erhielt mit ihr ein wesentlich präziseres Regelsystem und ein institutionelles Gerüst. Das nun festgelegte Zusammenspiel zwischen Kaiser und Reichsständen sollte prägend für die Zukunft sein. Der Reichtag bildete

Kaiser Maximilian: Der „letzte Ritter" scheiterte bei der Reform des Reiches

sich ebenfalls zu dieser Zeit heraus und war bis zu seinem Ende das zentrale politische Forum des Reiches.

Der Grund für die Schwäche des spätmittelalterlichen Reiches lag einerseits in der schwachen Stellung des Königtums, und andererseits darin, daß die Reichsstände nicht stark genug waren, eine monarchische Führung zu verhindern. Der fehlende Wille der Stände, selbst eine straffe Reichsverwaltung aufzubauen, und deren Sonderinteressen förderten auch nicht die Stellung des Reiches. Nicht minder schwere Folgen auf das Reich hatten die Wahlkapitulationen. Dabei handelt es sich um Versprechen des Kandidaten für die Wahl zum deutschen König gegenüber den Fürsten, die sich ihre Wünsche teuer abkaufen ließen. Die Ausarbeitung dieser – wie es heute scheinen mag – Kuhhändel oblag dem Kurfürstenkollegium. Daß das Reich nicht schon zu Beginn der Neuzeit auseinanderbrach, liegt darin, daß die Reichsreform die Lehenhoheit des Königs unberührt ließ.

An der Zeitenwende vom Mittelalter zur Neuzeit, im Zuge der Reformation, zerbrach die Macht des Kaisers, der nun mit konfessionsgebundenen Bündnissen der Reichsstände konfrontiert war, endgültig. Ein Auseinanderbrechen des Reiches und damit verbundene Religionskriege konnten – vorerst – mit dem Augsburger Reichs- und Religionsfrieden vom 25. September 1555 verhindert werden. Hauptnutznießer der vom Reichstag beschlossenen Regelung waren die Reichsfürsten, denen das Recht gewährt wurde, ihre Religion zu wählen. Ausgeschlossen von dieser Religionsfreiheit blieben die Untertanen, welche die Religion ihres Landesherrn anzunehmen hatten – „cuius regio, eius religio" (in wessen Gebiet ich lebe, dessen Religion muß ich annehmen) lautete das Motto.

Nachdem sich gegen Ende des 16. Jahrhunderts die Reformation weiter ausgebreitet hatte, und im Gegenzug der Katholizismus durch die Gegenreformation wieder erstarkte, schwand die allgemeine Bereitschaft zum Kompromiß. Als 1608 die bayrische Stadt Donauwörth gewaltsam zum katholischen Glauben zurückgeholt wurde, schlossen sich die meisten protestantischen Reichsstände zur Protestantischen Union zusammen, um den Bestrebungen zu Rekatholisierung entgegenzutreten. Als Antwort auf diesen Zusammenschluß wurde im folgenden Jahr von Herzog Maximilian I. von Bayern die Katholische Liga gegründet, womit der Sprengsatz für den Dreißigjährigen Krieg gelegt war.

Der Dreißigjährige Krieg selbst war nicht nur eine gewaltsame Auseinandersetzung zwischen den Konfessionen im Reich, sondern wegen der Involvierung außerhalb des Reichs stehender Mächte – Dänemark, Schweden, Frankreich – auch ein europäischer Krieg, der auf deutschem Boden ausgetragen wurde. Die Beendigung des Dreißigjährigen Krieges durch die Friedensverträge von Münster und Osnabrück im Jahre 1648 brachte eine Neuordnung des Reiches, die bis zu dessen Ende im Jahre 1806 Bestand haben sollte.

Der Westfälische Friede, der unter der Garantie Schwedens und Frankreichs abgeschlossen wurde, war durch seine Aufnahme in den Jüngsten Reichsabschied 1654 zum letzten Reichsgrundgesetz geworden. Die beiden Verträge – von Münster mit Frankreich und Osnabrück mit Schweden – sicherten den Reichsständen die volle Territorialhoheit. Unter Berufung auf die ihnen in Artikel VIII des Osnabrücker Friedens verbrieften „Rechte, Vorrechte, Freiheiten und Privilegien" haben dann die Reichsstände in der Folgezeit auf den Ausbau ihrer landesfürstlichen Macht hingearbeitet und allzuoft die Gesamtinteressen des Reiches aus den Augen verloren. Der Kaiser regierte nicht (mehr) das deutsche Volk, sondern versuchte die Reichsstände zu regieren. Dieser Umstand, der auch als die „deutsche Libertät" bezeichnet wird, umfaßte auch das Bündnisrecht mit auswärtigen Staaten, doch sollte sich dieses nicht gegen Kaiser und Reich richten. Genutzt hat letztere Bestimmung freilich nicht viel: Bereits 1658

Prager Fenstersturz: Auftakt zu einem dreißigjährigen, blutigen Krieg

wurde der erste Rheinbund, ein überkonfessionelles, von Frankreich abhängiges Defensivbündnis weltlicher und geistlicher Reichfürsten mit Stoßrichtung gegen den Kaiser gegründet. Territorial brachte der Westfälische Frieden neben Gebietsverlusten an Frankreich und Schweden das Ausscheiden der Eidgenossenschaft aus dem Reichsverband.

Nicht lösen konnte der Westfälische Friede die Religionsfrage, vielmehr zementierte er den Status quo. Denn quer durch die drei bisherigen Kurien des Reichstags – Kurfürsten, Fürsten, Städte – bildeten sich „Konfessionskurien", das Corpus Catholicorum für die katholische, und das Corpus Evangelicorum für die protestantische und reformierte Seite. Zwar wurde der Augsburger Religionsfriede als Ganzes bestätigt und für unantastbar erklärt, die strittigen Fragen wurden aber neu geregelt und Rechtsverhältnisse auf den Stand des 1. Januar 1624 fixiert beziehungsweise auf den Stand an diesem Stichtag zurückgesetzt. Alle Reichsstände mußten so beispielsweise die anderen christlichen Konfessionen dulden, falls diese bereits 1624 auf ihrem Territorium existierten. Jeglicher Besitz mußte an den damaligen Besitzer zurückgegeben werden und alle späteren anderslautenden Bestimmungen des Kaisers, der Reichsstände oder der Besatzungsmächte wurden für null und nichtig erklärt.

Ob der Westfälische Friede, wie behauptet wird, den Anfang vom Ende des Reiches bedeutet, ist auch heute noch umstritten. Der Zeitgenosse Samuel von Pufendorf bezeichnete es, weil es sich unter keine der aristotelischen Staatstypen bringen ließ, als „monstro simile". Die Verfassung des Reiches, sofern dieser Begriff überhaupt angebracht ist, bestand aus einer Ansammlung geschriebener und ungeschriebener Rechtsgrundsätze über Idee, Form, Aufbau, Zuständigkeiten und Handeln des Reiches und seiner Glieder. Zum stark föderativen Aufbau des Reiches, der obendrein mit einer Wahlmonarchie verbunden war und der deshalb in kein Schema paßte, meinte der Staatsrechtler Johann Jakob Moser im 18. Jahrhundert: „Teutschland wird auf teutsch regiert, und zwar so, daß sich kein Schulwort oder wenige Worte oder die Regierungsart anderer Staaten dazu schicken, unsere Regierungsart begreiflich zu machen". Anderseits blieb das Reich weiterhin ein wichtiger Faktor in der europäischen Politik, und im Zweifrontenkrieg gegen Franzosen und Türken hat es sich nicht unrühmlich geschlagen.

Nach dem Dreißigjährigen Krieg, der nicht nur die Verwüstung weiter Teile des Reiches, sondern auch dessen Neuordnung zur Folge hatte, hatte der Kaiser fast nur noch repräsentativen Charakter. Die ab den 1740er Jahren auf-

B. Tomaschitz: **An innerer Uneinigkeit gescheitert**

Friedrich der Große: Der Aufstieg Preußens störte das Gleichgewicht im Reich

67

keimende Rivalität zwischen Österreich und Preußen um die Vormacht im Reich beschleunigte dessen Niedergang.

Der Aufstieg Napoleons und dessen Hegemonialstreben über den Kontinent war dann letztendlich das Todesurteil für das alte Reich. Der Reichsdeputationshauptschluß von 1803, der die deutschen Fürsten für den Verlust ihrer linksrheinischen Gebiete entschädigen sollte, zerstörte das prekäre politisch-konfessionelle Gleichgewicht. Als Kurmainz, Bayern, Württemberg, Baden, Hessen-Darmstadt, Nassau, Kleve-Berg und weitere Fürstentümer nach Gründung des Rheinbundes, als dessen Schutzherr Napoleon fungierte, am 1. August 1806 ihren Austritt aus dem Reich erklärten, legte Kaiser Franz II., der sich bereits zwei Jahre zuvor zum „Erbkaiser von Österreich" ausgerufen hatte, am 6. August 1806 die römisch-deutsche Kaiserwürde nieder und erklärte das Reich für erloschen. In der Abdankungsurkunde hieß es, daß sich der Kaiser nicht mehr in der Lage sah, seine Pflichten als Reichsoberhaupt zu erfüllen und deshalb erklärte, „daß Wir das Band, welches Uns bis jetzt an den Staatskörper des deutschen Reichs gebunden hat, als gelöst ansehen, daß Wir das reichsoberhauptliche Amt und Würde durch die Vereinigung der conföderirten rheinischen Stände als erloschen und Uns dadurch von allen übernommenen Pflichten gegen das deutsche Reich losgezählt betrachten, und die von wegen desselben bis jetzt getragene Kaiserkrone und geführte kaiserliche Regierung, wie hiermit geschieht, niederlegen."

Philipp II. – der spanisch-habsburgische Traum von der Hegemonie

Religionseinheit als Grundlage der Herrschaft

Mit Philipp II. (1527 bis 1598) versuchte ein spanischer Habsburger, Europa unter seiner Krone zu vereinigen. Zuvor versuchte schon sein Vater, Kaiser Karl V., der ein Sohn Maximilian I. war, Europa unter seiner Dynastie zu vereinigen. Karl V. (1500 bis 1558), in dessen Reich „die Sonne niemals unterging", beherrschte kein einheitliches Reich, was für die Verwaltung große Probleme bedeutete. Das einigende Band der Vielzahl von Gebieten, deren Herrscher Karl war – Spanien, die Niederlande, Sizilien oder Ungarn – war nur die Idee der Monarchie, die Person des Monarchen und der Hof, wie der niederländische Historiker Wim Blockmans sagt. Das Fehlen einer Hauptstadt war – im Gegensatz zu Frankreich und England, wo sich mit Paris und London jene Zentren entwickelten, die der Entwicklung dieser Länder die erforderlichen Impulse gaben – auch ein wesentlicher Grund, warum eine Festigung seiner Herrschaft nach innen nicht möglich war.

Trotz der vielen Länder, die sein Reich umfaßt, führte Karl Kriege: Mit dem französischen König Franz I. um die Vorherrschaft im Norditalien und gegen die Türken unter Süleyman den Prächtigen, die über den Balkan 1529 bis nach Wien vordringen. Am 25. Oktober 1555 dankt der

Kaiser Karl V.: In seinem Reich „ging die Sonne nie unter"

Monarch verbittert ab. In seiner Abdankungsurkunde ist die Rede von den „großen Hoffnungen", die er hatte, und von denen sich nur wenige erfüllt haben. Dabei habe er „die Kaiserkrone gesucht, nicht um über noch mehr Reiche zu gebieten, sondern um für das Wohl Deutschlands und der anderen Reiche zu sorgen, der gesamten Christenheit Frieden und Eintracht zu erhalten und zu schaffen und ihre Kräfte gegen die Türken zu wenden". Am schmerzlichsten muß für Karl V., der sich nach der Zurücklegung der Kaiserkrone ins Kloster Yuste in der spanischen Extremadura zurückgezogen hat, wohl die Kirchenspaltung und das Entstehen des Protestantismus' gewesen sein. Nach Karls Abdankung 1556 zerfällt sein Reich in zwei Teile: Sein Sohn Philipp II. erhält Spanien, und sein Bruder Ferdinand I. wird Nachfolger im Heiligen Römischen Reich.

Unter Philipp II., der die ersten Jahre unter der Obhut seiner Mutter Isabella von Portugal verbracht hatte, verlagerte sich das Zentrum der habsburgischen Macht nach Spanien. Dazu ließ er zwischen 1563 und 1584 in der Nähe von Madrid den Escorial, eine Synthese von Kloster, Residenz und Grabstätte seiner Dynastie erbauen. Tief religiös, standen die Gegenreformation und die Bekämpfung der Türken im Mittelpunkt seines Handelns.

Das wohl wichtigste Mittel zur Vergrößerung seines Reiches war die Heiratspolitik. 1543 ehelichte er seine Cousine Maria von Portugal. 1580, als das Haus Avis ausstirbt, erbt Philipp Portugal. Die Vereinigung Spaniens und Portugal unter einer Krone dauerte dann bis 1640. Nachdem 1545 Maria von Portugal bei der Geburt des Sohnes Don Carlos – der wegen der nahen Verwandtschaft seiner Eltern körperlich und geistig behindert war – stirbt, strebte Philipp ein Bündnis mit England an. 1554 erreichte Philipp dieses Ziel, indem er die katholische englische

Königin Maria I. aus dem Hause Tudor heiratete. Vier
Jahre lang, bis zum Tod Marias, konnte Philipp nun den
Titel „König von England" führen. Allerdings war die
Ehe mit der wesentlich älteren und unattraktiven Englän-
derin bei den Untertanen sehr unbeliebt. Der Plan, nach
dem Tod Marias durch eine Ehe mit deren Halbschwester
Elisabeth I. die Bande zwischen Spanien und England zu
festigen, scheiterte. „Meine Schwester hat durch die Heirat
mit Euch die Gunst ihres Volkes verspielt, glaubt Ihr, ich
werde den selben Fehler machen?", sagte Elisabeth zum
Heiratsantrag des spanischen Königs. Als Folge dessen
verschärfte sich die Gegnerschaft zwischen Spanien und
England, deren Entstehen durch das Erstarken der spanischen Inquisition und durch die Konkurrenz auf den
Weltmeeren begünstigt wurde. Im Verhältnis zu England
spielte fortan auch die religiöse Komponente eine erhebliche Rolle: Elisabeth I., eine Protestantin, unterstützte zum
Mißfallen des streng katholischen Philipp die Protestanten
in Frankreich und in den Niederlanden.

Drei Jahre vor seinem Tod trat Karl V. 1555 seinem
Sohn die Niederlande und, ein Jahr später, die spanischen
Reiche und die Freigrafschaft Burgund ab. Damit war
Philipp gleich zu Beginn seiner Herrschaft in einen Krieg
mit Frankreich und dem Papst verwickelt, wobei es um die
Vorherrschaft in Italien ging. Denn der französische König
Heinrich II. wollte sich nicht der habsburgischen Vorherrschaft beugen. Obwohl Philipp 1557 in den Bankrott
schlitterte, konnte der junge König noch im selben Jahr
den spanienfeindlichen Papst Paul IV. in der Schlacht von
Saint-Quentin besiegen. Aufgrund dieses Erfolgs gelang
es zwei Jahre später im Frieden von Cateau-Chambrésis
mit Frankreich, die spanische Vormachtstellung in Italien
auch gegenüber dem Papsttum zu festigten. Denn Philipps

Territorien in Italien wurden ebenso bestätigt wie seine burgundischen Besitzungen. Weil darüber hinaus dieser Frieden auch eine Sicherung der spanischen Besitzungen in den Niederlanden bedeutete, war der Weg frei für die spanische Hegemonie in Europa. Erst unter Ludwig XIV. sollte Frankreich wieder zu einer europäischen Großmacht werden.

Kaum war Frieden mit Frankreich geschlossen, tauchte schon die nächste Bedrohung auf: Die Türken unter Sultan Suleiman dem Prächtigen schickten sich an, zur beherrschenden Macht im Mittelmeer zu werden. Bereits 1558 eroberten die Türken die Balearen, plünderten und brandschatzten und versklavten viele der Inselbewohner. Daraufhin richtete Philipp II. an den Papst und andere Mächte den Appell, die türkische Gefahr zu bannen. 1560 gelang es dem spanischen König, die „Heilige Liga" zwischen Spanien, der Republik Venedig, dem Papst, dem Herzogtum Savoyen und den Malteser Rittern zu formieren. In den Seeschlachten von Malta (1565) und Lepanto (1571) konnten die Osmanen besiegt werden. Aufgrund dieser Siege konnte verhindert werden, daß das Mittelmeer zu einem „türkischen Meer" wurde. Und gleichzeitig wurde Spanien zur beherrschenden Seemacht im Mittelmeer.

Weniger erfolgreich verlief hingegen der Krieg gegen England. Offizieller Grund für den Krieg war die Hinrichtung der katholischen Königin Maria Stuart von Schottland im Jahr 1587. Denn dadurch wurde Philipps Hoffnung zunichte gemacht, daß ein Katholik den englischen Thron besteigen könnte. Ursächlich für den Krieg war aber auch das Eingreifen Englands zugunsten der Aufständischen in den Niederlanden. Die Republik der Sieben Vereinigten Niederlande erklärte sich 1581 für unabhängig, nachdem ihr Vorgänger, die Union von Utrecht, unter der Führung von Wilhelm von Oranien 1579 Philipp II. abgesetzt und eine eigene Regierung unter der Führung der Generalstaaten (Ständeversammlung) gebildet hatte. Weil England, aber auch Frankreich in den 1580er Jahren die Rebellion in den nördlichen Niederlanden, in denen zusätzlich noch der Protestantismus Fuß gefaßt hatte, immer stärker unterstützten, gewann Philipp die Überzeugung, daß nur ein Krieg gegen England und Frankreich die katholische Religion in Westeuropa schützen und seine Autorität in den Niederlanden herstellen könne.

Bevor Philipp II. seinen Plan zur Invasion Englands in die Tat umsetzte, schloß er ein Bündnis mit Papst Pius V., um auf der Insel die Restauration des Katholizismus' zu ermöglichen. Allerdings endete die Invasion Englands mit einem Fiasko, die Armada, die spanische Flotte, wurde von den Engländern vernichtend geschlagen. Ursache dessen waren die kleineren englischen Schiffe,

Philipp II.: Der gestrenge Katholik führte Spanien zu ungeahnter Größe

die aufgrund ihrer Wendigkeit gegenüber den großen und daher schwer zu manövrierenden spanischen Schiffen einen großen Vorteil hatten. Dieser taktische Nachteil dürfte der Führung der spanischen Armada auch durchaus bewußt gewesen sein: „Es ist allgemein bekannt, daß wir Gottes Sache vertreten. Wenn wir also auf die Engländer treffen, wird Gott die Dinge so lenken, daß wir in den Nahkampf gehen und entern können. (…) Doch wenn uns Gott nicht durch ein Wunder hilft, werden die Engländer, die schnellere und wendigere Schiffe als wir und mehr weittragende Geschütze haben und sich dieses Vorteils wohl bewußt sind, uns nie aufschließen lassen, sondern Abstand halten und uns mit ihren Geschützen zu Stücken schlagen, ohne daß wir sie in nennenswerter Weise beschädigen können. So segeln wir nach England in festem Vertrauen auf ein Wunder." Die Niederlage der Spanier ermöglichte nicht nur den Aufstieg Englands zur führenden Seemacht der Welt, sondern unterbrach auch die Seeverbindung zu den Niederlanden.

Die Verteidigung des Katholizismus' war auch der Grund für den Krieg mit Frankreich (1590 bis 1598). Denn nach der Ermordung Heinrichs III., des letzten Königs aus dem Haus Valois, bestieg mit Heinrich von Navarra ein Protestant den französischen Thron. Philipp, der bis dahin die katholische Partei in den Hugenottenkriegen mit Waffen und Geld unterstützt hatte, entschloß sich zur militärischen Intervention in Frankreich und stellte als Schwiegersohn Heinrichs II. von Frankreich Erbansprüche auf den französischen Thron für seine Tochter Isabella. Gemeinsam mit dem Papst und dem Herzog von Guise griff Philipp daraufhin mit der Katholischen Liga in Frankreich ein. Heinrich IV. verstand es geschickt, innerhalb Frankreichs die katholische Fraktion mit der feindlichen Macht Spanien in Verbindung zu bringen. Als dann der französische König 1593 zum Katholizismus übertrat, stellten sich auch die Katholiken Frankreichs gegen Spanien, sodaß die Katholische Liga 1595 in Fontaine-Française in Burgund geschlagen werden konnte.

Nachdem sich die spanischen Truppen übernommen

hatten und Philipp II. zum dritten Mal Bankrott war, willigte er 1598 dem vom Papst vermittelten Frieden von Vervins ein, der das Ergebnis des Friedens von Cateau-Chambresis aus dem Jahr 1559 bestätigte. Heinrich IV. erließ zwischenzeitlich das Edikt von Nantes, das eine für die damalige Zeit weitreichende Religionsfreiheit gewährleistete. Damit wurde klar, daß Philipp sein Kriegsziel verfehlt hatte. Denn weder Heinrich IV. konnte vom Thron gestoßen werden, noch gelang es Philipp, den Protestantismus in Frankreich erfolgreich zu bekämpfen. Schwer krank starb Philipp am 13. September 1598 in El Escorial in der Nähe von Madrid.

Der Frieden von Vervins änderte nichts an der Vormachtstellung Spaniens. Außerdem wurde Spanien unter Philipp II. zur maßgeblichen Stütze der Katholischen Kirche. Bereits in den ersten Jahren seiner Regentschaft versuchte Philipp, in Spanien die Beschlüsse des Konzils von Trient „unbeschadet der königlichen Rechte" umzusetzen. Diese Kirchenversammlung begann noch unter Karl V. und wurde 1564 abgeschlossen. Zusätzlich setzte sich Philipp für eine weitere Reform der Orden ein und belebte das Instrument der Observanz, der strengen Beachtung der Ordenregeln, neu. Wegen der zahlreichen Eingriffe in kirchliche Angelegenheiten blieben freilich auch Konflikte mit dem Papst nicht aus. Anderseits diente der politische Druck Philipps auf die Päpste dazu, Reformen und die Gegenreformation in Europa voranzutreiben. Bereits 1559 hatte Philipp in den Niederlanden die Errichtung von drei neuen Kirchenprovinzen erreicht, was allerdings auch zu einer Verschärfung des Konflikts in den Niederlanden geführt hat. Als Erfolg konnte er verbuchen, daß zumindest die südlichen Niederlande, das heutige Belgien, katholisch blieben.

Auch im spanischen Kernland ging Philipp hart gegen andere Religionen vor, wobei die Inquisition, die einzige gemeinsame Verfassungsinstitution Kastiliens und Aragons, eine wichtige Rolle spielte. Als es in Südspanien 1568 zu einem Aufstand der Morisken (Mosiscos) kam, ließ er diesen niederschlagen. Bei den Morisken handelte es um die nur formell zum Katholizismus konvertierte arabische Bevölkerung in der Region Granada, die im Geheimen weiterhin dem Islam anhing und verdächtigt wurde, mit dem türkischen Sultan zu kooperieren. Die Morisken wurden 1570 per Dekret deportiert und über das ganze Land verteilt angesiedelt.

Energisch betrieb Philipp auch die Katholisierung der Kolonien voran. Dahinter stand – neben religiösen Gründen – wie bei seinem Kampf gegen den Protestantismus in Europa die Überzeugung, daß nur die konfessionelle Einheit sein Reich zusammenhalten konnte. Zudem gelangen Philipp die Eroberung der nach ihm benannten philippinischen Inseln und der Erwerb Floridas in Nordamerika. Unter Philipp erreichte das spanische Kolonialreich – in Europa waren Spanien und Portugal vereinigt – die größte geographische Ausdehnung. Allerdings gelang es trotz der umfangreichen Edelmetallausfuhren aus Südamerika nicht, die wirtschaftliche Leistungsfähigkeit der Ländermasse, insbesondere aber des Kernlands Kastilien, zu erhöhen. Dreimal – 1557, 1575 und 1596 – mußte der König seine Zahlungsunfähigkeit erklären. Die imperiale Überdehnung leitete denn auch den Niedergang Spaniens im 17. Jahrhundert ein.

Bei der Herrschaft über sein Reich stützte sich Philipp auf einen komplizierten Regierungsapparat, der aus einer großen Anzahl kollegial organisierter, zentraler Ratsbehörden bestand, deren Zuständigkeit nach sachlichen und regionalen Kriterien festgelegt war. Zugute kam ihm dabei, daß er mit El Escorial eine ständige Residenz aufbaute. Seine Form des Regierens auf der Grundlage von Schriftlichkeit und Bürokratie fand bald Nachahmer und setzte sich in ganz Europa durch.

„L' Europe c'est moi"

Ludwig XIV. –
Frankreichs Griff nach der Hegemonie

Unter Ludwig XIV. (1638 bis 1715) betrat mit Frankreich eine neue Großmacht die europäische Bühne. Als sein Vater Ludwig XIII. 1643 starb, erbte er als Fünfjähriger den französischen Thron, wobei seine Mutter, Anna von Österreich, die Regentschaft übernahm und Kardinal Mazarin als Premierminister bestätigte. Als Mazarin 1661 starb, war Ludwig gut auf die Regentschaft vorbereitet und verkündete, daß es von nun an nie wieder einen Premierminister geben werde.

Bereits in seinem ersten Krieg, dem Devolutionskrieg (1667 bis 1668) konnte der von seinem Lehrmeister Mazarin in Geheimnisse der Politik Eingeweihte die westlichen Teile der spanischen Niederlande erobern. Ursache dieses Krieges war der Anspruch Ludwigs auf das burgundische Grenzland. Als der spanische König Philipp IV. 1665 starb, beanspruchte der König das Gebiet für seine Gattin Maria Theresia, welche die älteste Tochter Philipp IV. war. Gut vorbereitet gelang es Ludwig, Charleroi, Tournai, Douay, Oudenaarde und Lille nach geringem Widerstand einzunehmen. Anfang 1668 schlossen sich Holland, England und Schweden zur sogenannten Tripelallianz zusammen, um einen weiteren Vormarsch Frankreichs zu verhindern. Dabei war das Angebot an Ludwig, daß er die eroberten Gebiete behalten, aber keine weiteren hinzufügen dürfe. Nachdem Spanien zögerte, nahm er im Februar 1668

Burgund ein und nahm die Forderungen der Tripelallianz an. Im Aachener Frieden vom 2. Mai 1668 mußte Ludwig zwar Burgund wieder hergeben, aber die übrigen Gebietsgewinne wurden bestätigt.

Zugute kam Ludwig bei seinen Eroberungen in den spanischen Niederlanden, daß seine Armeereform schon weit fortgeschritten war. Das 70.000 Mann umfassende Heer bestand aus gutausgebildeten, disziplinierten Berufssoldaten, die regelmäßig bezahlt und versorgt wurden. Ludwigs Heer war im damaligen Europa eine völlige Neuheit. Das Heer, das im Spanischen Erbfolgekrieg (1700 bis 1713) sogar 680.000 Mann umfaßte, war die wesentliche Stütze zum Aufstieg Frankreichs zur europäischen Hegemonialmacht unter Ludwig XIV.

Der Erwerb weiterer Gebiete stand unter dem Zeichen der „Reunionen" (Wiedervereinigungen). Denn trotz des für Frankreich günstigen Ergebnisses des Westfälischen Friedens von 1648 verblieben die Bistümer Toul, Metz und Verdun in Lothringen sowie zehn elsässische Städte beim Haus Habsburg. Folgedessen war es das Ziel, diese Gebiete, die formal Reichslehen waren und es auch bleiben sollten, auf das Haus Bourbon und damit auf die Krone Frankreichs übergehen zu lassen. Anders als im Falle Schwedens, der zweiten Garantiemacht des Westfälischen Friedens, war die Politik des „Allerchristlichsten Königs", wie sich Ludwig bezeichnete, aber darauf gerichtet, die Souveränität über diese Gebiete auf Dauer zu erwerben, ohne die Lehensprozedur beim Regierungsantritt eines neuen Kaisers erfüllen zu müssen.

Eine wichtige Rolle dieser Politik zum Erwerb der linksrheinischen Gebiete spielten die 1679 eingerichteten „Reunionskammern", die mit Hilfe alter Verträge die Zugehörigkeit der betreffenden Gebiete zu Frankreich feststellen sollten. Auf diese Weise kamen große Teile des Elsaß und Luxemburg zu Frankreich. Der Philosoph Gottfried Wilhelm Leibniz merkte in seiner Schrift „Securitas publica" an, diese Eroberungspolitik Ludwigs sei „ohne Schein des Rechts" betrieben worden.

Ob Ludwig tatsächlich den Rhein als die Grenze Frankreichs anstrebte, ist umstritten. Eher dürfte es ihm darum gegangen sein, die Ostgrenze stückweise zu begradigen, um sie besser und leichter verteidigen zu können. Darauf deutet die Errichtung von Befestigungsanlagen entlang der Grenze, wie beispielsweise die 1680 gegründete, heute saarländische Stadt Saarlouis, hin. Und nebenbei war die Reunionspolitik ein geeignetes Mittel, um den Einfluß Habsburgs in der unmittelbaren Nachbarschaft Frankreichs erheblich zu schwächen. In diesen Jahren widmete sich Ludwig auch dem Ausbau des französischen Kolonialreiches: Zu den zu Beginn des 17. Jahrhunderts gegründeten Neufrankreich-Kolonien in Kanada kamen 1660 Haiti, 1664 Französisch-Guayana in Südamerika, 1674 die Antillen-Insel Martinique, 1682 das zu seinen Ehren benannte Louisiana in Nordamerika, sowie Madagaskar und Teile der westafrikanischen Küste hinzu.

Die Politik, echte oder vermeintliche Ansprüche mit Waffengewalt durchzusetzen, setzte Ludwig im Pfälzischen Erbfolgekrieg (1688 bis 1697) fort. Nachdem das Haus Pfalz-Simmern ausgestorben war und dessen Erbansprüche nach dem Reichsrecht an das Haus Pfalz-Neuenburg fielen, erhob der französische König Ansprüche für seine Schwägerin Liselotte von der Pfalz, die jedoch zuvor verzichtet hatte. Weil der Kaiser wegen der Türkenabwehr gebunden war, sah Ludwig die große Chance für einen weiteren Ausbau französischer Gebiete auf deutschem Boden gekommen und fiel in die Pfalz und das linksrheinische Gebiet

ein. Bei diesem Krieg, dessen Ziel es auch war, Befestigungsanlagen in den betreffenden Gebieten zu schleifen,
um den Gegner Möglichkeiten für einen Aufmarsch gegen
Frankreich zu nehmen, kam es zur Verwüstung der Pfalz.
Durch die Schändung der Kaisergräber im Dom zu Speyer und die Zerstörung des Heidelberger Schlosses wurde
außerdem die im Westfälischen Frieden 1648 garantierte
„Ruhe des Reiches" empfindlich gestört.

Kaiser Leopold I. erklärte daraufhin – versichert durch
die Augsburger Allianz, der neben verschiedenen Reichsständen König Karl II. von Spanien, König Karl XI. von
Schweden und Bayerns Kurfürst Maximilian II. Emanu-
el angehörten – den Reichskrieg. Um den französischen
Expansionsbestrebungen Einhalt zu gebieten, traten 1689
England, Savoyen und die Niederlande dem Bündnis bei
und bildeten die „Große Allianz". Kämpfe auf linksrhei-
nischem Gebiet fanden zwar nicht statt, aber immerhin
gelang es, den Vormarsch der Franzosen auf weitere deutsche Gebiete wie Schwaben oder Bayern aufzuhalten. Der
Frieden von Rijswijk, der den Pfälzischen Erbfolgekrieg
beendete, bestätigte Ludwig seine elsässischen Reunionen
sowie Straßburg, das er schon 1681 besetzt hatte. Die
übrigen eroberten Gebiete mußten an das Reich zurückgegeben werden, wobei es dem Katholiken Ludwig aber
mit der sogenannten Rijswijker Klausel gelang, trotzdem
einen gewissen Einfluß in diesen Gebieten zu bewahren:
„Bezüglich der auf dem rechten Rheinufer an Deutschland
zurückgegebene Orte stellt Ludwig XIV. die Bedingung,
daß in denselben die katholische Religion in dem Stand
erhalten werden müsse, in welchem sie sich gegenwärtig
befinde".

Die erprobte Politik, Erbansprüche mit Waffengewalt
durchzusetzen, setzte Ludwig fort, als Karl II., der letzte

B. Tomaschitz: **„L' Europe c'est moi"**

Ludwig XIV.: Der „Sonnenkönig" führte eine ganze Reihe von Kriegen

habsburgische König Spaniens, im Jahr 1700 starb. Zwar stimmte Ludwig den Haager Erbteilungsverträgen von 1698 und 1699 zu, um einen neuen, europaweiten Krieg zu vermeiden. Als aber der bayerische Kurprinz Joseph Ferdinand, der Karl II. auf dem spanischen Thron folgen sollte, am 6. Februar 1699 starb, bestimmte der spanische Habsburger Philipp von Anjou, einen Enkel des französischen Königs, zu seinem Nachfolger. Mußte sich Ludwig im Frieden von Rijswijk verpflichten, „jede Verfügung, die der König von Spanien über seine Monarchie zugunsten eines französischen Prinzen etwa treffen sollte, abzulehnen", so war die Einsetzung seines Enkels Philipp von Anjou als Gesamterbe Spaniens eine große Versuchung, die „Ruhe Europas" erneut mit einem Krieg zu stören. Bereits 1701 bestieg sein Enkel als Philipp V. den spanischen Thron, und damit begann der Spanische Erbfolgekrieg, der bis 1713 dauern sollte.

Im diesem Krieg stand Ludwig einer mächtigen Allianz aus Holland, den niederländischen Generalstaaten, Preußen und Hannover, aber auch Österreich gegenüber. Während es Kaiser Leopold I. vor allem darum ging, daß sein zweiter Sohn, Erzherzog Karl, den spanischen Thron besteigt, wollten die anderen Mächte verhindern, daß die spanische Monarchie samt ihren reichen Kolonien komplett an Frankreich oder an die österreichischen Habsburger fiel. In den zahlreichen folgenden Schlachten auf spanischem, italienischem, holländischem und deutschem Gebiet wurden die Heere Ludwigs vom Prinzen Eugen von Savoyen und dem Herzog von Marlborough geschlagen. Der Spanische Erbfolgekrieg hinterließ ein riesiges Loch im Haushalt Frankreichs. Die Schulden in der Höhe von zwei Milliarden Livres konnten erst 1725, also zehn Jahre nach Ludwigs Tod, endgültig getilgt werden.

Die Bilanz der Friedensschlüsse von Utrecht (1713) und Rastatt (1714), die den Spanischen Erbfolgekrieg beendeten, fällt für Frankreich zwiespältig aus: Zwar bestätigte der Frieden von Utrecht Philipp V. als spanischen König, aber Sonderabkommen schränkten diesen politischen Erfolg Ludwigs erheblich ein. Denn die „Sicherheit und Freiheit Europas ließen keinesfalls die Vereinigung der Kronen Frankreich und Spanien auf einem Haupt zu". Zudem mußte der „Sonnenkönig" England gegenüber erhebliche Zugeständnisse in Übersee, insbesondere in Nordamerika, und zwar sowohl bei Handel und Schiffahrt als auch beim Kolonialbesitz machen. Der Frieden von Utrecht legte den Grundstein für das „Gleichgewicht" der europäischen Mächte, das sich bis zum Ende des 18. Jahrhunderts zu einer Pentarchie (England, Frankreich, Rußland, Österreich und Preußen) entwickeln sollte. Im Frieden von Rastatt vom März 1714 verständigte sich Kaiser Karl VI., der dem

Der Hof Ludwigs XIV. wurde für den Adel Europas zum Maßstab

85

Frieden vom Utrecht im Jahr zuvor noch nicht zustimmen wollte, mit Ludwig auf der Grundlage der Friedensschlüsse von 1848, 1679 (Nimwegen) und 1697 (Rijswijk) und gelangte wieder „in den Besitz der spanischen Niederlande". Allerdings mußte der französische König dem Hause Österreich die Länder und Orte, die er in Italien besessen hatte, „in ruhigem und ungestörtem Besitze" garantieren und dem Haus Hohenzollern die Souveränität über Preußen bestätigen. Damit endete der Versuch, Frankreich mittels einer konsequenten Erb- und Erwerbspolitik zur Hegemonialmacht über Europa zu machen.

Innenpolitisch versuchte der König neben der Bekämpfung oppositioneller Tendenzen vor allem, seine Kontrolle über die französische Staatskirche auszubauen. So drängte Ludwig das Feudalwesen und damit die Macht des Adels zurück und begründete auf diese Weise den Absolutismus. Denn „jede Gewalt, jede Autorität, ruht in der Hand des Königs", war Ludwigs Maxime. Daher sollten andere Organe des Staates wie die Stände keinen substantiellen Anteil an den Regierungsgeschäften haben, um das Königtum nicht zu gefährden. Hintergrund dieser Politik ist das Erbe der Staatsmänner Richelieu und Mazarin, die einen erheblichen Einfluß auf den Staat hatten.

Im kirchlichen Bereich wurden bei einer Klerusversammlung im November 1681 die Gallikanischen Artikel verabschiedet, durch welche der Einfluß des Papstes auf Frankreich de facto abgeschafft wurde. Demnach sei den Päpsten und der Kirche „nur in geistlichen, nicht aber in weltlichen Dingen Gewalt von Gott verliehen", und umgekehrt sind die Fürsten „in zeitlichen Dingen von der kirchlichen Gewalt unabhängig".

Weitere Reformen betrafen die Verwaltung und die Wirtschaft. Als Ludwig die Herrschaft antrat, war die

Lage nach dem letzten Krieg mit Spanien sehr stark angespannt. Als ein besonderes Problem erwies sich die für Korruption anfällige Bürokratie. Ludwig selbst meinte dazu: „Als Mazarin starb, da herrschte viel Unordnung in der Verwaltung meines Königreiches". Um die Mißstände ab- und um die Ordnung wiederherzustellen, ließ er 1661 den Finanzminister Nicolas Fouquet, der sich zur Finanzierung seines luxuriösen Lebens an den Staatseinnahmen bereichert hatte, verhaften. Gleichzeitig sollte damit ein Exempel für potentielle Nachahmer statuiert werden. Als folgenreich erwies sich die Ernennung von Jean-Baptiste Colbert, des bekanntesten Förderers des Merkantilismus, zum „Generalkontrolleur der Finanzen". Denn Colbert bekämpfte die Korruption erfolgreich und organisierte die Verwaltung neu, sodaß sich die Staatseinnahmen mehr als verdoppelten, ohne daß die Steuern erhöht werden mußten. Weitere Maßnahmen zur Förderung der Wirtschaft waren die Errichtung von Handelskompanien und Manufakturen, sodaß Frankreich nicht nur politisch, sondern auch wirtschaftlich an die Spitze Europas vorstoßen konnte. In einem wichtigen Punkt aber scheiterte Colbert: Er unterwarf zwar Nordfrankreich einer Zollunion, um Handelsschranken abzubauen, aber deren Ausweitung auf das gesamte Königreich scheiterte an lokalen Handelsprivilegien.

Ludwig XIV. verfolgte kein Konzept einer europäischen Einigung, sondern begründete die Vormachtstellung Frankreichs über Europa, die neben der Politik auch die Bereiche Wirtschaft, Wissenschaft und Kunst umfaßte. Am Sterbebett soll er gesagt haben: „Ich werde vergehen, aber der Staat bleibt bestehen". Zugute kam dem französischen König dabei die Schwäche seines größten Widersachers, des deutschen Kaisers. Denn Deutschland litt noch lange nach dem Westfälischen Frieden von 1648 an den Folgen des Dreißigjährigen Krieges. Zudem verhinderten die Zentrifugalkräfte des Reiches, daß die Kaiser den Hegemonialbestrebungen des Franzosen entschieden entgegentreten konnten. Und letztendlich wurden Frankreichs Erfolge auf dem Schlachtfeld dadurch begünstigt, daß große Truppenkontingente des Kaisers im Abwehrkampf gegen die Türken gebunden waren.

Napoleon – der Korse als „Kaiser Europas"

Die neue Ordnung währte nur für kurze Zeit

Von der Vorstellung besessen, ganz Europa zu beherrschen und zu gestalten, war Napoleon Bonaparte. Auf dem Höhepunkt seiner Macht, 1812, sollte ihm das beinahe gelingen. Napoleon Bonaparte, am 18. August 1769 als Sohn eines Landadeligen auf der Mittelmeerinsel Korsika geboren, erlernte erst ab 1779, nachdem er zusammen mit seinem Bruder Josephe in ein Internat in Autun am Festland gekommen war, die französische Sprache. Bereits in jungen Jahren, als er die Ecole royale militaire in Paris besuchte, zeigte sich seine militärische Begabung, und bereits 1785, im Alter von nur 16 Jahren, wurde ihm das Offizierspatent verliehen. Vier Jahre später, als die Revolution ausbrach, ging Napoleon trotz seiner adeligen Abstammung nicht ins Exil, sondern wurde ein Befürworter der Republik. Der Lohn war die Beförderung zum Hauptmann. Versah er anfangs nur unbedeutende Aufgaben, so erhielt er 1792/93 die Befehlsgewalt über ein Freiwilligen-Kommando der korsischen Nationalgarde für eine Landung auf Sardinien, mit dem sich die Französische Republik seit 1792 im Krieg befand. Das Vorhaben scheiterte, und wegen der Verwicklung seiner Brüder in einen Staatsstreich gegen die Führer der korsischen Unabhängigkeitsbewegung mußte seine Familie fluchtartig die Insel verlassen und nach Frankreich gehen.

Der Fehlschlag gegen Sardinien tat Napoleons militärischer Laufbahn keinen Abbruch: 1793 zur Belagerung der Stadt Toulon kommandiert, die von Königstreuen gehalten wurde, gelang ihm die Eroberung dieser Stadt und er wurde deshalb auf Empfehlung Augustin Robespierres, des Bruders von Maximilien Robespierre, dem damaligen starken Mann Frankreichs, im Alter von nur 24 Jahren zum Brigadegeneral befördert. Nach dem Sturz Robespierres gelang es Napoleon im Oktober 1795, in Paris einen Aufstand von Royalisten niederzuschlagen, was ihm wiederum das Vertrauen des Direktoriums eintrug.

In den Jahren vor der Wende zum 19. Jahrhundert zeigten die militärischen Fähigkeiten Napoleons ersten großen Nutzen für Frankreich. Als Kommandant der schlecht ausgerüsteten französischen Truppen in Italien konnte er mehrfach die Österreicher unter Erzherzog Karl schlagen. Beim folgenden Frieden von Campo Formio am 17. Oktober 1797 verzichtete der römisch-deutsche Kaiser Franz II. zugunsten Frankreichs auf die Österreichischen Niederlande und erkannte die Unabhängigkeit der Cisalpinischen Republik an. Dieser aus den Vorgängerstaaten Cispadanische und Transpadanische Republik geschaffene Gebilde wurde 1802 in „Italienische Republik" umbenannt und 1805 durch Eingliederung ins neugeschaffene Königreich Italien aufgelöst. In Campo Formio erhielt Österreich im Gegenzug das Gebiet der früheren Republik Venedig mit Ausnahme der Ionischen Inseln, die zu Frankreich fielen. Folgenschwer für Deutschland sollte sich ein geheimer Zusatzartikel des Vertrages auswirken, in dem der Kaiser den Rhein als die Westgrenze des Reiches anerkennt. Weniger erfolgreich verlief Napoleons Expedition nach Ägypten. Seine Seeflotte wurde in der Schlacht von Abukir von den Engländern unter Admiral Horatio Nelson fast vollständig zerstört.

Der geheime Zusatzartikel bezüglich des Rheins als
Ostgrenze Frankreichs sollte am 19. Februar 1801 beim
Friedensvertrag von Lunéville schlagend werden. Nachdem im Juni 1800 Napoleon – er war einige Monate zuvor
Erster Konsul und damit faktisch Alleinherrscher Frankreichs geworden – die Österreicher auf dem Italienfeldzug bei Marengo geschlagen hatte, mußte Franz II. in die
Abtretung der linksrheinischen Gebiete einwilligen. Weil
durch diesen Gebietsverlust das territoriale und religiöse
Gleichgeweicht im Reich zerstört worden war, versuchte
man 1803 mit dem Reichsdeputationshauptschluß eine,
wie sich herausstellen sollte, erfolglose Neuordnung des
Reiches. Außerdem mußte Franz II. beim Frieden von
Luneville die französischen Vasallenstaaten Schweiz, Holland, Mailand und Genua anerkennen.

Nachdem Österreich und das Reich geschwächt worden waren, konzentrierte sich Napoleons Stoßrichtung auf
England, mit dem Anfang 1802 der Frieden von Amiens
abgeschlossen wurde. England, das Teil der zweiten Koalition gegen Frankreich gewesen war, sicherte die Rückgabe
Maltas zu und erkannte ausdrücklich die Grenzen Frankreichs an. Weil sich Frankreich im Gegenzug verpflichtete,
auf den Erwerb weiterer Kolonien zu verzichten, sollte das
Gleichgewicht bezüglich der Herrschaft auf den Kontinent und der Herrschaft der Kolonien wiederhergestellt
werden. Allerdings war nicht bekannt, daß die beiden
Friedensverträge für Napoleon nur Waffenstillstandscharakter hatten. Denn er weigerte sich entgegen den Bestimmungen des Friedens von Luneville, Belgien und Holland
zu räumen. Obendrein machte er sich 1802 zum „Protektor" von Italien und diktierte ein Jahr später der Schweiz
die „Mediationsakte", wodurch die helvetische Föderation
an Frankreich gebunden wurde. Als dann der Herzog von

91

Enghien entführt und aufgrund Napoleons Vorwurf, „ein Emigrant, der vom Ausland bezahlt wird, um eine Invasion in Frankreich zu erleichtern", erschossen wurde, brachen erneut Feindseligkeiten aus. Als Ergebnis bildete sich 1805 die dritte Koalition gegen Frankreich, bestehend aus England, Österreich, Rußland und Schweden.

Während sich neue Kriege zusammenbrauten, krönte sich Napoleon am 2. Dezember 1804 in der Kathedrale Notre Dame selbst zum „Kaiser der Franzosen". Und wenige Monate später, 16. Mai 1805, wurde Napoleon mit der Eisernen Krone der Langobarden zum König von Italien gekrönt. Die Kaiserkrönung war eine offene Kampfansage an Franz II. und das Heilige Römische Reich Deutscher Nation, dessen Niedergang zu diesem Zeitpunkt nicht mehr zu übersehen war. Ausgestattet mit einer Kaiserwürde wollte der Korse in die Fußstapfen Karls des Großen treten und zum Herrscher über Europa werden. Sein Herrschafts- bzw. Einflußgebiet erstreckte sich zu jenem

Am Höhepunkt der Macht: Der Korse krönt sich zum Kaiser der Franzosen

Zeitpunkt von den Pyrenäen bis zum Rhein, und von der Nordsee bis nach Oberitalien. Um dem drohenden Verlust der römisch-deutschen Kaiserwürde zuvorzukommen, schuf Franz, nun als der Erste, im August 1804 das „Kaisertum Österreich".

Genau ein Jahr nach Napoleons Kaiserkrönung legte der Sieg über die Verbündeten Armeen Österreichs und Rußlands in der Schlacht bei Austerlitz in der Nähe von Brünn das Fundament für die Neuordnung Europas. Österreich mußte nach dem Frieden von Preßburg Tirol und Vorarlberg an Bayern abtreten, die Reste Vorderösterreichs wurden unter den napoleonischen Satellitenstaaten Bayern, Baden und Württemberg aufgeteilt und die 1797 im Frieden von Campo Formio gewonnenen Gebiete mußten an das Königreich Italien, einem weiteren Vasallen Napoleons, abgetreten werden. Und schließlich mußte Franz II. (I.) Napoleon als Kaiser sowie die Königreiche Bayern und Württemberg anerkennen. Die Entschädigung dafür – das Erzbistum Salzburg und Berchtesgaden – war vergleichsweise gering. Österreich hatte seine Vormachtstellung im Heiligen Römischen Reich Deutscher Nation verloren, und nachdem am 12. Juli 1806 der Rheinbund, ein von Frankreich gegründeter „völkerrechtlicher Verein", dessen „Protektor" der Kaiser der Franzosen war, gegründet wurde, legte Franz II. am 6. August 1806 die römisch-deutsche Kaiserwürde nieder und erklärte das Reich für erloschen.

Napoleons Konzept einer Dreiteilung Deutschlands – Österreich, Preußen und der von ihm abhängige Rheinbund – stieß bei Preußen, das seine Pläne zur Errichtung eines norddeutschen Bundes unter seiner Vorherrschaft vereitelt sah, auf Widerspruch. Weil es sich auch um das zunächst versprochene, dann aber den Engländern zugesprochene Hannover betrogen sah, forderte Preußen Frankreich ultimativ auf, sich aus Süddeutschland zurückzuziehen und die Gründung eines norddeutschen Bundes nicht zu behindern. Daraufhin antwortete Frankreich mit einer Kriegserklärung, und Preußen und die mit ihm verbündeten Russen und Engländer mußten bei Jena und Auerstedt eine vernichtende Niederlage einstecken. Beim folgenden Frieden von Tilsit am 9. Juli 1807 konnte Preußen nur wegen der Fürsprache des russischen Zaren Alexander I. seiner Auslöschung entgehen. Und im Vergleich zu den übrigen „Friedens"-Bedingungen war Österreich mit dem Frieden von Preßburg noch geradezu glimpflich davongekommen. Preußen verlor rund die Hälfte seines Gebietes, wurde östlich der Elbe zurückgedrängt, sein Heer wurde auf 42.000 Mann begrenzt und obendrein mußte es 120 Millionen Franc an Reparationen zahlen.

Im Frieden von Tilsit fällt zweierlei auf: Erstens betrachtete Napoleon das westelbische Deutschland für sich und seine Erben als Teil seiner Einflußsphäre. So mußte der preußische König Friedrich Wilhelm III. nach Artikel 10 des Vertrages „für sich und seine Erben und Nachfolger jedem jetzigen und künftigen Anspruche, den sie geltend machen könnten, auf alle Territorien, ohne Ausnahme, welche zwischen dem Rhein und der Elbe liegen", entsagen. Zweitens zeigt der Vertrag von Tilsit eindrucksvoll, wie Napoleon Europa mit Hilfe von Vasallenstaaten, an deren Spitze bevorzugt seine Brüder standen, beherrschen wollte. So galt der „gegenwärtige Friedens- und Freundschaftsvertrag" gemäß Artikel 5 auch für den König beider Sizilien, Joseph Napoleon, und in Artikel 6 mußte sich der preußische König verpflichten, Hieronymus (Jerome) Napoleon als König von Westfalen anzuerkennen.

Rußland hatte durch den Frieden von Tilsit keine Abgaben zu leisten, weil Napoleon auf das Wohlwollen des Zaren angewiesen war, um seine Kontinentalsperre gegen England durchsetzen zu können. Mit der Kontinentalsperre, einer Wirtschaftblockade der britischen Inseln, versuchte der Korse, England in die Knie zu zwingen. England militärisch zu besiegen, schien nach der verlorenen Schlacht von Trafalgar 1805 außer Reichweite zu sein. Der Kontinentalsperre vorausgegangen war eine Seeblokkade der französischen Küste durch die Engländer. Daher begründete Napoleon im Berliner Dekret vom 21. Dezember 1806 die Kontinentalsperre damit, daß „England das System des Völkerrechts, wie es gewöhnlich von allen zivilisierten Staaten geachtet wird, mißachtet". Die Embargopolitik des Kaisers schien anfangs den gewünschten Effekt zu haben. Der englische Handel mit dem europäischen Kontinent und auch mit den Vereinigten Staaten, die sich gegen die englische Seeüberwachung sträubten, kam fast vollständig zum Erliegen. Es gelang England jedoch, diese Einbußen durch den überseeischen Kolonialhandel auszugleichen, und so wurde es nicht entscheidend geschwächt.

Ebenfalls nicht nach Plan verlief der Spanienfeldzug Napoleons. 1807 sagte er den Spaniern seine Unterstützung im Krieg gegen Portugal zu, das ihm wegen des umfangreichen Handels mit England ein Dorn im Auge war. Nachdem Napoleon aber 1808 nach dem Sturz der Bourbonen seinen Bruder Joseph Napoleon als König eingesetzt hatte, erhoben sich die Spanier. Getragen wurde der Aufstand, der zur Vertreibung Josephs führte, vom spanischen Nationalbewußtsein. Und es folgte ein langer, für die Franzosen sehr verlustreicher Guerillakrieg, der die Schlagkraft in Mitteleuropa beeinträchtigen sollte.

Eine Folge der spanischen Erhebung war das Erwachen des Nationalbewußtseins in den deutschen Ländern. Die französische Besatzung bewirkte in fast allen betroffenen Staaten drastische Veränderungen. Neben der territorialen Neugestaltung galten in den besetzten Gebieten französische Gesetze und Verwaltungsprinzipien.

Die vom österreichischen Kanzler Philipp Graf Stadion 1809 geleitete Erhebung fand allerdings nicht die erhoffte Unterstützung. Im Frieden von Schönbrunn mußte Österreich Dalmatien, Krain und das Küstenland abtreten, und Salzburg fiel an Bayern. Ein Jahr später, 1810, erhoffte sich Napoleon, mit der Heirat von Marie-Louise, der ältesten Tochter von Kaiser Franz, die Beziehungen zu Österreich zu verbessern.

Indessen wendete sich die außenpolitische Lage zu Ungunsten Frankreichs. Der russische Zar Alexander I. war aus wirtschaftlichen Gründen nicht mehr bereit, die Kontinentalsperre gegen England mitzutragen, was zum Bruch mit Napoleon führte. Daraufhin marschierte im Juni 1812 die „Grande Armee" mit 600.000 Mann – nur rund die Hälfte davon waren Franzosen – in Rußland ein. Im Vorfeld des Rußlandfeldzuges erklärte Napoleon noch: „Dieser lange Weg ist zu guter Letzt der Weg nach Indien". Die ausbleibenden Blitzsiege führten zusammen mit den schlechten, langen Versorgungswegen und dem einbrechenden russischen Winter jedoch zum Rückzug. Von der ehemals großen Armee kehrten nur etwa 5.000 Mann in die Heimat zurück.

Nachdem Napoleon den Nimbus der Unbesiegbarkeit verloren hatte, bildete sich eine neue Koalition gegen Frankreich, der schließlich England, Rußland, Preußen, Schweden, Österreich und zahlreiche deutsche Kleinstaaten angehörten. Im Oktober 1813 trafen die verbündeten Armeen bei Leipzig auf die Franzosen und besiegten diese in der „Völkerschlacht".

Die Völkerschlacht bei Leipzig 1813: Das Ende von Napoleons „Grande Empire" war nur mehr eine Frage der Zeit

Nach der Abdankung Napoleons im Mai 1814 wurden die Bourbonen wiedereingesetzt, und mit dem Frieden von Paris die Grenzen von 1792 wiederhergestellt. Weil König Ludwig XVII. die „alte Ordnung" wiederherstellen wollte, regte sich in Frankreich bald Unmut, sodaß Napoleon beschloß, am 1. März 1815 sein Exil auf der Mittelmeerinsel Elba zu verlassen und nach Frankreich zurückzukehren. Napoleon gelang es, für 136 Tage noch einmal die Herrschaft an sich zu reißen. Jedoch erklärte der zu dieser Zeit tagende Wiener Kongreß die Ächtung Napoleons, und bei der Schlacht von Waterloo besiegten ihn die Armeen der Heiligen Allianz. Am 20. November 1815 unterzeichnete Frankreich den Zweiten Pariser Frieden. Es verlor nun auch noch das Saargebiet, mußte Kriegsreparationen zahlen und alle geraubten Kunstschätze zurückgeben. Das Land blieb für mehrere Jahre besetzt. Napoleon selbst wurde auf die Atlantikinsel St. Helena verbannt, wo er 1821 starb.

Das napoleonische Europa läßt sich als ein Europa der konzentrischen Kreise beschreiben: Den Kern bildete das „Grande Empire" mit Frankreich als Gravitationszentrum und den annektierten Gebieten wie dem linksrheinischen Deutschland, die Niederlande und Teilen Norditaliens. Hier strebte der „Kaiser der Franzosen" möglichst enge staatliche Institutionen, einheitliche Maße und Gewichte sowie eine einheitliche Währung an. Alle genannten Gebiete erhielten als Verwaltung das streng zentralistische französische Departementsystem und als Rechtsordnung den „Code Napoleon", der eine Kodifikation der Ideen der Französischen Revolution von 1789 war. Denn der Korse war folgender Auffassung: „Entweder muß die Regierungsform der uns umgebenden Staaten sich der unseren annähern, oder unsere politischen Institutionen müssen in größerer Harmonie mit den ihrigen stehen".

Dann folgte ein Ring aus Vasallenstaaten wie den Königreichen Westfalen, Neapel und Sizilien, dem Großherzogtum Warschau und den Staaten des Rheinbundes, denen Napoleon satzungsmäßig als „Protektor" vorstand. Der äußere Kreis umfaßte schließlich die formell unabhängigen, aber doch Napoleons Macht weitgehend unterworfenen Staaten Dänemark, Österreich und Preußen, das fast seine gesamten Gebiete westlich der Elbe verloren hatte.

Napoleon, durch die Ideen der Französischen Revolution maßgeblich geprägt, wollte die Ideale von 1789 über die Grenzen Frankreichs hinaus verbreiten. Zu seinem Bruder Jerome, dem „König von Westfalen", sagte er: „Ich möchte, daß Ihre Untertanen einen Grad von Freiheit, Gleichheit und Wohlstand genießen, wie er bisher dem deutschen Volk unbekannt war". Diese idealistischen Zie-

le degenerierten allerdings schnell zu einer gewalttätigen
französischen Hegemonialpolitik. Bedenkenlos wurden
Grenzen geändert, Territorien ausgetauscht und endlose
Feldzüge geführt. Hunderttausende zwangsverpflichtete
Europäer mußten für den neuen Caesar ihr Leben lassen.
Erst die Befreiungskriege 1813 bis 1815 setzten dem Spuk
ein Ende. Anderseits gab die französische Besatzung den
Nationalbewegungen quer durch Europa wichtige Impul-
se.

Obwohl er Reformer wie den preußischen Reichsfrei-
herrn Karl vom und zum Stein als Vogelfreien quer durch
Europa verfolgen ließ, war Napoleon selbst noch im Exil
von den Segnungen seiner Herrschaft überzeugt. So sagte er auf der Atlantikinsel St. Helena: „Das Kaiserreich,
so wie ich es im Hinblick auf einen allgemeinen Frieden
organisiert hätte, wäre nach meiner Überzeugung die Garantie aller nationalen Interessen gewesen. Wenn man mir
aber Despotismus vorwirft, dann, weil man nicht begriffen
hat, daß es für die Grandeur so lange notwendig war, bis
ich diese um den Preis von 100 Schlachtensiegen auf den
Trümmern der Ordnung errichtet hatte, die von der Revolution zwar umgestürzt, aber nicht gründlich zerstört
worden war."

Deutschlands Staaten umfassendes Band

Zerbrochen am preußisch-österreichischen Dualismus

Nachdem sich Napoleons Kriegsglück gewendet und sich im Herbst 1813 die Befreiung Deutschlands abgezeichnet hatte, rückte auch die Frage nach der künftigen Verfassung Deutschlands wieder auf die politische Tagesordnung. In seiner „Proklamation an die Deutschen" versprach ihnen der Kaiserlich Russische General-Feldmarschall Fürst Kutusow-Smolenskoi in Kalisch am 25. März 1815 die „Wiedergeburt eines ehrwürdigen Reiches", aber an eine Wiedererrichtung des Heiligen Römischen Reiches Deutscher Nation war nicht mehr zu denken. Denn die politische Landschaft in Deutschland hatte sich in den vorangegangenen Jahren grundlegend verändert. Der Reichsdeputationshauptschluß vom 25. Februar 1803, der die deutschen Fürsten für den Verlust ihrer linksrheinischen Gebiete an Frankreich entschädigen sollte, bedeutete das Ende aller geistlichen und vieler kleiner weltlicher Territorien. Diese wurden nach den Grundsätzen der Mediatisierung und der Säkularisierung größeren deutschen Staaten zugeschlagen. Dadurch wurde auch das sensible politisch-konfessionelle Gleichgewicht im Reich zerstört: Die Protestanten hatten nach dem Reichsdeputationshauptschluß die Mehrheit in Kurkolleg und Reichstag, während der (katholische) Kaiser mit dem Verschwinden der kleinen Reichsstände seinen letzten Rückhalt verlor.

Die Säkularisierung, wie sie der Reichsdeputationshauptschluß vorgenommen hatte, entkleidete nicht nur das alte Reich endgültig und unwiderruflich seines sakralen Charakters und des seinem Ausbau zugrunde liegenden Ständebildes, sondern zeigte gleichzeitig die Veränderungen der gesellschaftlichen Rahmenbedingungen. Staatsbürgerliche Gleichheit aufgrund eines Vertrages (contract social) und nicht eine ständische Gesellschaftsordnung war das erstrebenswerte Ideal. Demgegenüber standen im Immerwährenden Reichstag des alten Reiches nicht das Volk dem Kaiser gegenüber, sondern die Stände.

Eine wichtige Etappe auf dem Weg vom Heiligen Römischen Reich zum Deutschen Bund war der Rheinbund (Confederation du Rhin), dessen organisatorische Grundprinzipien beim Wiener Kongreß übernommen wurden. Dieser „völkerrechtliche Verein", mit dem sich 16 west- und süddeutsche Reichsstände am 12. Juli 1806 vom Reich lossagten und Napoleon als „Protektor" ausriefen, war vor allem ein Instrument des französischen Vormachtstrebens über Europa. Beispielsweise mußten gemäß der Rheinbund-Akte die Mitglieder des Bundes „von jeder dem rheinischen Bunde fremden Macht unabhängig sein", und für den Fall, daß einer der Fürsten seine Souveränität völlig oder auch nur teilweise abtreten wollte, so konnte er das nur zu Gunsten einer der konföderierten Staaten tun.

Zum Organ, in welchem die „gemeinschaftlichen Interessen der Bundesstaaten" verhandelt werden, bestimmte Artikel 6 der Rheinbund-Akte den Bundestag mit Sitz in Frankfurt am Main. Der Bundestag teilte sich in zwei Kollegien, in das Kollegium der Könige und in das Kollegium der Fürsten. Als bedeutsamer erwies sich jedoch die Bündnisverpflichtung, wonach „jeder Krieg auf dem festen Lande, den einer der kontrahirenden Theile zu führen haben könnte, für alle andere unmittelbar zur gemeinsamen

Kaiser Franz I.

Sache wird" (Art. 35 Rheinbund-Akte). Im Bündnisfall, den in Wirklichkeit Frankreich allein bestimmte, mußten die Rheinbundstaaten zusammen 118.000 Mann stellen, gegenüber 200.000 Soldaten Frankreichs. Mit der Niederlage Napoleons 1813 löste sich der Rheinbund auf.

Ursprünglich sollte der Rheinbund eine Verfassung und gemeinsame Staatsorgane erhalten, was aber schnell an dem Streben der Einzelstaaten nach Souveränität scheiterte. Vor allem Bayern wollte eine eigenständige Macht werden. Noch 1806 berief der Fürstprimas Dalberg, der eine dem Reichskanzler vergleichbare Stellung innehatte, einen Bundestag ein, der jedoch nie zusammentrat. Bayern und Württemberg weigerten sich, Gesandte zu schicken. Innerhalb der Rheinbundstaaten fand das Streben der Fürsten nach Souveränität seinen Ausdruck in der Ausschaltung der Landstände, die bisher ein Gegengewicht zur Fürstenmacht gebildet hatten.

Gerade jene Rheinbundstaaten, die durch die Mediatisierung kleiner Herrschaften größere territoriale Gewinne erzielt hatten, versuchten nun, eine einheitliche Verwaltung aufzubauen. Als Vorbilder dafür dienten das von Napoleon geschaffene Großherzogtum Berg (heutiges Ruhrgebiet) und das Königreich Westfalen. Kleine Rheinbundstaaten – das Fürstentum Lobenstein-Lobenstein zählte rund 7.500 Einwohner – nahmen dagegen zumeist keine Änderungen bei ihrer Verwaltungsstruktur vor.

Auf dem Wiener Kongreß erfolgte dann die Neuordnung Deutschlands. Durch die Deutschen Bundesakte 1815 (BA), die durch die Wiener Schlußakte 1820 ergänzt wurden, wurde der Deutsche Bund gegründet. Er war, juristisch formuliert, kein Rechtssubjekt, sondern nur ein völkerrechtliches Verhältnis, nämlich ein Staatenbund. Die Gründung des Deutschen Bundes erfolgte gemäß dem ersten Pariser Frieden vom 30. Mai 1814, der bestimmte, daß die deutschen Staaten unabhängig bleiben und durch ein föderatives Band miteinander verbunden werden sollten. Durch ein stabiles, in der Mitte Europa gelegenes Deutschland wollten Großbritannien, Frankreich, Österreich, Preußen und Rußland die Stabilität des Kontinents sicherstellen. Österreich und Preußen nahmen nur mit jenen Gebieten am Deutschen Bund Teil, die 1806 zum Heiligen Römischen Reich gehörten. Bei seiner größten Ausdehnung im Jahr 1839 umfaßte der Bund rund 610.000 Quadratkilometer, auf denen rund 29 Millionen Menschen lebten.

Eine engere Verbindung zwischen den deutschen Staaten scheiterte vor allem auch am Gegensatz zwischen Österreich und Preußen. Anstöße zur föderativen Ausgestaltung des Deutschen Bundes im Sinne einer inneren Vereinheitlichung gab es vor allem von seiten der süddeutschen Mittelstaaten Bayern, Württemberg, Baden und Hessen-Darmstadt, in denen 1818–1820 moderne Repräsentativverfassungen eingeführt worden waren. Preußen, das bis zum Ende des Wiener Kongresses eine Gleichstellung mit Österreich anstrebte, favorisierte ein Hegemonialmodell, das die politischen Entscheidungen im Bund in die Hände der dieser beiden Großmächte legte und zur Bedeutungslosigkeit der kleinen und mittleren deutschen Staaten geführt hätte. Letztere suchten daher, um den preußischen Herrschaftsambitionen zu begegnen, Rückhalt bei Österreich, dem sie auch die deutsche Kaiserwürde antrugen, was natürlich Preußen nicht genehm war.

Als Ironie der Geschichte baute der Deutsche Bund auf dem Bundesgedanken, wie er in der Verfassung des Rheinbundes zum Ausdruck kam, der dem Heiligen Römischen

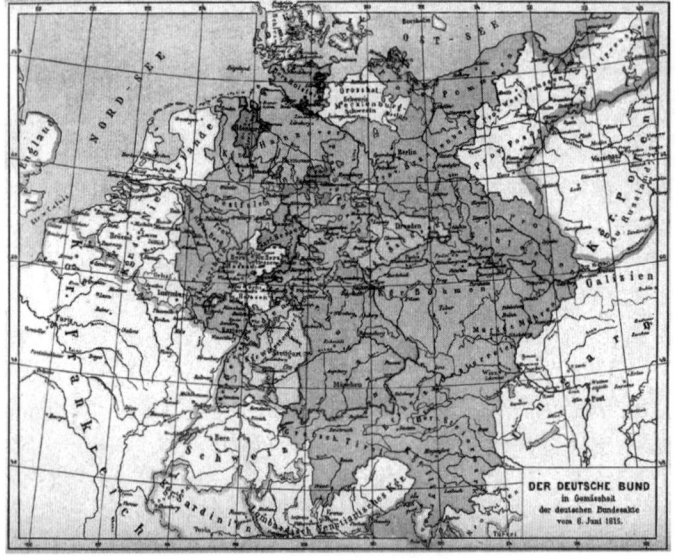

Der Deutsche Bund 1815: Stabilierender Faktor in der Mitte Europas

Reich den Todesstoß gegeben hatte, auf. Nicht mehr ein Geflecht aus Lehenbeziehungen, sondern die Vereinigung der „souveränen Fürsten und freien Städte" Deutschlands zu einem „beständigen Band" war das konstitutive Element. Alle „Bundes-Glieder" hatten als solche gleiche Rechte (Art. 3 BA).

Der Aufbau des Bundes war straffer als der des alten Reiches. Die Konzentration auf 39 Mitglieder an Stelle der 294 Reichsstände und zahllosen Reichsunmittelbaren, wie es sie im Reich vor dem Reichsdeputationshauptschluß gegeben hatte, war ebenso ein Fortschritt wie die verbesserte Militärverfassung mit einem Bundesheer und Bundesfestungen. Allerdings wurden diese Vorteile durch das Fehlen einer Gesetzgebung und Rechtsprechung auf Bundesebene wieder aufgehoben.

106

Das einzige Organ des Deutschen Bundes war der Bundestag, der in Frankfurt als Gesandtenkongreß unter dem Vorsitz Österreichs tagte. Er konnte zwei Formen annehmen: Bei wichtigen Sachen, etwa der Änderung der Rechte des Bundes, tagte er als „Plenum", wobei jedes Mitglied zumindest eine Stimme, und die größeren Staaten bis zu vier Stimme hatten (Die Gesamtstimmenzahl betrug 69). Im „Engeren Rat", der die laufenden Angelegenheiten regelte, hatten die größeren Staaten eine Stimme, die kleineren zusammen nur sechs Kuriatsstimmen. Die von der Bundesversammlung mit Zweidrittelmehrheit beschlossen Gesetze waren für die Bundesstaaten binden. Sie waren verpflichtet, ähnlich den Richtlinien in der heutigen Europäischen Union, diese in innerstaatliches Recht umzusetzen. In besonders wichtigen Fragen – Annahme oder Abänderung der Grundgesetze, oder Religionsangelegenheiten – hatte jedes einzelne Mitglied ein Vetorecht. Denn hier konnte weder in der engeren Versammlung noch im Plenum ein Beschluß mit Stimmenmehrheit gefaßt werden (Art. 6 BA).

Eine weitere, die Bundesstaaten verpflichtende Bestimmung enthielt Artikel 13 der Bundesakte, der die Einführung einer „landständischen Verfassung" vorschrieb. Zwar wurde der freien Entwicklung der Verfassungen in der Wiener Schlußakte eine Grenze gesetzt durch das sogenannte „monarchische Prinzip", wonach „die gesammte Staats-Gewalt in dem Oberhaupte des Staats", d.h. dem souveränen Fürsten, vereinigt bleiben mußte (Art. 57). Trotzdem wurden die bereits eingeführten modernen Repräsentativverfassungen unter die Garantie des Bundes gestellt, der Verfassungsänderungen nur auf verfassungsmäßigem Wege zulassen wollte.

Nach außen hin hatte der Bund das Recht, über einen

Krieg, allerdings nur zu seiner „Selbstverteidigung, zur Erhaltung der Selbstständigkeit und äußeren Sicherheit Deutschlands, und der Unabhängigkeit und Unverletzbarkeit der einzelnen Bundes-Staaten" zu beschließen. Für den Fall des Angriffs auf einen Staat des Bundes sah die Wiener Schlußakte den Bündnisfall vor – die anderen Staaten waren zur Hilfeleistung verpflichtet (Art. 11 BA). Den einzelnen Bundesstaaten stand es zwar frei, „Bündnisse aller Art" zuschließen, jedoch durften sie „keine Verbindungen einzugehen, welche gegen die Sicherheit des Bundes oder einzelner Staaten gerichtet wäre". Und bei einem erklärten Bundeskrieg durfte kein Mitglied des Deutschen Bundes „einseitige Unterhandlungen mit dem Feinde eingehen, noch einseitig Waffenstillstand oder Frieden schließen."

Anderseits versuchte der Deutsche Bund, seine Mitglieder aus den europäischen Kriegen herauszuhalten. Diese Gefahr bestand insbesondere wegen der Bundesmitglieder Preußen und Österreich, die aufgrund ihrer Größe europäische Mächte waren und darüber hinaus auch Besitzungen außerhalb des Bundesgebietes hatten. Artikel 46 der Wiener Schlußakte bestimmte daher: „Beginnt ein Bundes-Staat, der zugleich außerhalb des Bundes-Gebiets Besitzungen hat, in seiner Eigenschaft als Europäische Macht einen Krieg, so bleibt ein solcher, die Verhältnisse und Verpflichtungen des Bundes nicht berührender Krieg dem Bunde ganz fremd."

Für den Fall, daß „zwischen Bundes-Gliedern Thätlichkeiten zu besorgen, oder wirklich ausgeübt worden sind", ermächtigte Artikel 19 der Wiener Schlußakte von 1820 die Bundesversammlung, „vorläufige Maßregeln zu ergreifen, wodurch jeder Selbsthülfe vorgebeugt, und der bereits unternommenen Einhalt gethan werde". Ganz dem Sinne der Metternichschen Politik entsprechend gibt Artikel 26 der Schlußakte den Bundesversammlung das Recht, wenn in einem Bundesstaat „durch Widersetzlichkeit der Unterthanen gegen die Obrigkeit die innere Ruhe unmittelbar gefährdet, und eine Verbreitung aufrührerischer Bewegungen zu fürchten, oder ein wirklicher Aufruhr zum Ausbruch gekommen ist", „die schleunigste Hülfe zu Wiederherstellung der Ordnung zu veranlassen".

Das Bundesheer sollte 301.664 Mann umfassen; die größten Kontingente waren von Österreich (94.822 Mann), Preußen (79.234) und Bayern (35.600) zu stellen. Das Bundesheer sollte nur bei Bedarf zusammentreten und nur defensiven Zwecken dienen. Es umfaßte zehn Armeekorps, von denen Österreich und Preußen je drei und Bayern ein Korps stellten. Je ein weiteres Korps stellten die restlichen süddeutschen Staaten (vor allem Württemberg und Baden), die mitteldeutschen (vor allem Sachsen) und die norddeutschen (vor allem Hannover). Insgesamt 73.265 Mann dienten in den Bundesfestungen Mainz, Luxemburg, Landau und später noch Rastatt und Ulm. Der defensive Charakter des Bundesheers mag auch der Grund sein, warum der Deutsche Bund nicht in Kriege hineingezogen wurde: Im Schweizer Sonderbundskrieg von 1847 blieb der er ebenso neutral wie im Krimkrieg 1853–1856, und auch in den österreichisch-italienischen Krieg von 1859 griff der Bund nicht ein, weil davon nur die außerdeutschen Besitzungen Österreichs und nicht das Bundesgebiet selbst betroffen waren.

Der Deutsche Bund brachte für jene Deutschen, die auf seinem Gebiet lebten, Vorteile, obwohl die Verpflichtung der Bundesstaaten, konstitutionelle Verfassungen einzuführen, nicht umgesetzt wurde. Ebensowenig machte der Bundestag von seinem Recht Gebrauch, „sich der bedrängten Untertanen anzunehmen". Grund dafür waren die von

Österreichs Staatskanzler Fürst Metternich vorangetriebenen Restaurationsbestrebungen, die alle Versuche, Presse- oder Meinungsfreiheit einzuführen, im Keim erstickten und in den Karlsbader Beschlüssen vom 20. September 1819 ihren Niederschlag fanden. Das Mißtrauen Metternichs gegenüber der freien Meinungsäußerung machte selbst vor den landständischen Vertretungskörpern nicht halt. Nach Artikel 59 mußte in jenen Bundesstaaten, deren Verfassungen die Öffentlichkeit gestatteten, dafür Sorge getragen werden, „daß die gesetzlichen Grenzen der freien Aeußerung, weder bey den Verhandlungen selbst, noch bey deren Bekanntmachung durch den Druck, auf eine die Ruhe des einzelnen Bundesstaats oder des gesammten Deutschlands gefährdende Weise überschritten werden".

Trotz des Klimas der Bespitzelung und des Polizeistaats wurden die Deutschen über Ländergrenzen hinweg durch bestimmte, ausdrücklich festgelegte Grundrechte wie der Gleichberechtigung aller christlichen Konfessionen und Freizügigkeit hinsichtlich Wohnsitz, Grunderwerb und Militärdienst miteinander verbunden. Die Bemühungen, den Deutschen Bund in einen gesamtdeutschen National-staat umzuwandeln, waren hingegen nicht von Erfolg gekrönt. Die Ursache dafür waren einerseits der unauflösbare Gegensatz Österreich-Preußen und andererseits die kleineren Staaten, die sich energisch gegen jeden Verlust ihrer Macht zur Wehr setzten. Auch scheiterte eine fortschrittliche Weiterentwicklung des Deutschen Bundes daran, daß die Bundesversammlung auf Drängen des österreichischen Staatskanzlers Klemens Lothar Wenzel Fürst von Metternich (1773–1859) seit 1819 statt eines reformerischen einen reaktionären Kurs einschlug. Der Anlaß dazu waren die Aktivitäten der frühen deutschen Nationalbewegung, die seit 1814/15 einen deutschen Nationalstaat forderte.

Wartburgfest 1817: Der Ruf nach Freiheit und deutscher Einheit wurde immer lauter und rief die reaktionären Geister auf den Plan

Bereits das Wartburgfest von 1817, auf dem nationale Einheit und konstitutionelle Freiheit gefordert worden waren, hatte die deutschen Monarchen alarmiert.

Als dann am 23. März 1819 der Burschenschafter Karl Ludwig Sand (1795–1820) in Mannheim den Schriftsteller und politischen Konservativen August von Kotzebue (1761–1819) ermordete, benutzte dies Metternich, um in den geheimen Karlsbader Konferenzen (6. bis 31. August 1819) eine Reihe von Reaktionsmaßnahmen durchzusetzen, die von der Bundesversammlung am 20. September 1819 beschlossen wurden. Diese sogenannten „Karlsbader Beschlüsse", die bis zur Revolution von 1848 in Kraft blieben, verboten die Burschenschaften, unterstellten die Universitäten einer ständigen polizeilichen Überwachung, führten die Zensur im gesamten Deutschen Bund ein, setzten eine „Zentraluntersuchungskommission" in Mainz zur Ermittlung von „revolutionären Umtrieben" ein und schufen eine Exekutionsordnung, die es dem Bund erlaubte, militärisch in den Einzelstaaten zu intervenieren.

Einen bedeutsamen, aber letztendlich erfolglosen Versuch zur Neuordnung Deutschlands unternahm die in der Frankfurter Paulskirche tagende Deutsche Nationalversammlung. Der Verfassungsentwurf vom 28. März 1849 wollte auf dem Gebiet des bisherigen Deutschen Bundes ein Deutsches Reich gründen. An der Spitze dieses Bundesstaates sollte der Kaiser der Deutschen stehen, der das Reich nach außen vertritt und die ihm übertragene Regierungsgewalt durch verantwortliche Minister ausübt. Als gesetzgebende Gewalt sah der Entwurf ein Zweikammernparlament, den aus Staatenhaus und Volkshaus zusammengesetzten Reichstag vor. Und abschließend erhielt der Verfassungsentwurf einen weitreichenden Grundrechtekatalog. Neben dem unüberbrückbaren Gegensatz zwischen Österreich und Preußen ist das Scheitern dieser Neuordnung auch auf die deutschen Staaten zurückzuführen, die ihre Rechte im Verfassungsentwurf nicht hinreichend verwirklicht sahen.

Nach dem Scheitern des Frankfurter Parlaments unternahmen Österreich und Preußen erfolglose Versuche, den Deutschen Bund zu reformieren. Der Konflikt zwischen den beiden deutschen Führungsmächten steigerte sich, als Österreich verhindern wollte, daß die Herzogtümer Holstein und Schleswig, die im Zuge des Krieges gegen Dänemark 1864 erobert wurden, in den Einflußbereich Preußens gerieten. Auf Antrag Österreichs beschloß die Bundesversammlung am 14. Juni 1866 die Mobilmachung des Bundesheeres gegen Preußen. Preußens Kanzler Otto von Bismarck erklärte darauf im Gegenzug den Deutschen Bund für erloschen.

Die Bedeutung des Deutschen Bundes reicht – trotz seines Scheiterns letzten Endes – über seine Grenzen hinaus. Bereits mit seiner Gründung bildete er, weil die Bundesakte in die Wiener Kongreßakte aufgenommen wurde, einen grundlegenden Bestandteil der europäischen Ordnung. Obwohl der Bund nicht direkt am „europäischen Konzert" der fünf Großmächte England, Frankreich, Österreich, Preußen und Rußland beteiligt war, nahm er im nach-napoleonischen europäischen Staatensystem eine zentrale Rolle ein, indem er die beiden deutschen Großmächte Österreich und Preußen verband und diese damit neutralisierte. Außerdem schützte er die deutschen Klein- und Mittelstaaten sowohl gegen den Zugriff von Österreich und Preußen als auch gegen fremde Mächte und sicherte vor allem die deutsche Mitte Europas gegen Hegemonialbestrebungen der Flügelmächte Frankreich und Rußland ab.

Das Gleichgewicht der Mächte

Die Heilige Allianz: Sicherung
der alten Ordnung um jeden Preis

Gegen Ende der Napoleonischen Kriege war nicht nur die Neuordnung Deutschlands, sondern auch jene ganz Europas Gegenstand der politischen Debatte. Am Wiener Kongreß ordneten dann die führenden Staatsmänner Europas die politische Landkarte Europas neu. Ein weiters Ziel war, es in Zukunft zu verhindern, daß ein Herrscher die Hegemonie über Europa erringt, wie es unter Napoleon der Fall war. Allerdings erwies es sich als unrealistisch, jene Zustände, die vor 1792 bzw. 1803 geherrscht hatten, wiederherzustellen.

Bereits nach dem Westfälischen Frieden von 1648 bildete sich ein – freilich labiles und differenziertes – System des zwischenstaatlichen Interessensausgleichs, die Idee des europäischen Gleichgewichts, heraus. Die Unabhängigkeit und das Überleben der Staaten beruhten darauf, daß sich die großen Mächte gegenseitig in Balance hielten. Da die Gleichgewichtspolitik des 18. Jahrhunderts weiterhin das Hegemonialstreben eines jeden Staates billigte, konnte keine dauerhaft stabile europäische Ordnung entstehen. Eine Leitidee oder gemeinsame Ziele von mehreren Staaten gab es nicht. Vielmehr wurden zur Erreichung bestimmter Ziele Bündnisse geschlossen, die nach Erreichung des Bündniszwecks wieder aufgelöst wurden. So wurde nach Ausbruch des zweiten schlesischen Krieges am 8. Januar 1745 in Warschau ein Bündnis zwischen Österreich, England, den Niederlanden und Sachsen geschlossen, das die Wiedereroberung Schlesiens zum Ziel hatte.

Da sich in Folge der Französischen Revolution auch die Verhältnisse im Inneren der europäischen Staaten geändert hatten, ging es am Wiener Kongreß ebenso darum, eine gemeinsame Position gegen die aufkeimenden nationalen und liberalen Bewegungen in den Ländern zu beziehen. Daneben verfolgten die einzelnen Großmächte auch ihre eigenen Ziele:

England versuchte insbesondere, sowohl einen neuen Aufschwung Frankreichs als auch einer territorialen Ausweitung Rußlands entgegenzutreten. Außerdem sollten die österreichischen Niederlande (Flandern) nicht in die Hände einer europäischen Kontinentalmacht geraten. Und schließlich sollte Englands Vormachtstellung auf den Weltmeeren abgesichert werden.

Österreich wollte dagegen seine Macht in Italien ausweiten. Tatsächlich konnte es die ehemalige Republik Venedig gewinnen, die 1797 von Napoleon erobert worden war. Im Gegenzug war Österreich bereit, endgültig auf die 1795 verlorenen österreichischen Niederlande zu verzichten. Außerdem wollte Österreich einen Erwerb Sachsens durch Preußen verhindern, weil dies das wirtschaftliche und politische Gleichgewicht in Deutschland zugunsten Preußens verschoben hätte. Sachsen sollte daher als Pufferstaat erhalten bleiben. Außerdem mußte Österreich daran interessiert sein, Preußen im absolutistischen Lager zu halten. Denn durch einen Wechsel zu den Verfassungsstaaten wäre Preußen schnell auch zum Kristallisationspunkt der deutschen Einigungsbewegung geworden. Und das hätte nicht nur den Vielvölkerstaat Österreich gefährdet, sondern darüber hinaus auch das mühsam ausgependelte Gleichgewicht zu Gunsten Preußens verändert. Daher ging die Hauptstoßrichtung des österreichischen Staatskanzlers Fürst Metternich auf das Zurückdrängen der aufkeimenden Nationalstaatsbewegung und damit verbunden auf die Herstellung eines absolutistischen Systems.

Rußlands Zar Alexander I. strebte nach den Gebieten des von Napoleon errichteten Herzogtums Warschau, die 1793 bzw. 1795 bis 1806 zu Preußen gehört hatten. Dieser Anspruch Rußlands war auf dem „Ersten Pariser Frieden" nicht behandelt worden. Alexander wollte ein autonomes Königreich Polen errichten, das in Personalunion mit Rußland verbunden war. Dieser Vasallenstaat sollte dem Zaren als Experimentierfeld für soziale Reformen und für eine konstitutionelle Monarchie dienen. Österreich, das eine Sogwirkung auf sein eigenes Staatsgebiet, vor allem auf Nationalstaatsbewegungen befürchtete, war strikt dagegen.

Preußen wiederum beabsichtigte, das gesamte Königreich Sachsen zu annektieren. Zur Untermauerung seines Anspruchs verwies Preußen darauf, daß der sächsische König 1813 auf der Seite Napoleons gestanden war und somit zu den Verlierern des Krieges zählte. Der Erwerb Sachsens hatte neben der Herstellung eines preußischen Übergewichts in Deutschland auch wirtschaftliche Gründe, weil zu dieser Zeit in Sachsen die Industrialisierung weiter fortschritten war als in Preußen. Und der Große Verlierer des Krieges, Frankreich, wollte weiterhin eine europäische Großmacht bleiben.

Auf Anregung des russischen Zaren Alexander I. wurde am 26. September 1815 in Paris die „Heilige Allianz" geschlossen. Weitere Gründungsmitglieder dieses Bündnisses waren Kaiser Franz I. von Österreich und König Friedrich Wilhelm III. Preußen. Die Bezeichnung dieses Bündnisses als „heilig" rührt daher, daß die drei Monarchen die „innere Überzeugung gewonnen hatten, daß es notwendig ist, ihre gegenseitigen Beziehungen auf die erhabenen Wahrheiten zu begründen, die die unvergängliche Religion des göttlichen Erlösers lehrt". Mit der Heiligen Allianz untrennbar verbunden war die Idee des „Gottesgnadentums", der Vereinigung von Thron und Altar. Als „Richtschnur sowohl ihres Verhaltens in der inneren Verwaltung ihrer Staaten als in den politischen Beziehungen zu jeder anderen Regierung", so die Gründungserklärung, sollten allein „die Gebote der Gerechtigkeit, der Liebe und des Friedens" dienen.

In der Heiligen Allianz kommt der Gedanke eines Europas auf der Grundlage des Christentums – unabhängig von konfessionellen Schranken – klar zum Ausdruck. Denn der österreichische Kaiser war Katholik, der preußische König Protestant und der russische Zar orthodox. Der Artikel II des Allianzvertrages spricht in diesem Zusammenhang von „drei Zweigen ein und derselben Familie".

Darüber hinaus hielt Artikel III fest, daß „alle Mächte, die feierlich diese Grundsätze bekennen", aufgenommen werden. Dieser Aufforderung zum Beitritt folgten alle Staaten Europas. Der Kirchenstaat lehnte einen Beitritt zur Heiligen Allianz wegen deren überkonfessioneller Ausrichtung ab. Und dem Osmanischen Reich, das sich zu Beginn des 19. Jahrhunderts noch weit bis in den Balkan erstreckte, blieb der Beitritt verwehrt, weil es kein christlicher Staat war.

Die Heilige Allianz verpflichtete ihre Mitglieder, „bei jeder Gelegenheit und an jedem Orte Beistand und Hilfe zu gewähren". Die damit verbundene Vorstellung eines gemeinschaftlichen Vorgehens von Staaten zur Friedenswahrung und zur Konfliktregelung war gänzlich neu. Nicht mehr zeitlich befristete, auf einen bestimmten Zweck aus-

118

gerichtete Bündnisse sollten das politische Gleichgewicht Europas gewährleisten, sondern ein multilateraler Vertrag. Machtpolitik war weiterhin möglich, allerdings unter dem Gedanken, das politische Gleichgewicht Europas zu wahren.

Neben der Ordnung der internationalen Beziehungen war die Restauration im Inneren das zweite große Ziel der Heiligen Allianz. Denn die immer mehr um sich greifende Forderung der Bürger nach Volkssouveränität war eine Kampfansage an die aus dem Mittelalter stammende Idee des Gottesgnadentums. Bei der Bekämpfung dieser neuen Strömungen ließen sich die die Heilige Allianz jedenfalls nicht von christlichen Motiven leiten. Denn die Forderungen nach Veränderungen des monarchischen Prinzips und Nationalstaatsbewegungen wurden mit Gewalt unterdrückt. Gerade letztere, die den alten Obrigkeitsstaat ablösen wollten, bargen das Potential einer radikalen Um-

Heilige Allianz: Bündnis der europäischen Monarchen

formung der alten Ordnung in sich. Federführend bei der Unterdrückung und der Errichtung eines Polizeistaates war der österreichische Staatskanzler Metternich, denn die deutschen Einigungsbestrebungen erschütterten den Vielvölkerstaat in seinen Grundfesten.

Als Vollzugsorgan diente der Heiligen Allianz die am 20. November 1815 zwischen Rußland, England, Preußen und Österreich abgeschlossene Quadrupelallianz. Dieses Viererbündnis sah unter anderem regelmäßige Treffen der Vertragsmächte vor und wurde am 15. November 1818 am Aachener Kongreß durch die Aufnahme Frankreichs zur Pentarchie erweitert. Weiters wurde der erst für 1820 vorgesehene Abzug der Besatzungstruppen aus Frankreich vorgesehen und die Reparationszahlungen von 700 Millionen auf 265 Millionen Franc herabgesetzt. Zudem bekräftigen die Siegermächte England, Rußland, Österreich und Preußen, die Regentschaft der wieder eingesetzten Bourbonen notfalls mit Waffengewalt zu stützen. Die versöhnliche Behandlung Frankreichs durch die Siegermächte des Pariser Vertrages von 1815 stand in krassem Gegensatz zu jener Deutschlands, das ein gutes Jahrhundert später durch das Versailler Diktat von den Siegermächten des Ersten Weltkriegs mit Acht und Bann belegt wurde.

Der Aachener Kongreß, eines der 1815 vereinbarten regelmäßigen Treffen, beriet auch Maßnahmen zur Bekämpfung der national-liberalen Bewegungen in Europa. In einer an den russischen Zaren unterbreiteten Denkschrift „Über den gegenwärtigen Zustand Deutschlands" wurden strenge Maßregeln zur Überwachung des geistigen Lebens und der Universitäten gefordert. In weiterer Folge gab diese Denkschrift den Anstoß zu den Karlsbader Beschlüssen. In einer vom Aachener Kongreß am 15. November 1818 angenommenen Erklärung verkündete die Solidarität der

Clemens Lothar Fürst Metternich: Schuf einen beispiellosen Polizeistaat

Teilnehmer zur Gewährleistung der Ruhe, des Glaubens und der Sittlichkeit, die „durch das Unglück der Zeiten" erschüttert worden seien. Die Unterzeichner verpflichteten sich, die seit 1815 in Europa bestehenden Grenzen und gesellschaftlichen Verhältnisse zu garantieren.

Die Aufgrund der Erklärung des Aachener Kongresses durchgeführten Interventionen zeigten dann schon die Risse in der Heiligen Allianz. Das Machtstreben ihrer Mitglieder gewann zunehmend die Oberhand. Als sich 1820 in Cadiz eine Revolution gegen den absolutistisch regierenden spanischen König Ferdinand VII. entzündete, forderte Rußland ein Eingreifen. Metternich war aber dagegen, weil er ein Festsetzen Rußlands in Westeuropa fürchtet. Erst 1823 wird Frankreich mit einer militärischen Intervention beauftragt, um die „alten Zustände" in Spanien wiederherzustellen.

Der griechische Unabhängigkeitskrieg (1821 bis 1829) beschleunigte dann den Zerfall der Heiligen Allianz. Österreich unter Führung Metternichs forderte eine Intervention zugunsten der Türkei, weil er befürchtete, daß die nationalen und freiheitlichen Ziele der Griechen Vorbild für die vielen Völkerschaften in seinem eigenen Land sein könnten. Rußland wiederum setzte auf eine Zerschlagung der Türkei, um in den Besitz des Bosporus und der Dardanellen zu gelangen. Und England unterstützte die Griechen, um Rußland von den Meerengen fernzuhalten. Als der Veroneser Kongreß Ende 1822, der auch die Intervention Frankreichs in Spanien beschloß, die Anerkennung der Unabhängigkeit Griechenlands verweigerte, sagte sich England von der Heiligen Allianz los. Ihren gesamteuropäischen Einfluß und Charakter verlor die Heilige Allianz schließlich mit der erfolgreichen bürgerlichen Revolution in Frankreich 1830.

Spätere Versuche, die Heilige Allianz mit neuem Leben zu erfüllen, brachten wenig Erfolg. Im Herbst 1833 reaktivierten Rußland, Österreich und Preußen die Heilige Allianz, die durch das gemeinsame Interesse an der Aufrechterhaltung Polens zusammengehalten wurde. Ein letztes Lebenszeichen gab dieses Bündnis in der Zeit des Neoabsolutismus in den 1850er Jahren von sich. Der Krimkrieg, der mit der Niederlage Rußlands endete und die Durchsetzung nationalstaatlicher Interessen in der Außenpolitik bedeutete schließlich das Ende der Heiligen Allianz.

Das Zeitalter der Verträge

Das Bündnis der Mittelmächte:
Einkreisung durch die großen Mächte

Die Gründung des Deutschen Reiches am 18. Januar 1871 bedeutete eine große Veränderung des Gefüges der europäischen Mächte. Zum einen waren zum ersten Mal seit langer Zeit die meisten deutschen Gebiete in einem Reich zusammengefaßt, das auch außenpolitisch handlungsfähig war. Zum anderen wuchs durch die Reichsgründung das politische Gewicht Preußens, der bisher schwächsten der fünf Großmächte des europäischen Staatensystems.

Reichskanzler Otto von Bismarck stand vor der schwierigen Aufgabe, das Reich außenpolitisch abzusichern und Frankreich zu isolieren. Denn die anderen europäischen Großmächte beobachteten das in der Mitte Europas gelegene Deutschland mit Mißtrauen. Frankreich zeigte sich nach dem verlorenen Krieg unversöhnlich und sowohl die dortige Regierung als auch die öffentliche Meinung hielten unverändert am Ziel fest, Elsaß-Lothringen wiederzugewinnen. In diesem Umfeld erklärte Bismarck im sogenannten Kissinger Diktat zum Ziel der Außenpolitik Deutschlands „nicht das irgendeines Ländererwerbs, sondern das einer politischen Gesamtsituation, in welcher alle Mächte außer Frankreich unser bedürfen und von Koalitionen gegen uns durch ihre Beziehungen zueinander nach Möglichkeit abgehalten werden". Dahinter stand die Erkenntnis, daß das Deutsche Reich einerseits (noch) zu schwach war, um die Vorherrschaft auf dem Kontinent zu erringen, aber andererseits doch so groß war, daß es im europäischen Gleichgewicht eine bedeutende Rolle spielen konnte.

Wegen der Revanchegelüste Frankreichs mußte Bismarck versuchen, Paris zu isolieren, um so einen Zweifrontenkrieg (gegen Frankreich und Rußland) zu verhindern. Verstärkt wurde diese Furcht durch die sogenannte Krieg-in-Sicht-Krise. Nach französischen Aufrüstungsbemühungen deutet die regierungsnahe Zeitung „Post" am 9. April 1875 in einem Artikel mit dem Titel „Ist Krieg in Sicht?" die Möglichkeit eines deutschen Präventivschlags an. Darauf drohen England und Rußland für diesen Fall mit einer Intervention; und vor jeder Machtsteigerung des Reiches steht nun die Drohung aus Ost und West.

Um das Mißtrauen der anderen europäischen Großmächte nicht noch weiter zu verstärken, betrachtete Bismarck das Deutsche Reich als „saturiert" und lehnte weitere Gebietserwerbungen, insbesondere von Kolonien, ab. Deutschland sollte seine „Mittelstellung" nutzen, um die Interessensgegensätze zwischen den anderen Mächten steuern zu können, Konflikte sollten nicht in der Mitte, sondern in der „Peripherie", also am Rande des Kontinents ausgetragen werden. Weil der Erwerb von Kolonien Deutschland schnell an die Machtsphären anderer Großmächte hätte stoßen lassen, erklärte er unmißverständlich dem Kolonialpolitiker und Afrikareisenden E. Wolf: „Ihre Karte von Afrika ist ja sehr schön, aber meine Karte von Afrika liegt in Europa. Hier liegt Rußland und hier liegt Frankreich und wir sind in der Mitte; das ist meine Karte von Afrika". Erst als sich Anfang der 1880er Jahre die Kolonialmächte für die letzten weißen Flecken auf der Landkarte Afrikas und Asiens zu interessieren begannen, ließ er

18. Januar 1871: Wilhelm I. wird im Spiegelsaal von Versailles zum deutschen Kaiser ausgerufen

einige Gebiete, in den denen sich private Handelsgesellschaften festgesetzt hatten, unter die Hoheit des Reiches stellen: Togo, Kamerun, Gebiete in Ost- und Südwestafrika sowie das nördliche Neu-Guinea.

Weil ein Einvernehmen mit Frankreich nicht möglich war und weil sich Großbritannien von kontinentalen Belangen fernhielt, versuchte Bismarck, mit Österreich-Ungarn und Rußland ein Bündnis zu errichten. 1873 brachte er das Dreikaiserabkommen zwischen Deutschland, Rußland und Österreich-Ungarn zustande, das bei einem Angriff durch eine vierte Macht eine wohlwollende Neutralität vorsah. Begünstigt wurde der Abschluß dieses Abkommens durch die Kritik an der republikanischen Staatsform in Frankreich und durch die Schrecken der Pariser Kommune im Jahr 1871. Zar Alexander II., Kaiser

Wilhelm I. und Kaiser Franz Joseph I. bekräftigten, mit dem Abkommen den „gegenwärtig in Europa herrschenden Friedenszustand zu befestigen".

Das Dreikaiserabkommen hatte aufgrund der Interessengegensätze zwischen Rußland und Österreich am Balkan nicht lange Bestand. Nachdem die Panslawisten in der russischen Politik die Oberhand gewonnen hatten, unterstützte St. Petersburg die kleineren slawischen Völker am Balkan. Das Osmanische Reich, der „kranke Mann am Bosporus", sollte zerschlagen werden. Zudem erhoffte sich Rußland, einen Zugang zum Mittelmeer zu verschaffen. Das Habsburgerreich, in dem sich schon die innere Zersetzung bemerkbar machte, hatte hingegen großes Interesse an der Aufrechterhaltung des Status quo auf der Balkanhalbinsel.

Beim Berliner Kongreß 1878, der die Landkarte am Balkan nach dem Russisch-Türkischen Krieg neu regeln sollte, trat Bismarck als „ehrlicher Makler" auf und bemühte sich um einen Kompromiß. Österreich-Ungarn durfte Bosnien und die Herzegowina besetzen, Rumänien, Serbien und Montenegro wurden unabhängig, Bulgarien erhielt einen Sonderstatus und Rußland bekam Teile Bessarabiens und Armeniens zugesprochen.

Rußland, das sich vom Berliner Kongreß größere Gebietsgewinne erhofft hatte, war verstimmt. Das deutschrussische Verhältnis verschlechterte sich noch weiter, als die 1879 eingeführten Schutzzölle die russischen Getreideexporte schwer trafen. Aus dieser Bedrohung heraus schloß Bismarck am 7. Oktober 1879 den Zweibund mit Österreich-Ungarn, einen Geheimvertrag, der erst 1888 bekannt wurde. Dieses Bündnis verpflichtete die Vertragspartner, sich bei einem russischen Angriff gegenseitig mit der gesamten Kriegsmacht beizustehen. Der Bündnisfall trat vertragsgemäß auch dann ein, wenn die angreifende Macht mit Rußland verbündet war oder russische Unterstützung erhielt. Im Falle des Angriffs einer anderen Macht versicherten sich die Vertragspartner der gegenseitigen wohlwollenden Neutralität.

Noch viel dringender als das Deutsche Reich war Österreich-Ungarn auf innere Reformen angewiesen. Um die Nationalitätenkonflikte des Vielvölkerstaates zu entschärfen, mußte das Reich föderativ umgestaltet werden. Ein Teil der österreichisch-ungarischen Führungsschicht erkannte diese Notwendigkeit. Diesen Anhängern einer föderativen Reform stand eine konservative Gruppe gegenüber, die die Nationalitätenprobleme obrigkeitsstaatlich-bürokratisch lösen wollten. Diese Gruppe lehnte die föderative Umgestaltung ab, weil in ihren Augen die Vorherrschaft der Deutschen und der Ungarn die Klammer darstellte, die den Vielvölkerstaat noch zusammenhielt. Diese Gruppe sah im Bündnis mit Deutschland eine außenpolitische Entsprechung ihrer Vorstellung, daß nur das deutsche Element letztlich die Aufrechterhaltung der Ordnung in der Donaumonarchie garantierte. Diese Sicht führte außenpolitisch zu einer Fixierung auf den deutschen Bündnispartner und innenpolitisch zu der Einschätzung, daß die Vormacht der Deutschen in der Donaumonarchie auch aus außenpolitischen Gründen nicht angetastet werden darf.

In Sorge um die österreichische Bündnistreue versuchte die deutsche Führung Einfluß auf die innere Entwicklung Österreich-Ungarns, Deutschlands einzig verbliebenen Bündnispartner, zu nehmen. Dabei wirkte sich fatal aus, daß die deutsche Führung die inneren Probleme der Donaumonarchie und das Erfordernis eines föderativen Umbaus nicht verstand. In Berlin hatte man Angst davor, daß

129

eine Relativierung der Vorherrschaft der Deutschen und der Ungarn in der Donaumonarchie antideutsche Kräfte in Wien an Einfluß gewinnen lassen könnte und das Bündnis somit hinfällig würde. Zudem stand auch die Vorstellung vom Primat der Außenpolitik einer Machtdekonzentration, die ein föderativer Umbau bedeutet hätte, entgegen. Völlig ungeniert intervenierte Berlin in Wien, um zum Beispiel Einfluß auf die Nachfolge des Ministerpräsidenten Gautsch zu nehmen. Zunächst verhinderte man, daß der Tscheche Fürst Lobkowitz zum neuen Ministerpräsident ernannt wurde. Dann sägte man am Stuhl des stattdessen zum Ministerpräsidenten ernannten Tschechen von Thun. Auch wandte sich Berlin gegen jede föderative Veränderung der österreichischen Staatsverfassung. Innerhalb der Führungsschichten der Zweibundstaaten gab es also eine Allianz der unverständigen deutschen Führung und der reformunwilligen österreichisch-ungarischen Elite.

Auch Österreich-Ungarn nahm manchmal Einfluß auf die inneren Angelegenheiten Deutschlands. So benötigte die österreichische Regierung die Stimmen der Polen im Reichsrat. Um diese zu erreichen, protestierte Österreich-Ungarn in Berlin gegen die preußische Germanisierungspolitik im preußischen Teil Polens. Der österreichische Einfluß wirkte sich mäßigend auf die deutsche Nationalitätenpolitik aus, währenddessen der deutsche Einfluß auf die österreichische Politik eher dazu beitrug, den Nationalitätenkonflikt zu verschärfen.

Sowohl im Deutschen Reich als auch in Österreich-Ungarn setzten sich die Vertreter der harten Linie durch. Der Zweibund entwickelte sich somit zu einem Bündnis, das dem Geist der Zeit zuwider versuchte, die überkommenen Verhältnisse zu zementieren. Möglicherweise hätte der Zweibund auch ein Instrument der Modernisierung sein

130

können. Dies hätte jedoch vorausgesetzt, daß Deutschland seine eigenen Probleme löst und Österreich-Ungarn beim föderativen Umbau aktiv politisch und wirtschaftlich unterstützt. Dem stand jedoch das Bündnis der konservativen Führungsschichten Deutschlands und Österreich-Ungarns entgegen

Nach dem Beitritt Italiens 1882 erweiterte sich der Zweibund zum Dreibund, der außenpolitisch ein Instrument des Machtausgleichs gegenüber der zunehmenden russisch-französischen Allianz auf wirtschaftlichem und militärischem Gebiet war. Denn die Panslawisten forderten immer lauter ein Bündnis zwischen Paris und St. Petersburg und darüber hinaus deckte Rußland zu dieser Zeit seinen für die Industrialisierung des Landes erforderlichen Geldbedarf am französischen Kapitalmarkt.

Innenpolitisch wollten die Bündnispartner die Monarchie als staatstragende Herrschaftsform stärken und die bestehende soziale und politische Verfassung ihrer Staaten absichern.

Trotz des Zweibunds versuchte der Reichskanzler, Rußland näher an Deutschland heranzuziehen. 1881 gelang Bismarck der Abschluß des Dreikaiserbündnisses, in dem sich Deutschland, Österreich-Ungarn und Rußland für den Fall des Angriffs einer vierten Macht zur wechselseitigen Neutralität verpflichten. Außerdem anerkannte Österreich den bestehenden Einfluß Rußlands in Bulgarien und erhielt im Gegenzug den westlichen Balkan als Interessensphäre zugesprochen. Als Österreich-Ungarn 1885 im serbisch-bulgarischen Krieg intervenierte und sich mit Rußland endgültig zerstritt, war das Dreikaiserbündnis politisch tot. Um den Faden zu Rußland nicht ganz abreißen zu lassen, schloß Bismarck im Juni 1887 einen auf drei Jahre befristeten „Rückversicherungsvertrag" mit dem

Otto Fürst von Bismarck: Friedenssicherung durch Bündnispolitik

Zarenreich. Die Vertragspartner sollten bei einem Angriff von dritter Seite neutral bleiben, und in einem streng geheimen Zusatzprotokoll versprach Deutschland, Rußlands Streben zum Mittelmeer zu unterstützen.

Als 1885 in Frankreich, das schon in den Jahren zuvor militärisch stark aufgerüstet hatte, die Idee eines Revanchekriegs gegen Deutschland an Einfluß gewann, zeichnete sich für Deutschland die Gefahr eines Zweifrontenkrieges gegen Frankreich und Rußland ab. Um dem vorzubeugen, sollte Großbritannien stärker an den Dreibund herangezogen werden. Auf Betreiben Bismarcks schlossen Großbritannien, Italien und Österreich-Ungarn 1887 die Mittelmeerentente, um den Status quo im Mittelmeer aufrechtzuerhalten. Ein engeres Verhältnis zu Großbritannien scheiterte aber 1889, als London auf ein Bündnisangebot Bismarcks nicht einging.

Die Entlassung Bismarcks 1890 bedeutete eine Kehrtwende in der deutschen Außenpolitik. Der 1890 ausgelaufene Rückversicherungsvertrag wurde nicht mehr verlängert. Als es dann 1894 zu einem Bündnis zwischen Frankreich und Rußland kam, wurde Bismarcks „Albtraum" wahr: Nicht Frankreich war isoliert, sondern die Mittelmächte waren es. Versuche der deutschen Führung, ein Bündnis mit Großbritannien abzuschließen, schlugen 1898 und 1901 ebenso fehl wie Pläne, einen Kontinentalbund der Mittelmächte mit Rußland, aber auch Frankreich zu errichten.

An die Stelle eines ausgefeilten Bündnissystems trat der Wunsch, es den anderen Weltmächten gleichzutun. Dies sollte durch Rüstungsbemühungen und dem Ausbau der Kriegsflotte erreicht werden. Staatssekretär von Bülow erklärte 1897 im Reichstag: „Die Zeiten, wo der Deutsche dem einen seiner Nachbarn die Erde überließ und dem anderen das Meer und sich selbst den Himmel reservierte, wo die reine Doktrin herrscht, diese Zeiten sind vorüber. Wir wollen niemand in den Schatten stellen, aber wir verlangen auch unseren Platz an der Sonne".

Die Auffassung der deutschen Regierung, daß die kolonialpolitischen Interessengegensätze zwischen London und St. Petersburg, aber auch zwischen London und Paris unüberwindlich seien, erwies sich als Irrtum. Denn die anderen Mächte begannen, ihre Differenzen unter Ausschluß des Deutschen Reichs zu regeln. 1902 einigten sich Frankreich und Italien über ihre Interessen in Nordafrika, womit sich Italien vom Dreibund zu entfernen begann. Am 23. Mai 1915 trat Italien sogar an der Seite der Entente gegen seine Bundesgenossen in den Krieg ein.

Fataler für die Mittelmächte war dann 1904 die Einigung zwischen Großbritannien und Frankreich über ihre kolonialen Streitereien in Marokko und Ägypten. Denn diese Einigung begründete die „Entente cordiale" („herzliches Einvernehmen") zwischen diesen beiden Ländern. Die Marokko-Konferenz in Algeciras 1906, die auf deutschen Druck zur Regelung der französischen Ansprüche auf Marokko einberufen worden war, offenbarte schließlich einerseits die britisch-französische Verständigung, andererseits aber die deutsche Isolierung in der internationalen Politik. Als einziger Bündnispartner stand noch der mit eigenen Problemen belastete Vielvölkerstaat Österreich-Ungarn fest auf deutscher Seite.

Als sich 1907 London und St. Petersburg über ihre Interessengegensätze in Persien, Afghanistan und Tibet einigten, erweiterte sich die Entente durch den Beitritt Rußlands zur Triple-Entente. Die Umkreisung der Mittelmächte war damit perfekt geworden. Hatte Bismarck noch die Politik verfolgt, Frankreich durch ein System von

Bündnissen auszuschließen, hatte sich die Bündnissituation 1910 in ihr Gegenteil verkehrt: Das Deutsche Reich war nun durch eine Koalition der wichtigsten europäischen Mächte im Zaum zu halten, was Bismarcks „Albtraum der Koalitionen" gewesen war.

Der Beitritt Bulgariens und des Osmanischen Reiches zu den Mittelmächten im Ersten Weltkrieg konnte an der militärischen Unterlegenheit nur wenig ändern. Dieses Ungleichgewicht wurde aber durch eine bessere Kampfmoral der Mittelmächte sowie durch eine bessere Organisation der Truppen und gute Verkehrsverbindungen kompensiert. Erst der Kriegseintritt der USA 1917 gab den Ausschlag für die Niederlage der Mittelmächte im Ersten Weltkrieg.

Die deutsche Mitte des Erdteils

Friedrich Naumanns Pläne für die Neugestaltung
Mitteleuropas

Ausgehend von der Überlegung „wer unverbündet ist,
ist isoliert; wer isoliert ist, ist gefährdet", forderte
der liberale Reichstagsabgeordnete Friedrich Naumann
in seinem 1915 erschienenen Buch „Mitteleuropa" den
Zusammenschluß des Deutschen Reiches mit der Donaumonarchie. Vorausahnend, daß der Erste Weltkrieg nicht
mit einem Erfolg der Mittelmächte enden würde, erhoffte
er sich dadurch eine bessere Ausgangslage für die Frie-
densverhandlungen nach dem Krieg.

Der am 25. März 1860 in Störmthal bei Leipzig ge-
borene Pfarrersohn studierte in Leipzig Theologie und
war 1881 Mitbegründer des Vereins Deutscher Studenten
(VDSt). Als Theologe setzte er sich für eine grundlegende
Erneuerung des Protestantismus' ein, und als Politiker für
eine Parlamentarisierung der Verfassung und die Abschaffung des preußischen Dreiklassenwahlrechts. Naumann
war von 1907 bis 1918 Mitglied des Reichstags und gehörte 1918 zu dem Mitbegründern der „Deutschen Demokratischen Partei" (DDP). Als deren Vorsitzender saß er
1919 im Verfassungsausschuß der Weimarer Nationalversammlung und kämpfte bis zu seinem Tod am 24. August
1919 gegen die Unterzeichnung des Versailler Diktats.

Den Ersten Weltkrieg, der weder ein „deutscher Krieg"
noch ein „Donaukrieg" sei, betrachtete Naumann als die
„Geschichtsprobe Mitteleuropas". Er war der festen Über-

zeugung, daß sich die Souveränität der Staaten „an ganz wenigen Stellen" sammelt und daß nur eine gewisse Anzahl von Zentren übrig bleibt, „an denen wirklich regiert wird", wobei London, New York und Moskau feststünden. Daraus schloß er, daß im Ersten Weltkrieg darum gekämpft wurde, ob sich zwischen England und Rußland ein eigenes mitteleuropäisches Zentrum halten kann oder nicht: „Verlieren wir den Kampf, so sind wir voraussichtlich auf ewig verurteilt, Trabantenvolk zu werden, siegen wir halb, so müssen wir später noch einmal fechten, siegen wir nachhaltig, so erleichtern wir unseren Kindern und Enkeln die Arbeit, dann wird Mitteleuropa ins Grundbuch der kommenden Jahrhunderte eingetragen".

In diesem Zusammenhang trifft Naumann die interessante Unterscheidung von „Planetenstaat" und „Trabantenstaat". Planetenstaaten haben nach seiner Definition „ihr Leben für sich, ihren eigenen Sommer und Winter, ihre Kultur, ihre Sorgen und ihren Glanz, aber sie folgen in den großen weltgeschichtlichen Linien nicht mehr ihren eigenen Gesetzen, sondern wirken als Verstärkung der führenden Gruppe, zu der sie gehören". So versuchten die USA, alle nord- und südamerikanischen Staaten an sich zu ketten, um sie zu führen. Rußland sammelte kleine Völker wie Polen, Finnen oder Turkmenen an seinen Rändern. England habe nicht nur ein großes Kolonialreich geschaffen, sondern versuche im Ersten Weltkrieg, Frankreich und Italien „mit in seine Rotation hineinzubringen". Daher wären England, die Vereinigten Staaten und Rußland die „relativ fertigsten Großkörper", an „Umfang und Masse gewaltiger, als es Mitteleuropa je werden kann". Im besten Fall könne Mitteleuropa der „vierte Weltstaat" werden. Im Gegensatz dazu seien „Trabantenstaaten" jene Staaten, die zwar ihre eigene Kultur haben, „in den großen weltgeschichtlichen Linien nicht mehr ihren eigenen Gesetzen folgen, sondern als Verstärkung der führenden Gruppe, der sie angehören, wirken". Und um die Trabantenstaaten herum lebten noch „eine gewisse Menge von unorganisiertem Nationalitätenstoff, der den Anschluß entweder bis jetzt nicht wünscht oder ihn aus irgendeinem Grunde noch nicht gefunden hat". Allerdings würden diese Gebilde doch in ein Trabantenverhältnis geraten, weil es unmöglich scheine, „mitten in einer Welt gesammelter Großsouveränitäten mit gewaltigem Volumen eine unverletzte alte Kleinherrschaft durch die Jahrhunderte zu tragen".

Um die Etablierung Mitteleuropas als „vierten Weltstaat" zu ermöglichen, fordert Naumann die „Überwindung der vor dem Kriege begonnenen Geburtenverminderung". Denn die mitteleuropäische Heimatbevölkerung würde der „Kern des Lebens unseres in andere Erdteile übergreifenden Wirtschaftsköpers" sein. Daher brauche Mitteleuropa (Anmerkung: wie auch heute!) Kinder, Kinder, Kinder.

Für die Zeit nach dem Krieg rechnete Naumann mit einer Dreiteilung Europas, wobei Deutschland in der Mitte läge. Damit wird die Frage nach den Grenzen Deutschlands bzw. des deutschen Einflußgebietes gegenüber Frankreich im Westen und gegenüber Rußland im Osten aufgeworfen. Die Westgrenze würde „irgendwo vom Unterrhein bis zu den Alpen gehen", die Ostgrenze „von Kurland bis rechts oder links von Rumänien" verlaufen. Aufgrund der Dreiteilung Europas, wo der Schützengraben die „Grundform der Vaterlandsverteidigung" sein werde, könnten Kleinstaaten ihre Selbständigkeit nur „mit äußerster Mühe aufrechterhalten".

Das Heilige Römische Reich Deutscher Nation dient für Naumann gewissermaßen als Vorbild, denn es sei eine

„Weltmacht Mitteleuropa" gewesen: „Mochte auch der innere Zusammenhang des Reiches in jener verkehrsarmen, walddurchwachsenen Zeit oft gering sein, und mochte das Wahlkaisertum zeitenweise kaum kräftiger in Erscheinung treten als das alte Wahlkönigtum in Ungarn oder Polen, so war doch im Prinzip während des ganzen Mittelalters ein Wille zur einheitlichen Macht von Jütland bis zum Adriatischen Meere und selbst bis nach Sizilien vorhanden". Darüber hinaus verweist er auf eine „besondere mittelalterliche Lebens- und Kulturgemeinschaft, die etwas anderes war als das damals noch durcheinanderwogende Engländer- und Franzosentum, und etwas sehr anderes als die Byzantiner, Petschenegen und Waräger". Die Deutschen füllten die Mitte Europas und zogen die benachbarten Völker an sich heran. Mitten im Ersten Weltkrieg vernahm Naumann ein „Rucken und Stoßen" des altes Reiches unter der Erde: „Denn es will nach langem Schlafe gern wieder kommen".

Die Rückbesinnung auf das alte Heilige Römische Reich macht auch deutlich, daß Naumanns Mitteleuropa ein deutsches sein sollte. Der Begriff „Mitteleuropa" war zur Zeit des Ersten Weltkrieges eng mit dem deutschen Streben nach Vorherrschaft verbunden und Gegenstand zahlreicher Debatten. Naumann selbst wertete des „Willen zur Erhaltung der deutschen Macht" höher als die Erhaltung des alt-preußischen Herrschaftssystems oder die Herbeiführung des reinen Nationalitätenstaates. Dieses Ziel könne, so seine Schlußfolgerung, nur durch den Zusammenschluß mit Österreich-Ungarn erreicht werden. Nicht nur, daß ein anderes ebenso sicheres und natürliches Bündnissystem nicht in Sicht war. Vielmehr wären bereits durch die Entscheidung Bismarcks für ein Bündnis mit der Donaumonarchie „die Würfel für Mitteleuropa gefallen". Und schließlich könne Österreich-Ungarn für sich allein nicht in der Welt bestehen, weil es dem gleichzeitigen Ansturm gegen seine Grenzen nicht gewachsen sei und daher keinen anderen natürlichen Bundesgenossen als das Deutsche Reich habe.

Ein Bündnis mit Paris könne wegen der deutsch-französischen Gegensätze nur „schwer angedacht werden". Noch weniger zielführend sei ein Bündnis mit Rußland, denn dieses böte der Volksstimmung und der Reichssicherheit weniger als der Bund mit Österreich-Ungarn. Und bei einem Bündnis mit England zweifelte der Reichstagsabgeordnet dessen Dauerhaftigkeit an. Vor allem aber die wirtschaftliche Blockade der Mittelmächte durch die Seemacht England beeinflußte Naumann nachhaltig. Durch den englischen „Abschließungsplan" säßen Deutsche, Österreicher und Ungarn in einem „Wirt-

Friedrich Naumann (1880–1919)

schaftsgefängnis". Den Zusammenbruch der Mittelmächte konnte diese Blockade freilich nicht erreichen.

Für die Zeit nach dem Weltkrieg warnte Naumann davor, sich „wieder einfach auf den alten Zustand zurückzuziehen". Denn dies „würde weniger sein als das, was heute im Krieg vorhanden ist; gerade deshalb weniger, weil die blutige Gemeinschaft nicht statutarisch zu fordern war und wir all dieses genau wissen". Damit wird deutlich, daß für

Naumann Mitteleuropa eine Schicksalsgemeinschaft ist. Dieser Überzeugung folgend, schließt er, daß der Schutz Mitteleuropas „sicherlich nicht in bloßen Staatsverträgen liegt". Denn es lasse sich zwischen zwei souveränen Staaten kein Vertrag formulieren, der nicht seine Lücken und Ritzen hätte. Daher liege der Schutz „in der Vielseitigkeit des staatlichen, wirtschaftlichen und persönlichen Zusammenlebens, im freiwilligen und organisierten Überfließen des einen Körpers in den anderen, der Gemeinschaft der Ideen, der Historie, der Kultur, der Arbeit, der Rechtsbegriffe, der tausend großen und kleinen Dinge". Folglich postuliert Naumann: „Nur wenn wir diesen Zustand der Wesensgemeinschaft erlangen, sind wir ganz fest verkettet".

Ursache dieses ausgesprochenen Schutzbedürfnisses ist einerseits die Erkenntnis, daß Mitteleuropa das „Durchgangsland aller Völkerwanderungen, Kampfland aller großen Geisterschlachten, Gebiet der Religionskriege, der

Ruinen von Verdun: Sinnbild für den Ersten Weltkrieg

Nationalitätenkämpfe, der sich rastlos folgenden Wirt-
schaftsperioden" war. Daher sei Mitteleuropa „ein Gebiet,
das keine innere Gemächlichkeit bieten und besitzen
kann, weil es zu voll ist für bloßen Schematismus". Und
an anderer Stelle schreibt er, daß Mitteleuropa „von fernen
Zeiten her ein Gegenstand des Streits zwischen den beiden
Teilen des alten Römerreichs" war: „Der größte Teil Mitteleuropas ist von Haus aus, seit seiner Christianisierung
und Zivilisierung, von der alten unvergänglichen itali-
schen Welt- und Geisteshauptstadt Rom abhängig, aber
in den Karpatenländern und an der unteren Donau hat es
ein Vordrängen und Zurückebben byzantinischer Einflüsse
gegeben".

Andererseits wird Naumann von der Sorge geplagt,
daß „unser mitteleuropäischer Typ noch nicht fertig aus-
gewachsen ist". Während die Franzosen und Engländer in
ihrer Art fertig seien, hätten die Deutschen und die sie
umgebenden Völker noch nicht den Grad von Sicherheit
der Lebensführung und des Taktes, auch noch nicht dieje-
nige politische Erziehung und künstlerische Sitte, die sie
ganz von selber in großen und kleinen Dingen leite. Die
Deutschen selbst bezeichnet er als „geschichtliches Halb-
fabrikat", das noch auf den Tag der Vollendung warte.

Durch den Zusammenschluß Deutschlands und Österreich-Ungarns könne man sich, so Naumann, auf dem
Weltmarkt behaupten und als „mächtiger Käufer und Ver-
käufer anders mit den fremden Zoll- und Wirtschaftskör-
pern verhandeln als es getrennten und isolierten Einzelstaaten möglich ist". In diesem Zusammenhang befürwortete
er den Plan des österreichischen Nationalökonomen Eugen
von Philippovich zur Schaffung eines mitteleuropäischen
Zollverbandes. Derartige Pläne, von einem Zollbund, bei
dem die Zölle zwischen den Mitgliedern herabgesetzt

würden, bis zur Zollunion, spielten in der Zeit vor dem Ersten Weltkrieg eine große Rolle.

Erst nach einem Zusammenschluß der beiden Mittelmächte könne über eine Erweiterung Mitteleuropas nachgedacht werden. Die anderen mitteleuropäischen Staaten und Nationen hätten dabei die Wahl zwischen deutscher, englischer oder russischer Führung. Wer dieser Föderation alles beitreten könne, darüber schweigt Naumann. Allerdings warnt er vor einer uferlosen Ausdehnung Mitteleuropas.

Und eines war für Neumann auch klar: Daß Mitteleuropa im Kern deutsch sein wird, denn es werde von selbst die deutsche Welt und Vermittlungssprache gebrauchen. Gleichzeitig warnt er aber auch, daß „das deutsche) Mitteleuropa „vom ersten Tag an Nachgiebigkeit und Biegsamkeit gegenüber allen mitbeteiligten Nachbarstaaten zeigen muß. Denn nur auf diese Weise könne die „große Harmonie emporwachsen, die für einen allzeitig umkämpften und umdrängten Großstaat nötig ist".

Als Organisationsform tritt Naumann für einen Staatenbund ein, wobei er Mitteleuropa als den „Oberstaat" bezeichnet. Man sei bereit, die für Mitteleuropa notwendigen Zugeständnisse zu machen, „aber die Staatshoheit selbst darf nicht angetastet werden". Denn es läge nicht im Interesse aller Beteiligten, „Pläne für eine uferlose Verschmelzung anzustellen". (Anmerkung: Die Europäische Union unserer Tage vertritt die genau gegenteilige Auffassung.) Der „Oberstaat" sollte im wesentlichen nur für Zoll- und andere Wirtschaftsfragen zuständig sein. Alle diejenigen Angelegenheiten, „in denen die landschaftlichen und provinziellen Besonderheiten ihr altes heiliges Recht haben", müßten von vornherein ausgeschlossen bleiben. Neben Kirchen-, Kultur und Schulfragen nennt

Naumann in diesem Zusammenhang die Sprachenfragen, die bei den Einzelstaaten verbleiben sollen.

Überhaupt müßten im mitteleuropäischen Staatsverbande die einzelnen Staatsverfassungen unberührt bleiben. Die Begründung, die Naumann für sein Argument anführt, kann heute gegen die EU-Verfassung gelten: „Da Mitteleuropa Länder verschiedener Zusammensetzung und unterschiedlicher Entwicklungsstufen umfaßt, muß es vorhandene Verschiedenheiten im inneren Staatsaufbau in sich grundsätzlich vertragen. Daher werden sicherlich ähnlich gerichtete politische Bestrebungen unter sich Fühlung suchen und voneinander lernen, aber die Staatsparlamente sind ihres eigenen Rechts und müssen es bleiben. Weder die ungarische noch die österreichische Verfassung geht uns Reichsdeutsche etwas an und umgekehrt".

Durch die enge wirtschaftliche Verzahnung der Einzelstaaten, so Naumanns Hoffnung, sollten „alle Sprachenkämpfe gemildert werden", und „kein Pole in Preußen und kein Deutscher im Banat werde künftig unnötige Sprachschwierigkeiten haben". Während Kronrechte „unter keinen Umständen angerührt" werden dürfen, müsse aber der „Militärstaat über die Landesgrenzen der Nationalstaaten hinausgehen und die Schützengrabengemeinschaft umfassen". Mitteleuropa soll also nicht nur eine Wirtschaftsgemeinschaft, sondern auch ein Militärbündnis sein. Dazu müssen in einem „mitteleuropäischen Heeresstatut" die Pflichten der Mitglieder festgelegt werden.

Ein Kind von Versailles

Der Völkerbund konnte den Frieden in Europa nicht sichern

„Es muß zum Zwecke wechselseitiger Garantieleistung für politische Unabhängigkeit und territoriale Unverletzlichkeit der großen wie der kleinen Staaten unter Abschluß spezifischer Vereinbarungen eine allgemeine Gesellschaft von Nationen gebildet werden", heißt es im letzten Punkt in dem am 18. Januar 1918 vom damaligen US-Präsidenten Woodrow Wilson veröffentlichen Vierzehn-Punkte-Programm.

Neu war dieser Vorschlag des damaligen US-Präsidenten nicht, sondern ein über hundert Jahre gehegter Gedanke in der abendländischen Geisteswelt. Bereits 1795 bezeichnete Immanuel Kant in seiner Schrift „Zum ewigen Frieden" den Zusammenschluß der Völker zu einem Bund als die „Vernunftidee einer friedlichen durchgängigen Gemeinschaft der Völker auf Erden". Als Begründung führt der Königsberger Philosoph aus, daß Völker und Staaten wie einzelne Menschen beurteilt werden können und sich in ihrem Naturzustand – gemeint ist die Unabhängigkeit von äußeren Gesetzen – „schon durch ihr Nebeneinandersein lädieren". Daher könne und solle jeder Staat um seiner Sicherheit willen mit anderen Staaten „in eine, der bürgerlichen ähnliche, Verfassung treten, wo jedem sein Recht gesichert werden kann". Und dies wäre eben ein Völkerbund, der aber kein Völkerstaat sein müßte. Weiters verlangte Kant, daß kein Friedensschluß gelten soll,

„der mit dem geheimen Vorbehalt des Stoffs zu einem künftigen Kriege gemacht worden ist" und daß sich „kein Staat in die Verfassung und Regierung eines andern Staats gewalttätig einmischen soll".

Die Erfahrungen des Ersten Weltkriegs, der Europa ins Chaos stürzte, ließ den Ruf nach einem friedlichen und geregelten Zusammenleben der Völker wieder laut werden.

Als der eigentliche Vater des Völkerbundes kann der britische Politiker Lord Robert Cecil (1864 bis 1958) angesehen werden. Bereits 1916 verfaßte er – damals war er „Blockade-Minister" der britischen Regierung – ein „Memorandum über Vorschläge, wie die Gelegenheiten für künftige Kriege verringert werden könnten". 1918 wurde Cecil Leiter der britischen Völkerbundsabteilung und entwickelte den nach ihm benannten „Cecil-Plan", auf dessen Basis er 1919 in Paris eine Satzung für den Völkerbund erarbeitete. Die Völkerbundsatzung wurde am 28. April 1919 von der Vollversammlung der Pariser Siegerkonferenz von Versailles angenommen. Zwei Monate später, am 28. Juni 1919 erfolgte dann die Unterzeichnung der Satzung durch die Gründerstaaten, die gleichzeitig auch Unterzeichnerstaaten des Versailler Diktats waren. Die Satzung des Völkerbunds wird damit Bestandteil des Versailler Diktats, die ersten 26 Artikel des Versailler Diktats sind identisch mit der Satzung des Völkerbunds. Diese untrennbare Verbindung zwischen Völkerbund und Versailler Diktat sollten dafür sorgen, daß dieser in Deutschland niemals Beliebtheit erlangte.

Der Völkerbund (französisch: Société des Nations, englisch: League of Nations) war seiner Gründungsidee zufolge eine weltumfassende Organisation, in der auch „der kleinste Staat eine Stimme haben sollte". In der Praxis allerdings erwies sich der Völkerbund als ein eher rein

148

europäischer Bund. Der Grund dafür liegt neben dem Fernbleiben der USA darin, daß nach dem Ende des Ersten Weltkriegs Europa weiterhin der gefährlichste Krisenherd der Welt blieb. Die Bedeutung des Völkerbunds wurde auch dadurch geschwächt, daß Deutschland erst 1926 bei- und bereits 1933 wieder austrat. Die Sowjetunion wurde erst 1934 Mitglied und 1939 wegen des Überfalls auf Finnland ausgeschlossen. Und nicht zuletzt dürfte der Völkerbund für die Staaten Europas nicht mehr als eine ungeliebte Notlösung gewesen sein. Denn die europäischen Siegermächte traten gegen Ende des Ersten Weltkriegs für eine Wiederbelebung des alten Bündnissystems ein.

Vor allem das Fernbleiben der USA, die spätestens seit dem Ersten Weltkrieg zur Weltmacht aufgestiegen waren, machte aus dem Völkerbund eine vorrangig europäische Organisation. Präsident Wilson trat zwar für den Eintritt seines Landes

Woodrow Wilson: Gab den Impuls für die Gründung des Völkerbundes

in den Völkerbund ein, konnte aber die dafür erforderliche Zweidrittelmehrheit im Kongreß nicht erreichen. Auch Wilsons Rede zum US-amerikanischen Unabhängigkeitstag am 4. Juli 1918 am Mount Vernon, in der er eine Forderung nach einer Friedensorganisation bekräftigte, die es sicherstellen sollte, „daß durch die Gesamtmacht der freien Nationen jede Rechtsverletzung verhütet wird", konnte seine Landsleute trotz der pathetischen Worte nicht überzeugen.

Wilsons Gegner, der republikanische Senator Henry Cabot Lodge konnte das Parlament davon überzeugen, daß bei einem Eintritt der USA in den Völkerbund Europa mehr Einfluß auf die Vereinigten Staaten erhielte und somit die Monroe-Doktrin, welche die US-Hegemonie über die westliche Hemisphäre festschreibt, nicht mehr gelten würde. Die Völkerbundsatzung erklärte dagegen in ihrem Artikel 21 die Monroe-Doktrin als satzungskonform.

Hinter der vermeintlich guten Absicht Wilson verbarg sich der Gedanke, den Staaten und Völkern ihren Handlungsspielraum zu nehmen. So sollte beispielsweise ein „Tribunal der Meinung", dem sich alle beugen müßten und durch das jede internationale Streitfrage geregelt werden sollte, ein Mittel sein, um „Frieden und Gerechtigkeit in der Welt zu festigen". Nicht mehr die Mächte selbst sollten für Ordnung sorgen, sondern eine ihnen übergeordnete Organisation, eine Art von Weltregierung. Daß die Vereinigten Staaten von Amerika wohl an der Spitze der von ihm geforderten Weltorganisation stehen sollten, dürfte für Wilson außer Zweifel gestanden haben. Im April 1917, als die USA dem Deutschen Reich den Krieg erklärten, rechtfertigte der US-Präsident den Kriegseintritt seines Landes damit, daß es der Zweck Amerikas sei, „die Prinzipien von Frieden und Gerechtigkeit in der Welt gegen selbstsüchtige Mächte zu verteidigen" sei.

Im Januar 1920 nahm der Völkerbund, dessen Sitz in Genf war, seine Tätigkeit auf. Als Organe gab es die Völkerbundversammlung, die einmal im Jahr tagte und aus Vertretern der Bundesmitglieder bestand. Jedes Mitglied hatte eine Stimme, alle wichtigen Beschlüssen mußten einstimmig gefaßt werden. Daneben gab es den Völkerbundrat, dessen ständige Mitglieder Großbritannien, Frankreich, Italien, Japan, Deutschland (1926–1933) und

Sowjetunion (1933–1939) das europäische Schwergewicht dieser Organisation besonders unterstrichen. Schließlich gab es zur Besorgung der laufenden Aufgaben noch einen Generalsekretär und ein Generalsekretariat. Mit dem Völkerbund verbunden waren der Haager Ständige Internationale Gerichtshof, der Schiedssprüche bei Streitigkeiten verkündete und die Internationale Arbeitsorganisation. Weiters gab es Nebenorgane wie die „Ständige Mandatskommission" und das Hochkommissariat für Flüchtlingshilfe.

Hauptaufgaben des Völkerbundes waren die Sicherung des Weltfriedens und die Förderung der internationalen Zusammenarbeit. Nach Artikel 10 der Völkerbundsatzung verpflichteten sich die Bundesmitglieder, „die Unversehrtheit des Gebiets und die bestehende politische Unabhängigkeit aller Bundesmitglieder zu achten und gegen jeden äußeren Angriff zu wahren". Artikel 11 stellte „ausdrücklich fest", daß jeder Krieg und jede Bedrohung mit Krieg, mag davon unmittelbar ein Bundesmitglied betroffen werden oder nicht, eine Angelegenheit des ganzen Bundes ist, und daß dieser die zum wirksamen Schutz des Völkerfriedens geeigneten Maßnahmen zu ergreifen hat. Darüber hinaus hatte jedes Bundesmitglied das Recht, „in freundschaftlicher Weise die Aufmerksamkeit der Bundesversammlung oder des Rates auf jeden Umstand zu lenken, der von Einfluß auf die internationalen Beziehungen sein kann und daher den Frieden oder das gute Einvernehmen zwischen den Nationen, von dem der Friede abhängt, zu stören droht".

An die Stelle traditioneller einzelstaatlicher Gewalt sollten durch alle Staaten wirtschaftliche und militärische Sanktionen gegen den Angreiferstaat treten (Art. 16). So sollten die Staaten „unverzüglich alle Handels- und Finanzbeziehungen zu ihm (dem vertragsbrüchigen Staat, Anm.) abbrechen, ihren Staatsangehörigen jeden Verkehr mit den Staatsangehörigen des vertragsbrüchigen Staates untersagen und alle finanziellen, Handels- und persönlichen Verbindungen zwischen den Staatsangehörigen dieses Staates und jeden anderen Staates, gleichviel ob Bundesmitglied oder nicht, abschneiden". Für jene Mitglieder des Völkerbunds, die sich einer Verletzung einer aus der Satzung entspringenden Verpflichtung schuldig gemacht hatten, war als Sanktion der Ausschluß aus dem Völkerbund vorgesehen. Als einziges Mitglied aus dem Völkerbund ausgeschlossen wurde 1939 die Sowjetunion. Die Sinnhaftigkeit des Ausschlusses von vertragsbrüchigen Mitgliedern erscheint jedoch als fraglich, weil in diesem Fall der Völkerbund Einflußmöglichkeiten auf den betreffenden Staat aus der Hand gab.

Die in der Satzung vorgesehen Zwangsmaßnahmen wären wirkungsvoll gewesen, wenn sämtliche Großmächte daran teilgenommen hätten. Da sich aber zumindest zwei dieser Mächte jeweils außerhalb des Völkerbundes befanden, war die Durchführung eines straffen Boykotts unmöglich. Nach dem Angriff Italiens auf Abessinien, dem heutigen Äthiopien, beschloß der Völkerbund, ab November 1933 Wirtschaftssanktionen gegen Italien zu verhängen. Diese Sanktionen erwiesen sich allerdings als wirkungslos, weil die USA weiterhin Erdöl und Deutschland weiterhin Kohle an Italien lieferte.

Eine weitere Aufgabe des Völkerbunds war die Herabsetzung der nationalen Rüstungen auf das Mindestmaß, das „mit der nationalen Sicherheit und mit der Erzwingung internationaler Verpflichtungen durch gemeinschaftliches Vorgehen vereinbar ist (Art. 8). Als vertrauensbildende Maßnahme sollten die Mitglieder „in der offensten und er-

Völkerbundversammlung: Konnte nicht den auf dem Versailler Diktat auf-
bauenden Frieden in Europa sichern

schöpfendsten Weise gegenseitig jede Auskunft über den
Stand ihre Rüstung, über ihr Heer-, Flotten- und Luft-
schiffahrtsprogramm und über die Lage ihrer auf Kriegs-
zwecke einstellbaren Industrien zukommen zu lassen".

Das Abrüstungsgebot galt aber nur für die Verlierer-
staaten des Ersten Weltkriegs. Deutschland beispielsweise
wurde nach den Bestimmungen des Versailler Diktats nur
ein Landheer von 100.000 Mann gestattet. Die Siegermächte hingegen zögerten ihre Abrüstung immer wieder
hinaus – der Grund dafür war die angebliche „deutsche
Gefahr". Aufgrund dieses Verstoßes der Siegermächte
gegen die Zielsetzungen des Völkerbunds scheiterte auch
die Abrüstungskonferenz 1932 in Genf, da sich die französische Regierung nicht mit einer Verstärkung der deutschen Reichswehr auf 200.000 Mann, wie sie von London

153

vorgeschlagen worden war, einverstanden erklären wollte. Hitler nahm die Weigerung der Siegermächte, abzurüsten bzw. Deutschland eine angemessene Aufrüstung zu gewähren, zum Anlaß, um 1933 den Austritt Deutschlands aus dem Völkerbund zu erklären. An die Stelle von Abrüstung trat daraufhin in den Jahren von 1932 bis zum Beginn des Zweiten Weltkriegs die Aufrüstung Großbritanniens, Frankreichs, Deutschlands und Italien.

Von deutscher Seite wurde dem Völkerbund in den 20er Jahren auch vorgeworfen, daß er seiner Aufgabe, einen effektiven Minderheitenschutz zu gewährleisten, nicht nachkomme. Zwar wurden in Europa nach dem Ersten Weltkrieg viele bilaterale Abkommen über den Minderheitenschutz geschlossen, doch die Wirklichkeit sah in vielen Fällen oft anders aus.

Vor allem Deutsche – etwa in Polen oder in der damaligen Tschechoslowakei – hatten in vielen Fällen unter Diskriminierung oder Willkür der Behörden zu leiden. Für einen wirksamen Minderheitenschutz fehlten dem Völkerbund nicht nur die Kompetenzen zu dessen Durchsetzung, sondern auch der politische Wille.

Ausführlich regelte die Satzung des Völkerbunds in Artikel 22 die Verwaltung der ehemaligen deutschen Kolonien und der früheren Gebiete des Osmanischen Reiches. Die verlorenen Kolonien bzw. Gebiete, die „von solchen Völkern bewohnt sind, die noch nicht imstande sind, sich unter den besonders schwierigen Bedingungen der heutigen Welt selbst zu leiten", sollten unter die „Vormundschaft" der „fortgeschrittenen Nationen, die aufgrund ihrer Hilfsmittel, ihrer Erfahrungen oder ihrer geographischen Lage am besten imstande sind, eine solche Verantwortung auf sich zu nehmen, und die hierzu bereit sind", gestellt werden. Schließlich sei ja das Wohlergehen

154

und die Entwicklung dieser Völker eine „heilige Aufgabe der Zivilisation".

Zur Schlichtung internationaler Streitigkeiten verpflichteten sich die Mitglieder zu deren friedlicher Lösung durch Unterwerfung unter eine Schiedsgerichtsbarkeit oder durch Anrufung des Rates. Das galt allerdings nur für eine Streitfrage, die nach Ansicht der Bundesmitglieder „einer schiedsrichterlichen Lösung zugänglich ist und die auf diplomatischem Wege nicht zufriedenstellend geregelt werden kann" (Art. 13). Dennoch wurden dem Völkerbund trotz dieser, einer dem jeweiligen Standpunkt nach großzügigen Interpretation großen Freiraum lassenden Formulierung während der 20er Jahre ungefähr dreißig Streitfragen vorgelegt. Die Mehrzahl von ihnen konnte friedlich beigelegt werden. So auch der Grenzkonflikt zwischen Griechenland und Bulgarien im Jahre 1925, der den Keim schwerer internationaler Verwicklungen in sich trug.

Die Bilanz des Völkerbunds – er wurde am 18. April 1946 aufgelöst – ist zwiespältig. Einerseits dienten seine Vollversammlungen als wichtiges Forum für den Gedankenaustausch für eine friedliche Zukunft Europas. In diesem Zusammenhang ist der vom französischen Außenminister Aristide Braind am 5. September 1929 vor dem Völkerbund vorgetragene „Europa-Plan" und dessen darauf aufbauendes „Memorandum über die Organisation einer europäischen Bundesordnung" vom 1. Mai 1930 zu nennen. Bei seiner eigentlichen Aufgabe, der dauerhaften Friedenssicherung in Europa, scheiterte er allerdings. Der Grund dafür ist neben dem Egoismus seiner Mitglieder der Umstand, daß die vom Völkerbund zu sichernde politische Ordnung in Europa eine ungerechte, weil auf dem Versailler Diktat basierende, war.

Hegemonie oder Gleichberechtigung?

Aristide Briands „Bundesordnung für Europa" und Coudenhove-Kalergis „Paneuropa"

Pläne für die Neugestaltung und für eine Einigung Europas waren im zweiten und dritten Jahrzehnt des 20. Jahrhunderts Gegenstand zahlreicher politischer Debatten. An dieser Stelle soll auf das 1924 von Richard Nikolaus Coudenhove-Kalergi (1894 bis 1972) veröffentlichte Buch „Pan-Europa" und sein in diesem Buch enthaltenes „Pan-Europäische Manifest" sowie auf Aristide Briands (1862 bis 1932) 1930 entworfene „Bundesordnung für Europa" näher eingegangen werden.

Wie viele seiner Zeitgenossen auch zeichnet Coudenhove-Kalergi, ein in Tokio geborener Sohn eines österreichischen Diplomaten, ein düsteres Bild für die Zukunft des durch die Umwälzungen des Ersten Weltkrieges erschütterten Kontinents. Das zersplitterte Europa gehe einer dreifachen Katastrophe entgegen: dem Vernichtungskrieg, der Unterwerfung durch Rußland und dem wirtschaftlichen Ruin.

In der Gründung zahlreicher neuer Staaten vom Baltikum bis zum Balkan mit all ihren ungelösten Minderheitenproblemen – „Zwei Dutzend neuer Elsaß-Lothringen sind entstanden" – sah Coudenhove-Kalergi die Keimzelle für einen „europäischen Vernichtungskrieg. Dieser könne durch einen „Zufall", wie einem Attentat oder einer Revolte, „täglich ausbrechen" und „unseren Erdteil in einen

Friedhof verwandeln". Bei diesem neuen Krieg würde es nur Verlierer geben: „Die besiegten Nationen werden vernichtet – die siegreichen tödlich verwundet aus diesem Massenmorden hervorgehen".

Die zweite große Gefahr für das Nachkriegseuropa sei Rußland. Unter der Führung eines „roten oder weißen Diktators", durch gute Ernten, amerikanisches Kapital und „deutsche Organisation" könne sich Rußland schneller wieder aufrichten als es Europa ahnt. Die „zersplitterten und uneinigen Kleinstaaten Europas" wären nach einem Erstarken Rußlands unfähig, „den russischen Ansturm abzuwehren". Rhein, Alpen und Adria würden dann zur Grenze Europas. In weiterer Folge würde auch diese Grenze fallen und Europa „Rußlands Westprovinz" werden.

Die Gefahr des wirtschaftlichen Ruins leitete Coudenhove-Kalergi aus der zersplitterten Wirtschaft der „uneinigen Staaten von Europa" ab, die nie gegen die geschlossene Wirtschaft der USA konkurrenzfähig blieben könnte. Die Zölle zwischen den europäischen Staaten behinderten und verteuerten jede Produktion und die „europäischen Wirtschaftsparzellen" wären zu verteilt, um nicht von den außereuropäischen Wirtschaftsimperien USA, Großbritannien, Rußland und Ostasien ebenso erdrückt zu werden wie „Krämer von Trusts".

Als Schutz vor den genannten drei Gefahren fordert Coudenhove-Kalergi die Gründung von „Pan-Europa", einem Zusammenschluß aller demokratischen Staaten Kontinentaleuropas zu „einer internationalen Gruppe, zu einem politischen und wirtschaftlichen Zweckverband". Mit einen „paneuropäischen Schiedsvertrag" könne der Frieden gesichert, mit einem paneuropäischen Defensivbündnis könne die „Gefahr der russischen Herrschaft" gebannt und mit einer paneuropäischen Zollunion der wirtschaftliche

Leo Trotzki: Die bolschewistische Gefahr wollte Richard Coudenhove-Kalergi durch einen Zusammenschluß der europäischen Staaten abwehren

Ruin abgewendet werden. Am Ende sollten schließlich die „Vereinigten Staaten von Europa" entstehen.

Coudenhove-Calergis Ausführungen zu den Grenzen „Pan-Europas" zeigen, daß die Verwirklichung dieses Konzepts Europa zum Nachteil gereicht hätte. Denn „Pan-Europa" umfasse „die Halbinsel zwischen Rußland, dem Atlantischen und dem Mittelländischen Meer; dazu Island und die Kolonien der europäischen Staaten (sic!)". Die „große europäische Kolonie in Afrika" – gemeint sind damit die nichtbritischen Kolonien – könnte Europa bei rationeller Bewirtschaftung mit Rohstoffen versorgen.

„Pan-Europa" ist also nach Coudenhove-Kalergis Ansicht kein in Ost-West-Ausrichtung verlaufender Riegel, wie es den geographischen, kulturellen und geistigen Gegebenheiten entsprechen würde, sondern ein Nord-Süd-

159

Block, der hochentwickelte Industrieländer mit der Dritten Welt zusammenschließt. In seinem Buch „Praktischer Idealismus" (1925) pries der Sprößling aus der Ehe eines österreichischen Grafen mit einer Japanerin die „Vorzüge" der Vermischung fremder Rassen und Kulturen: „Der Mensch der fernen Zukunft wird Mischling sein. Die heutigen Rassen und Kasten werden der zunehmenden Überwindung von Raum, Zeit und Vorurteil zum Opfer fallen. Die eurasisch-negroide Zukunftsrasse, äußerlich der altägyptischen ähnlich, wird die Vielfalt der Völker durch eine Vielfalt der Persönlichkeiten ersetzen."

Rußland und England dagegen seien nur „Pan-Europas Nachbarn". Denn beide Weltreiche seien auch ohne Europa lebensfähig, während „die übrigen Staaten dieses Erdteils durch ihre geographische Lage zur Schicksalsgemeinschaft verbunden sind; verurteilt, entweder gemeinsam unterzugehen – oder gemeinsam aufzuerstehen".

Den Ausschluß Englands aus „Pan-Europa" begründet Coudenhove-Kalergi mit dem „Bau des britischen Bundesreichs". Denn die Dominions (sich selbstverwaltende Kolonien) würden niemals dulden, daß das Mutterland zu einem anderen Staatensystem in eine engere Beziehung tritt als zu ihnen. Außerdem würde der Anschluß des britischen Bundesreiches an „Pan-Europa" durch die „Unmöglichkeit, Kanada in einen europäischen Staat zu verwandeln", hinfällig. Völlig offen bleibt hier, warum die Kolonien in Afrika „europäischer" sein sollen als das von europäischen Auswanderern aufgebaute Kanada.

Die „derzeitige Unmöglichkeit" eines Anschlusses Rußlands an „Pan-Europa" wird mit der bolschewistischen Oktoberrevolution begründet. Durch seine Absage an die Demokratie habe sich Rußland freiwillig vom europäischen Staatensystem losgesagt. Ein Zusammenschluß zwischen demokratischen Staaten einerseits und sowjetischen andererseits sei praktisch undurchführbar.

Aber immerhin: weder zu seinem westlichen, noch zu seinem östlichen Nachbarn hege „Pan-Europa" eine feindliche Einstellung. Im Falle Englands – gegen das „Pan-Europa" auf keinen Fall gerichtet sein dürfe – tritt Coudenhove-Kalergi für eine „weltpolitische Zusammenarbeit im Dienste des Friedens und des Fortschritts" ein. Im Verhältnis zu Rußland hätten die Sicherung des Friedens, die gemeinsame Abrüstung, wirtschaftliche Zusammenarbeit und die „Achtung vor der beiderseitigen inneren Entwicklung" Vorrang.

Neben der Friedenssicherung und der Gewährleistung des wirtschaftlichen Wohlstandes sollte „Pan-Europa" „gleichberechtigte Weltmacht" neben den USA, Großbritannien, Rußland und Ostasien sein. (Anmerkung: Bereits 1915 wollte Friedrich Naumann „Mitteleuropa", also das Deutsche Reich und Österreich-Ungarn, als „vierten Weltstaat" etablieren – neben den USA, Großbritannien und Rußland.) Gemeinsam mit den anderen Weltmächten, so Coudenhove-Kalergi, sollte „Pan-Europa" einen „Weltbund schließen, in dem sich kein Erdteil vor fremder Einmischung zu fürchten braucht". Daß der Gründer der „Paneuropa-Bewegung" von einem „Weltbund", zu dessen Verwirklichung Europa nur eine Vorstufe sei, spricht, ist nicht verwunderlich, denn er war Freimaurer. Durch die Mitgliedschaft in einem solchen Bund hätte „Pan-Europa" die Möglichkeit, „sein Schicksal selbst zu lenken, statt, wie dies heute in Genf (Sitz des Völkerbundes, Anm.) geschieht, die wichtigen europäischen Entscheidungen Südamerikanern und Asiaten überlassen zu müssen". Außerdem müsse der US-amerikanischen Monroe-Doktrin endlich eine europäische gegenübergestellt werden. Denn

Europa hatte die Weltherrschaft, die im 20. Jahrhundert zusammenbrach. Dadurch sei Europa „aus dem Mittelpunkt der Welt" hinausgedrängt worden.

Coudenhove-Kalergis „Pan-Europa" rief geteilte Reaktionen hervor. Einerseits gab sein Werk anderen den Anstoß, sich ebenfalls über die Einigung Europas Gedanken zu machen, wie etwa dem französischen Außenminister Aristide Briand, der am 1. Mai 1930 seine „Bundesordnung für Europa" vorstellte. Andererseits stieß das „Pan-Europa"-Konzept auf Skepsis, wenn nicht sogar auf Ablehnung. Insbesondere in Deutschland konnten sich nur wenige für „Pan-Europa" begeistern. Der Grund dafür liegt in der Ablehnung Coudenhove-Kalergis für Grenzänderungen. Er vertrat die Auffassung, daß „die Änderung der heutigen Grenzen nur durch einen allgemeinen Krieg und Ruin" möglich sei. Stabile Grenzen seien möglich, gerechte hingegen nicht. Damit stand er im Widersprich sowohl zur deutschen Politik als auch zum Großteil der Bevölkerung, die gerade in der Revision des Versailler Diktats und der Wiederherstellung der Vorkriegsgrenzen das Hauptziel der deutschen Außenpolitik sahen. Der Ausschluß Rußlands, mit dem sich Deutschland in den 1920er Jahren in einer Phase der Annäherung befand, war der Unterstützung seiner Ziele ebenfalls nicht förderlich. Der zweite Paneuropa-Kongreß im Mai 1930 in Berlin fand ohne einen Vertreter der deutschen Regierung statt.

Neben fragwürdigen Zielsetzungen lag der zweite wesentliche Grund, daß „Pan-Europa" nicht den von Coudenhove-Kalergi erhofften Erfolg brachte, in seiner autoritären Persönlichkeitsstruktur. Auch die Diffamierung der Gegner seines Konzepts als „Anti-Europäer" dürfte ebensoviele verschreckt haben wie der vorgeschlagene Weg zu dessen Verwirklichung: „Propaganda, Propaganda, Propaganda!" Sowohl die Wortwahl als auch der missionarische Eifer Coudenhove-Kalergis dürften wohl so manchen seiner Zeitgenossen an die bolschewistische Revolution 1917 in Rußland erinnert haben.

Weniger von der „russischen Gefahr", sondern von der immer schwieriger werdenden außenpolitischen Lage Frankreich getragen sind die europapolitischen Erwägungen des französischen Außenministers Aristide Briands. Einerseits war Paris ab Mitte der 1920er Jahren in seiner Rolle des Gendarmen gegenüber Deutschland zunehmend isoliert, andererseits zeigten Großbritannien und die USA immer mehr Verständnis für die deutschen Forderungen nach einer Revision des Versailler Diktats. Denn Washington und London wollten ein von Frankreich beherrschtes Europa verhindern. Der 1926 geschlossene Vertrag von Locarno, in dem das Deutsche Reich seine Westgrenze garantierte, erfüllte das außerordentlich hohe Sicherheitsbedürfnis der Franzosen offenbar nicht. Zudem wurden Deutschland durch die Verständigungspolitik seines Außenministers Gustav Stresemann in kleinen Schritten, etwa durch die Aufnahme in den Völkerbund und Ablösung der Kontrollkommission, Zugeständnisse gemacht. Das führte neben der wirtschaftlichen Erholung vor allem zur Stärkung des außenpolitischen Gewichts Deutschlands.

Briand, der auch Ehrenpräsident von „Paneuropa" war, erkannte in dieser Situation, daß die französischen Interessen am ehesten durch ein gesamteuropäisches Sicherheitssystem, in das auch Deutschland eingebunden war, gewahrt werden können. „Solange zwischen Deutschland und Frankreich eine Situation herrscht, in der Frankreich nach Gutdünken handeln kann, wird es keine Möglichkeit ernsthafter Zusammenarbeit oder wahren Frieden geben", erklärte er am 31. Juli 1929.

Wenige Wochen später, am 5. September 1929, forderte Briand, nun auch Ministerpräsident, in seiner Rede vor der zehnten Völkerbundversammlung dazu auf, über einen europäischen Zusammenschluß nachzudenken. Die Rede vor dem Völkerbund enthielt zwar keine genauen Pläne für den Aufbau einer „europäischen Union", sondern war eher eine Bestandsaufnahme. Als das dringendste Problem, das zu behandeln sei, betrachtete er die wirtschaftliche Lage. Dennoch war seiner Ansicht nach auch eine politische und soziale „föderative Verbindung" notwendig.

Aristide Briand (1862–1932)

Genaue Pläne für die Ausgestaltung eines europäischen Zusammenschlusses enthielt das von Briand am 1. Mai 1930 veröffentlichte „Memorandum über die Organisation einer europäischen Bundesordnung". Seiner Ansicht nach waren alle europäischen Staaten der einstimmigen Meinung, „eine Art von Bundesverhältnis" zu errichten. Der „Grundsatz einer moralischen europäischen Einheit" sei also „bereits festgelegt".

Das „wesentliche leitende Organ" sollte die „Europäische Konferenz" sein, die aus Vertretern der Regierungen besteht. Zur Bewahrung vor dem „Übergewicht irgendwelcher Einzelmacht" müßte der Vorsitz jährlich wechseln. Die Parallelen zum Europäischen Rat, der aus den europäischen Staats- und Regierungschefs besteht und der die politische Richtung der EU vorgibt, sind unübersehbar.

Den „europäischen „Verband" betrachtete der 1926 gemeinsam mit dem deutschen Außenminister Stresemann mit dem Friedensnobelpreis ausgezeichnete Staatsmann nicht als Konkurrenz, sondern als Ergänzung zum Völkerbund. Denn dieser würde „stets in Verbindung mit dem Völkerbund erfolgen als ein Element des Fortschritts, das auch ihm zugute kommt, und aus dem auch die außereuropäischen Nationen Nutzen ziehen könnten". Nicht nur, daß es „tatsächlich gewisse Fragen gäbe, die Europa besonders angehen". Es bestünde darüber hinaus in Europa das „Bedürfnis nach einem besonderen, schnelleren und unmittelbareren Vorgehen im Interesse des Friedens". Dabei könnten die Europäer auf den „Vorteil eines besonderen Sachverständnisses" zurückgreifen, der „auf ihre Gleichartigkeit auf dem Gebiet der Technik und auf ihre gemeinsame Zivilisation zurückzuführen" sei.

Welche genauen Rechte die Einzelstaaten an die mit Rechtspersönlichkeit ausgestattete „europäische Union" abtreten sollen, sagt Briand nicht. Allerdings ist davon auszugehen, daß dem Franzosen ein lockerer Staatenbund vorschwebte. Denn die Verständigung zwischen den europäischen Staaten müsse „auf dem Boden unbedingter Souveränität und völliger politischer Unabhängigkeit erfolgen". Durch die Wahrung der Souveränitätsrechte und durch „Achtung der Überlieferungen und der Eigenart eines jeden Volkes", so Briands Schlußfolgerung, fände jede Nation Gelegenheit „zur Mitarbeit am gemeinsamen Werk". An anderer Stelle heißt es in Brands Memorandum, daß der Bund „auf der Grundlage des Gedankens der Einigung, nicht der Einheit" beruhen müsse. Es müsse „elastisch genug sein, um die Unabhängigkeit und die nationale Souveränität eines jeden Staates zu wahren, aber allen den Vorteil kollektiver Sicherheit bei der Regelung politischer Fragen gewährleistet".

Die Stabilisierung der politischen Landschaft Europas und die Friedenssicherung waren neben wirtschaftlichen Überlegungen die Hauptziele von Briands „europäischer Union". Wie eine Generation später die Gründerväter der Montanunion, der Vorläuferin der heutigen EU, ging auch Briand davon aus, daß zwischen Frieden und wirtschaftlichem Wohlergehen wechselseitige Beziehungen bestehen. So war er der Auffassung, daß die „herrschende Unausgeglichenheit" des Wirtschaftslebens den europäischen Frieden in „politischer wie in wirtschaftlicher und sozialer Hinsicht" bedrohe. Daraus schloß er auf die „Notwendigkeit, ein ständiges System vertraglich festgelegter Solidarität für die rationelle Gestaltung Europas zu schalten". Dies ergäbe sich „schon allein aus den Bedingungen für die Sicherheit und das Wohl der Völker, die durch ihre geographische Lage berufen sind, in diesem Erdteil in tatsächlicher Solidarität miteinander zu stehen".

Im „Mangel an Zusammenhalt der materiellen und moralischen Kräfte Europas" und der mit ihm einhergehenden „Zersplitterung der Kräfte" ortete Briand ein Hindernis für die Entwicklung der Wirtschaft. Die Gefahren der „Zerstückelung", die zu Krisen auf dem Arbeitsmarkt und in weiterer Folge zu „politischen und sozialen Schwankungen" führen können, seien durch die „große Ausdehnung der neuen Grenzen" durch die Pariser Vorortverträge noch vergrößert worden. Die Umwälzungen nach dem Ersten Weltkrieg hatten die Anzahl der europäischen Staaten fast verdoppelt und rund 20.000 Kilometer neue Grenzen entstehen lassen.

Dennoch sollte beim Aufbau einer neuen europäischen

Ordnung Wirtschaftsprobleme den politischen Problemen untergeordnet werden. Bei einer umgekehrten Reihenfolge würden sich die „schwächeren Nationen ohne Bürgschaften und Ausgleiche der Gefahr der politischen Beherrschung aussetzen, die sich aus einer Herrschaft der industriell stärker organisierten Staaten ergeben könnten". In diesem Punkt ist Briand wohl zu blauäugig: Sowohl Vergangenheit als auch Gegenwart zeigen, daß politisch und/oder wirtschaftlich unbedeutende Staaten nur in den seltensten Fällen bei der Durchsetzung ihrer Anliegen erfolgreich sind.

Briands Vorstellungen von der wirtschaftlichen Zusammenarbeit kommen der heutigen EU sehr nahe. Neben der Errichtung eines gemeinsamen Marktes fordert er die „methodische Vereinfachung des Güter-, Kapital- und Personenverkehrs". Nur die Bedürfnisse der nationalen Verteidigung eines jeden Staates werden als höherrangig betrachtet.

Briands Memorandum sorgte ebenso wie seine Rede vor dem Völkerbund für Gesprächsstoff. Bis heute ist nicht geklärt, ob es dem französischen Außenminister um die Hegemonie für Frankreich oder um Gleichberechtigung für alle ging. Einerseits hätte die Umsetzung von Briands Vorschlägen das Versailler System einzementiert. Andererseits gab das demographische Ungleichgewicht gegenüber Deutschland für die Franzosen Anlaß zu Besorgnis. Vor der Veröffentlichung des Memorandums hatte der Generalsekretär im französischen Außenministerium, Berthelot, gewarnt, „daß das Gewicht von 70 Millionen Deutschen das von 40 Millionen Franzosen erdrücken müsse". Erschwert wurde die Ausgangslage für Paris auch dadurch, daß sich unter den 27 potentiellen Mitgliedern für den europäischen Zusammenschluß nur vier offizielle

Verbündete Frankreichs befanden. Für die Gleichberechti-
gungsthese spricht, daß Briands Vorschlag der bewußten
Einbeziehung Deutschlands eine deutliche Abkehr von
der bisherigen Politik Frankreichs, Deutschland zu kontrollieren, bedeutet hätte.

Die Reaktionen kleinerer Länder auf das Memorandum
waren größtenteils positiv, es gab nur kritische Bemer-
kungen zu einzelnen Details. Meist wurde angemerkt, daß
wirtschaftlichen Fragen der Vorrang einzuräumen sei. In
Ostmitteleuropa und am Balkan dominierte die Sorge um
die Grenzen.

Die deutschen Reaktionen auf das Memorandum waren
dagegen eher negativ, Zustimmung kam nur von den Sozialdemokraten. Die Rechtsparteien kritisierten den in Teil
III geforderten Primat der Politik. Daraus schlossen sie,
daß die Umsetzung des Memorandums deutschen Interessen wie etwa einer Lockerung der Rüstungsbestimmungen
oder der Rückkehr des Saargebietes zuwiderliefe. Weitere
Kritik richtete sich gegen die Ausgrenzung Rußlands, mit
dem sich Berlin in den späten 20er Jahren, auch als Folge des Vertrags von Rapallo, auf einem Annäherungskurs
befand. Einwände bezogen sich auch auf die Abhängigkeit
Deutschlands von US-Finanzquellen.

Bernhard Wilhelm von Bülow, der vier Tage nach
Eingang des Memorandums Staatssekretär im Auswärtigen Amt wurde, gehörte zu dessen schärfsten Kritikern.
Er weist auf das Übergewicht Frankreichs innerhalb einer
europäischen Föderation hin, durch die territorialen und
anderen Auflagen des Versailler Diktats verewigt werden
könnten. Zudem sei es Briands Plan, Deutschland von
Rußland und den USA abzuschnüren. „Der Zweck der
ganzen Union dürfte sein, uns neue Fesseln anzulegen",
schloß von Bülow.

Großraum Europa

Großgermanien: Neuordnung Europas
nach ethnischen Merkmalen

Europa spielte für die Nationalsozialisten anfangs keine besondere Rolle. Erst langsam und schrittweise, einhergehend mit der Festigung und Ausweitung der Herrschaft, nahmen die Vorstellungen der Nationalsozialisten genauere Formen an.

In „Mein Kampf" hatte Hitler noch von einem Bund mit England und Italien geschrieben, der Frankreich seiner Stellung als Hegemonialmacht über Europa berauben soll. In der Mitte Europas sollte ein Reich aller Deutschen entstehen, dessen Grenzen sich mit jenen des Heiligen Römischen Reiches Deutscher Nation decken und somit auch die damalige Tschechoslowakei mit einschließen sollte.

Ein Jahrzehnt später, 1934, sprach Hitler von einem „stählernen Kern", dem neben Deutschland auch Österreich, die Tschechoslowakei und Westpolen angehören sollten. Um diesen Kern herum sollte eine Ring von Bündnissen entstehen: Ein „Ostbund", bestehend aus dem Baltikum, den Balkanstaaten, der Ukraine, Wolgaland und Georgien; ein „Westbund" aus Holland, Flandern und Nordfrankreich sowie ein „Nordbund", dem Dänemark, Norwegen und Schweden angehören sollten.

Alfred Rosenberg formulierte ebenfalls 1934 sein Konzept von einem „organischen Zentraleuropa". Der „Parteiideologe" der NSDAP sah die künftige Struktur Europas als Ergebnis eines Viermächtepaktes, bestehend aus den nationalsozialistischen Bewegungen Deutschlands, Frankreichs, Italiens und Englands. Die Ostseestaaten Finnland, Estland, Lettland, Litauen sowie der Donauraum sollten das „organische Zentraleuropa" vervollständigen.

Nach den erfolgreichen Blitzkriegen 1940/41 wurden die weitestreichenden Pläne für die Neuordnung Europas gemacht. Es wurde über die Eingliederung Dänemarks, Norwegens, der Niederlande und Belgiens in ein Großgermanisches Reich diskutiert, denn Hitler wollte mit dem „Kleinstaatengerümpel" aufräumen. Für Werner Daitz, Mitglied des Außenpolitischen Amtes und auch der Reichsleitung, war die Bevölkerung dieser Region genauso germanisch wie die deutsche: „Wohl hat der Entwicklungsprozeß des nordischen Menschen uns in Engländer, in Holländer, in Norweger, in Schweden, in Dänen, in Isländer, in Finnen, in Deutsche geschieden. Aber unter der Oberfläche pulst immer das gleiche Blut", schrieb er bereits 1936 in „Wikingertum – ein Grundelement nordischer Rassenseele".

Zu einem ganz ähnlichen Ergebnis kam eine Studie der Seekriegsleitung vom 3. Juni 1940, die für die Angliederung Belgiens und eines Teils von Nord- und Ostfrankreich an das Reich eintrat. Kleinere Staaten wie die Niederlande, Dänemark oder Norwegen sollten zwar formell unabhängig bleiben, aber dem Einfluß des Reiches unterliegen. Weniger Freiheiten sollten dagegen den südosteuropäischen Völkern, die von der Reichsfestung Belgrad kontrolliert werden sollten, zugestanden werden.

Die verschiedenen nationalsozialistischen Europapläne zeigen zwei Stoßrichtungen auf: Einerseits sollte das deutsche (germanische) Siedlungs- und Einflußgebiet deutlich vergrößert werden und andererseits sollte ein großeuropäischer Wirtschaftsraum verwirklicht werden.

170

Heinrich Himmler (links): Der Reichsführer SS wollte das slawische Osteuropa mit germanischen Siedlern kolonisieren

Heinrich Himmler, der als Reichsführer SS für die Neuordnung Ost- und Mitteleuropas verantwortlich war, gab Ende 1941 bei der Gruppe III B des Reichssicherheitshauptamtes (RSHA) einen Plan („Generalplan Ost") zur Verwirklichung der vorgesehenen bevölkerungspolitischen Maßnahmen in den besetzten Ostgebieten in Auftrag.

Der Generalplan Ost sah insbesondere die Verschiebung der Grenzen des deutschen Siedlungsgebietes um tausend Kilometer ostwärts vor. Zusätzlich zu dieser „Volkstumsgrenze" sollte eine weitere Grenze, die sogenannte Wehrgrenze, östlich entlang des Ural verlaufen. Durch die Verbindung der „nördlichen und südlichen Richtung der historischen Germanenzüge zu einem in der Mitte geschlossenen Raum" solle „endgültig die europäische Kultur gesichert werden".

171

Aufgrund der Weiträumigkeit der besetzten Ostgebiete sollten vorerst „Siedlungsmarken" und 36 „Siedlungsstützpunkte" errichtet werden, die eine „besondere Reichsaufgabe" zu erfüllen hätten, wie der Verantwortliche für den Generalplan Ost, Konrad Meyer, schrieb. Denn in „vollkommen fremder Umwelt soll deutsches Volkstum mit dem Boden verwurzelt und in seinem biologischen Bestand für die Dauer gesichert werden". Dafür vorgesehen war der „Gotengau" (Halbinsel Krim), das „Ingermanland" (Gebiet um St. Petersburg) sowie das Memel-Narew-Gebiet.

Die ländliche Bevölkerung in den Marken und Siedlungsstützpunkten sollte dem Generalplan Ost zufolge rund 2,9 Millionen Menschen betragen, jene in den Städten etwa 4,3 Millionen. Weil vorerst nur anderthalb Millionen Siedler aus dem „Altreich" veranschlagt waren, sollten auf dem Land 1,8 Millionen Menschen und in den Städten 2,2 Millionen der jeweils ansässigen Bevölkerung in einem Zeitraum von 25 bis 30 Jahren „eingedeutscht" werden. Laut Generalplan Ost galt die Eindeutschung als vollzogen, „wenn einmal der Grund und Boden in deutsche Hand überführt worden ist, zum anderen, wenn die beruflichen Selbständigen, die Beamten, Angestellten, die gehobenen Arbeiter und die dazu gehörigen Familien deutsch sind".

Die zur Umsetzung des Generalplans Ost veranschlagten 66 Milliarden Reichsmark sollten aus dem ordentlichen Reichshaushalt, Krediten auf dem Kapitalmarkt oder aus Reparationsleistungen der besiegten Gegner lukriert werden. Für die erforderlichen Aufbauarbeiten sollten Kriegsgefangene und „fremdvölkische Arbeitskräfte" zum Einsatz kommen. Anzumerken ist, daß all jene „Fremdvölkischen", die aufgrund der „sinnvollen Auslese nach dem

Leistungsprinzip" als nicht eindeutschungsfähig erachtet
würden, wohl keinem guten Schicksal entgegen gegangen
wären.

Die zweite Schiene nationalsozialistischer Europapläne befaßte sich mit der Verwirklichung eines europäischen (Wirtschafts-) Großraums. Ernährungsminister
Herbert Backe (1896 bis 1947) meinte 1942, daß „nicht
die Autarkie jedes einzelnen europäischen Staates die
Aufgabe sei, die die Zukunft stellt, sondern die Autarkie
des Großraumes Kontinentaleuropa". Werner Daitz, In-
dustrieller und Leiter der „Zentralstelle für europäische
Großraumwirtschaft", stellte eine Verbindung zwischen
dem wirtschaftlich-politischen Großraumkonzept und
der Lebensraum-Theorie her: „Ein echter Großraum ist
der natürliche Lebensraum einer Völkerfamilie, in dem
diese aus eigener Kraft zu leben vermag. Volkstum und
Völkerfamilie sind der alleinige Urquell der politischen,
wirtschaftlichen, kulturellen und rechtlichen Ordnung im
Klein- und Großlebensraum".

Für Daitz war klar, daß Deutschland die Führung des
europäischen Großraums zustand, wie er 1940 betonte:
„Wenn wir den europäischen Kontinent wirtschaftlich
führen wollen, so dürfen wir aus verständlichen Gründen
dies nicht als eine deutsche Großraumwirtschaft öffentlich
deklarieren. Wir müssen grundsätzlich immer von Europa
sprechen, denn die deutsche Führung ergibt sich ganz von
selbst und aus dem politischen, wirtschaftlichen, kulturellen, technischen Schwergewicht Deutschlands und seiner
geographischen Lage".

Daitz ordnete die Welt in sechs Großlebensräume, die er
zu drei Paaren zusammenfaßte: „Großostasien" bestand aus
dem ostasiatischen und dem indisch-malaiischen Großlebensraum, „Großamerika" aus Nord- und Südamerika und

„Großeuropa" aus einem „natürlichen Kernlebensraum" von Gibraltar bis zum Ural und vom Nordkap bis zur nordafrikanischen Küste sowie aus den beiden „natürlichen Ergänzungsräumen" Afrika und Westsibirien.

Als Vorbild für die nationalsozialistische Großraum-Theorie dürfte wohl die „Großostasiatische Wohlstandssphäre" unter der Führung des Verbündeten Japan gedient haben. Interessant ist, daß 1940 in einem Vertrag zwischen dem Deutschen Reich, Italien und Japan statt von einem „Großraum Europa" nur von einer „Neuen Ordnung und Führung in Europa" durch Deutschland und Italien die Rede war. In der Präambel dieses Vertrages (RGBl. Teil II 279 f) heißt es, daß die Regierungen von Deutschland, Italien und Japan es als Voraussetzung für einen dauerhaften Frieden ansehen, „daß jede Nation der Welt den ihr gebührenden Raum erhält". Deshalb haben sie beschlossen, bei ihren Bestrebungen im groß-ostasiatischen Raum und in den europäischen Gebieten „Seite an Seite zu stehen und zusammenzuarbeiten, wo es ihr vornehmlichstes Ziel ist, eine neue Ordnung der Dinge zu schaffen und aufrecht zu erhalten, die geeignet ist, Gedeihen und Wohlfahrt der dortigen Völker zu fördern". Dem folgend anerkennt und respektiert Japan in Artikel 1 die Führung Deutschlands und Italiens bei der Schaffung einer neuen Ordnung in Europa. Und umgekehrt verpflichten sich in Artikel 2 Deutschland und Italien die Führung Japans bei der Schaffung einer neuen Ordnung im groß-ostasiatischen Raum anzuerkennen und zu respektieren.

Werner Best (1903 bis 1986), zuerst in der Verwaltung des besetzten Frankreichs und ab 1942 als „Reichsbevollmächtigter" für das besetzte Dänemark tätig, definierte den Großraum als „denjenigen Raum, der von einem staatlich organisierten Volke über seinen Volksraum hinaus bewußt zu einer Einheit gestaltet und gegenüber anderen vorhandenen oder möglichen Großräumen abgegrenzt und zu ihnen in Beziehung gesetzt wird". Auf dem aufbauend entwickelte er ein vierstufiges Verwaltungsmodell für den „Großraum Europa". Die „Bündnisverwaltung" gewährte formelle Selbständigkeit, aber das betreffende Volk müsse den Richtlinien des „Führungsvolkes" – in diesem Fall

Adolf Hitler in Paris: Nach den Blitzkriegen wurden Pläne über die Neugestaltung Europas unter deutscher Führung gewälzt

Deutschland – folgen. Die „Aufsichtsverwaltung" sah eigene Regierungsorgane, aber Statthalter des Führungsvolkes vor. Bei der „Regierungsverwaltung sollte die gesamte
zentrale Verwaltung von Vertretern des Führungsvolkes
ausgeübt werden und die „Kolonialverwaltung" gewährte
dem besetzten Volk keinerlei Mitwirkungsrechte.

Den wohl kühnsten Plan stellte die „Gesellschaft für
Europäische Wirtschaftsplanung und Großraumwirtschaft" in einer Denkschrift vor: Der europäische Großraum müsse „sämtliche Völker des Festlandes von Gibraltar bis zum Ural und vom Nordkap bis zur Insel Zypern
mit ihren natürlichen kolonisatorischen Ausstrahlungen
in den sibirischen Raum und über das Mittelmeer nach
Afrika hinein" umfassen.

Die völkerrechtliche Untermauerung des Großraum-
konzepts stammt vom bekannten Philosophen und Staatsrechtler Carl Schmitt (1888 bis 1985). Bei einem Vortrag
in Kiel unter dem Titel „Völkerrechtliche Großraumordnung mit Interventionsverbot für raumfremde Mächte"
begründete er 1939 die Entstehung von Großräumen mit
dem Verschwinden der Ordnung souveräner Staatlichkeit.
Schmitt vertrat die Auffassung, daß nicht länger der Staat
das entscheidende Raumordnungsprinzip sei, sondern daß
mittlerweile mehrere Großräume existierten, in denen jeweils ein Reich als politisch führende Macht agiere. Seine
These leitet Schmitt aus der Monroe-Doktrin der USA ab,
die zu einer Hierarchisierung der Völkerrechtssubjekte
und zu einem Interventionsverbot für raumfremde Mächte
geführt habe.

Zur Großraumordnung führt Schmitt aus, daß diese
zum Begriff des Reiches als führender und tragender Macht
gehöre: „Reiche in diesem Sinn sind die führenden und tragenden Mächte, deren politische Idee in einem bestimm-

ten Großraum ausstrahlt und die für diesen Großraum die Intervention fremdräumiger Mächte grundsätzlich ausschließen. Der Großraum ist natürlich nicht identisch mit dem Reich in dem Sinne, daß das Reich der von ihm vor Interventionen bewahrte Großraum selber wäre; und nicht jeder Staat oder jedes Volk innerhalb des Großraums ist selber ein Stück Reich, so wenig wie jemand bei der Anerkennung der Monroe-Doktrin daran denkt, Brasilien oder Argentinien zu einem Bestandteil der Vereinigten Staaten von Amerika zu erklären"

Daher tritt Schmitt für ein mehrere Staaten überwölbendes und diese teilweise ersetzendes Raumgebilde ein, das in seiner Stellung über den Staaten stehe. Die Ähnlichkeit zur Metapher von der EU als „Dach" des europäischen Gebäudes ist unübersehbar. Nach Schmitt lägen die Ursachen für die Entstehung eines Großraums im „technisch-industriell-wirtschaftlich-organisatorischen Bereich" und damit in einen Bereich, der für die Gründung der Europäischen Gemeinschaften eine Rolle gespielt hat.

Während andere Europapläne durch den ab 1943 für Deutschland ungünstigen Kriegsverlauf nicht verwirklicht werden konnten, funktionierte das „Zentralclearing" bis zum Zusammenbruch des Dritten Reiches. Dabei handelte es sich um einen Mechanismus zur zentralen Steuerung der internationalen Transaktionen der mit dem Deutschen Reich verbündeten oder von ihm abhängigen Staaten. Die Verrechnung zu festgelegten, langfristig stabilen Umrechnungssätzen, die auf der Reichsmark als Bezugsgröße basierten, sollte einen reibungslosen Zahlungsverkehr der beteiligten Länder sicherstellen, wie Reichswirtschaftsminister und Reichsbankpräsident Funk 1940 erklärte. Dahinter stand die Absicht, von der damals international üblichen Golddeckung der Währung abzukehren und ihren Wert vom Wert, der ihr der Staat bzw. im Clearingsystem die staatlich gelenkte Wirtschaft gibt, abhängig zu machen.

Eine weitere Annahme war, daß, weil die Währung das Sekundäre und die Wirtschaftsführung das Primäre sei, es ohne eine gesunde Wirtschaft auch keine gesunde Währung geben könne. Folglich würde sich durch die Einführung des Clearings „im Rahmen einer gesunden europäischen Wirtschaft und einer vernünftigen wirtschaftlichen Arbeitsteilung zwischen den europäischen Volkswirtschaften" die Währungsfrage „von selbst" lösen, weil diese dann nur noch ein Problem der „richtigen Geldtechnik" wäre. Bei der wirtschaftlichen Neuordnung Europas sollten freilich deutsche Interessen vorrangig behandelt werden. Denn Funk sagte auch, dass die „kommende Friedenswirtschaft dem Großdeutschen Reich ein Maximum an wirtschaftlicher Sicherheit garantieren und dem deutschen Volke ein Maximum an Güterverbrauch zur Erhöhung der Volkswohlfahrt garantieren müsse.

Das Zentralclearing sollte, so die Planungen, nach dem Ende des Krieges auf die Friedenswirtschaft angewendet werden. Funk meinte, daß bei Beibehaltung des Zentralclearings nach Kriegsende eine „mit Sicherheit" zu erwartende allgemeine Wirtschaftsbelebung eine Ausdehnung des Geldumlaufs auch in jenen Ländern bedingen werde, „die bisher an der orthodoxen Notenbanktheorie festgehalten haben, die ja auf der Golddeckungstheorie und dem Goldautomatismus beruhte". Aufgrund der Abkehr von der bisher verfolgten Geldpolitik werde sich das Preisniveau dieser Länder dem deutschen annähern müssen. Aber diese „Währungsunion" – dieser Begriff wird auch in der heutigen EU verwendet – ermögliche allmählich einen angeglichenen Lebensstandard, und dieser werde auch in Zukunft nicht in allen dem europäischen Clearing angeschlossenen Ländern der gleiche sein können und dürfen, weil hiefür die sozialen und wirtschaftlichen Voraussetzungen fehlten. Das Argument, eine möglichst enge Verzahnung der europäischen Volkswirtschaften hebe den Lebensstandard, ist übrigens heute oft in Brüssel oder in Frankfurt, dem Sitz der Europäischen Zentralbank, zu hören.

Neben einer gewissen Bevorzugung der deutschen Wirtschaft war das Clearing von der Idee der kontinentalen Autarkie getragen. Dabei wurde der Begriff Autarkie jedoch weniger im Sinne einer wirtschaftlichen Abschottung verstanden, sondern als Maßnahme zur Aufrechterhaltung des wirtschaftlichen Handlungsspielraumes. Weil Europa, wie Funk sagte, „immer gewisse Produkte fehlen werden", müsse darauf geachtet werden, „daß möglichst alle diejenigen Produkte im europäischen Wirtschaftsraum ausreichend vorhanden sind, die diesen Wirtschaftsraum wirtschaftlich unabhängig von anderen Räumen machen". Bei jenen Produkten, die nach Europa eingeführt werden müssen, sollte außerdem darauf geachtet werden, daß durch eine entsprechende Bevorratung eine Abhängigkeit in Krisenzeiten vermieden wird.

Durch die Zusammenarbeit auf allen Gebieten der Wirtschaftspolitik müsse, so Funk, eine „Stärkung des wirtschaftlichen Gemeinschaftsgefühls unter den europäischen Völkern herbeigeführt werden". Durch die „Wirtschaftssolidarität der europäischen Staaten" könne Europa beim Handel mit außereuropäischen Partnern „das volle wirtschaftliche Gewicht des Kontinents in die Waagschale werfen" und auf diese Weise besser seine Interessen vertreten.

Der Beginn der europäischen Integration

Vom Zweiten Weltkrieg zur Montanunion

Bald nach dem Ende des Zweiten Weltkriegs, als weite Teile Europas in Trümmern lagen und sich die Teilung des Kontinents abzuzeichnen begann, sorgte am 19. September 1946 der britische Kriegspremier Winston Churchill für Aufsehen. In Zürich forderte er in einer „Rede an die akademische Jugend" die Bildung einer „Art Vereinigte Staaten von Europa", wo er sich auf Coudenhove-Kalergis „Paneuropa" und auf das Wirken des „berühmten französischen Patrioten und Staatsmannes" Aristide Briand bezog.

Von Europa sprach Churchill als der „Heimat aller großen Muttervölker der Welt", der „Quelle des christlichen Glaubens" und dem „Ursprung fast aller Kulturen und Künste" des Altertums und der Neuzeit. Wenn ein jemals vereintes Europa imstande wäre, sich das gemeinsame Erbe zu teilen, „dann genössen seine drei- oder vierhundert Millionen Einwohner Glück, Wohlstand und Ehre in unbegrenztem Ausmaße".

Keinen Zweifel läßt der bekannte Deutschenhasser, wer für die „Tragödie Europas" verantwortlich sei: „Die teutonischen Nationen in ihrem Machtstreben". An anderer Stelle sagte er, „daß die beiden Weltkriege, die wir miterlebt haben, der eitlen Leidenschaft eines neu vereinigten Deutschlands (1870/71, Anm.) entsprungen sind, welches die dominierende Rolle in der Welt spielen wollte. Aber

181

die „Versklavung Europas" und der „Rückfall ins finstere Mittelalter" seien erspart geblieben, weil „die große Republik jenseits des Atlantischen Ozeans" eingegriffen habe.

Bemerkenswert ist aber, daß Churchill – im Gegensatz zu den heutigen Vergangenheitsbewältigern – für einen „Akt des Vergessens" eintritt. Nachdem Deutschland seiner Macht beraubt werden soll, sich zu bewaffnen und einen „Angriffskrieg" zu entfesseln, müsse die Vergeltung ein Ende haben. Hintergrund dieses recht versöhnlichen klingenden Tones gegenüber dem Besiegten war jedoch nicht eine Haltungsänderung, sondern die Bedrohung Europas durch die Sowjetunion.

Als ersten Schritt zur „Neuschöpfung einer europäischen Völkerfamilie" schlägt Churchill eine Partnerschaft zwischen Frankreich und Deutschland vor. Unter „Partnerschaft" versteht er entgegen der Beutung dieses

Winston Churchill verspielte Englands weltpolitische Rolle

Begriffes keine Gleichberechtigung, sondern vielmehr ein Mittel zur Niederhaltung Deutschlands. Denn nur durch eine Partnerschaft könne Frankreich seine „moralische und kulturelle Führungsrolle" in Europa wiedererlangen. Zwar spricht Churchill davon, daß es „ohne ein geistig starkes Frankreich und ein geistig starkes Deutschland" kein Wiederaufleben Europas gäbe. Aber politisch sollte Deutschland bedeutungslos sein. Zu diesem Zweckt schlägt er den freiwilligen Zusammenschluß der „alten Staaten und Fürstentümer Deutschlands" vor, die in einem föderalistischen System innerhalb der Vereinigten Staaten von Europa „ihre individuellen Stellungen" einnehmen könnten.

Auf den genauen Aufbau der „Vereinigten Staaten von Europa" ging Churchill nicht ein, meinte aber, daß der „erste praktische Schritt" die Bildung eines „Europarates" wäre. Der Brite betrachtete die „Vereinigten Staaten von Europa" nur als Zwischenstufe zur Erreichung seines größeren Ziels, die Vereinten Nationen „beständig auszubauen und zu festigen". Unter- und innerhalb einer „weltumfassenden Konzeption" müsse die europäische Völkerfamilie in einer regionalen Organisation zusammengefaßt werden.

Damit verfolgt Churchill den Plan des am 12. April 1945 verstorbenen US-Kriegspräsidenten und Freimaurers Franklin D. Roosevelt weiter, der mit seiner „One World"-Politik die Hegemonie der Vereinigten Staaten über den Planeten festigen wollte. Beruhigend mag für Churchill gewesen sein, daß „sein Freund", der US-Präsident Truman, für einen derartigen Plan sein Interesse zeigte. Der Platz Großbritanniens sollte außerhalb der „Vereinigten Staaten von Europa" liegen. Denn im britischen Commonwealth sah er eine „natürliche Gruppierung" und „stärkste Stütze" der Weltorganisation.

Als erste europäische Organisation auf völkerrechtlicher Grundlage wurde am 5. Mai 1949 von Belgien,
Dänemark, Frankreich, Großbritannien, Irland, Italien,
Luxemburg, der Niederlande, Norwegen und Schweden in
London der Europarat gegründet. Dessen Satzung weist als
wesentliches Ziel die Herstellung einer engeren Verbindung zwischen den Mitgliedstaaten und die Förderung ihres wirtschaftlichen und sozialen Fortschritts aus. Erreicht
werden sollen die Ziele durch die Beratung von Fragen
von gemeinsamem Interesse, durch den Abschluß von Abkommen sowie durch eine „umfassende Zusammenarbeit"
der Staaten. In der Praxis führt der Europarat ein Schatten-
dasein. Das hängt einerseits mit der heute großen Anzahl
seiner Mitglieder – 46 – zusammen, die zum Teil wie die
Türkei oder Aserbaidschan außereuropäische sind. Anderseits entscheiden seine Organe schwerfällig, und Konven-
tionen können nur einstimmig angenommen werden.

Die Neugestaltung Europas nach dem Zweiten Weltkrieg am meisten beeinflußte die „historische Erklärung"
des französischen Außenministers Robert Schuman (1886
bis 1963), die er am 9. Mai 1950 veröffentlichte. Der
9. Mai wird seit 1964 als „Europatag" gefeiert. „Die Vereinigung der europäischen Nationen erfordert, daß der
jahrhundertealte Gegensatz zwischen Deutschland und
Frankreich ausgelöscht wird. Das begonnene Werk muß
in erster Linie Frankreich und Deutschland erfassen", erklärt er programmatisch. Schumann, geboren im damals
deutschen Lothringen, war Vorsitzender der Organisation
des Deutschen Katholikentages 1913 in Metz. Nach der
Annexion Elsaß-Lothringens durch Frankreich nahm er
1919 die französische Staatsbürgerschaft an und vertrat
in der Zwischenkriegszeit als Abgeordneter Lothringen in
der französischen Nationalversammlung.

184

In der „historischen Erklärung" schlägt er vor, „die Gesamtheit der französisch-deutschen Kohle- und Stahlproduktion einer Hohen Behörde zu unterstellen, in einer Organisation, die den anderen europäischen Ländern zum Beitritt offen steht". Durch die Zusammenlegung der Kohle- und Stahlproduktion soll die Schaffung gemeinsamer Grundlagen für wirtschaftliche Entwicklung gesichert und auf diese Weise künftige Kriege zwischen Frankreich und Deutschland nicht nur „undenkbar, sondern materiell unmöglich" gemacht werden. Darüber hinaus sollte die Zusammenlegung der „Grundindustrien" und die Errichtung einer Hohen Behörde „den ersten Grundstein einer europäischen Föderation bilden, die zur Bewahrung des Friedens unerläßlich ist".

Ein knappes Jahr später, am 18. April 1951, wurde dann mit dem Vertrag von Paris die Europäische Gemeinschaft für Kohle und Stahl (EGKS), auch Montanunion genannt, gegründet. Gründerstaaten waren neben Deutschland und Frankreich Belgien, die Niederlande, Luxemburg und Italien. Der Vertrag über die EGKS trat am 23. Juli 1952 in Kraft und war auf 50 Jahre befristet. Innerhalb eines halben Jahrhunderts sollte ein gemeinsamer Markt für die Kohle und Stahle erzeugende Industrie geschaffen, Binnenzölle aufgehoben und Außenzölle angeglichen werden. Die europäische Einigung mit der „Vergemeinschaftung" der (kriegswichtigen) Kohle- und Stahlindustrien der Mitgliedstaaten zu beginnen, erschien wegen der Erfahrungen des Zweiten Weltkrieges durchaus logisch. Andererseits legte die Fixierung des EGKS-Vertrages auf rein wirtschaftliche Belange den Grundstein für die weitere Entwicklung der europäischen Integration, in welcher der Begriff „Markt" mit „Europa" gleichgesetzt wurde.

Deutschland konnte durch die Teilnahme an der EGKS

ein Stück staatlicher Souveränität wiedergewinnen. Denn mit dem Inkrafttreten des EGKS-Vertrages endete die internationale Kontrolle des Ruhrgebietes, die „Internationale Ruhrbehörde" wurde aufgelöst und alle Beschränkungen der deutschen Stahlproduktion fielen weg.

Die politische Bedeutung der EGKS lag darin, daß bei ihr erstmals nationale Hoheitsrechte an eine supranationale (überstaatliche Behörde) übertragen wurden. Die

Robert Schumann (Mitte): Schlug 1950 in seiner „historischen Erklärung" die Gründung der Europäischen Gemeinschaft für Kohle und Stahl vor

Struktur ihrer Organe entspricht im wesentlichen bereits jener der heutigen EU. Die oberste Gewalt wurde durch die „Hohe Behörde" mit Sitz in Luxemburg ausgeübt. Als Bindeglied zwischen den nationalen Regierungen und der Hohen Behörde fungierte der Ministerrat, der bei allen grundsätzlichen Entscheidungen gehört werden mußte. Die „Gemeinsame Versammlung", die als Kontrollorgan eingerichtet war, bestand aus 78 Abgeordneten aus allen Mitgliedstaaten. Obwohl der EGKS-Vertrag die „Gemeinsame Versammlung" auch als „Europäisches Parlament" bezeichnet, handelt es sich dabei um keine Volksvertretung, sondern um einen Vertretertag. Schließlich wurde noch für Streitigkeiten innerhalb der EGKS ein aus neun Richtern bestehenden Gerichtshof eingerichtet.

Der erste Präsident der Hohen Behörde, Jean Monnet (1888 bis 1979), zog am 15. Juni 1953 in seiner Rede vor der Gemeinsamen Versammlung eine erste positive Bilanz: „Wir können heute sagen, daß die ersten europäischen föderativen Organe ordnungsgemäß und wirksam funktionieren." Gleichzeitig legte der enge Vertraute Robert Schumans ein Bekenntnis zu einer „starken Exekutive" ab, das sich bis in die heutigen Tage in Form der beherrschenden Stellung der Europäischen Kommission auswirkt. Außerdem äußerte Monnet den „innigen Wunsch, daß weitere europäische Nationen so wie wir Mitglieder dieser Gemeinschaft werden, indem sie sich mit den gleichen Normen und den gleiche Einrichtungen einverstanden erklären".

Pläne für eine über eine wirtschaftliche Zusammenarbeit hinausgehende Verbindung der europäischen Staaten entstanden zu Beginn der 50er Jahre. Die Mitgliedsländer der EGKS – Deutschland, Frankreich, Italien und die Beneluxstaaten – sollten sich zur „Europäischen Politischen Gemeinschaft" (EPG) und zur Europäischen Verteidigungsgemeinschaft (EVG) vereinigen. Neben dem allgemeinen Ziel der europäischen Integration standen hinter diesen Plänen sicherheitspolitische Überlegungen. Der Kalte Krieg war in seiner ganzen Härte ausgebrochen und im fernen Korea tobte ein Krieg zwischen der „freien Welt" und dem Kommunismus. Und außerdem forderte Washington von den Westeuropäern einen stärkeren Beitrag zu ihrer Verteidigung.

Als Frankreich im Oktober 1950 mit dem Pleven-Plan die Initiative für die Schaffung einer europäischen Verteidigungsgemeinschaft ergriff, sagten die USA ihre Unterstützung zu. Gemäß dem Vertragsentwurf sollten sich die Mitgliedstaaten der EVG „im Rahmen des Nordatlantikpaktes an der westlichen Verteidigung beteiligen" und „die Verschmelzung der Verteidigungsstreitkräfte der Mitgliedstaaten sowie den zweckmäßigen und wirtschaftlichen Einsatz ihrer Hilfsquellen verwirklichen".

Frankreich ging es dabei jedoch in erster Linie um die Kontrolle Deutschlands. Neben der Schaffung eines europäischen Verteidigungsministers, der mit denselben Befugnissen ausgestattet sein sollte wie die nationalen Verteidigungsminister, sah der Plan des damaligen französischen Ministerpräsidenten Pleven auch die Fusion von Mann und Material zu einer europäischen Truppe vor. Dabei sollten allerdings nur Teile der bestehenden nationalen Armeen eingegliedert werden. Weil es damals die Bundeswehr noch nicht gab, hätte Deutschland im Vergleich zu Frankreich, Italien und den Beneluxstaaten keine eigene Armee zur Verfügung gehabt.

Jean Monnet: Der erste Präsident der Montanunion war ein Zentralist

Trotz dieser offenen Benachteiligung der Bundesrepublik zeigte Adenauer für den Plan seines Amtskollegen aus Paris Interesse, und am 27. Mai 1952 wurde von den Außenministern Frankreichs, Deutschlands, Italiens und der Beneluxländer das Abkommen über die Errichtung der Europäischen Verteidigungsgemeinschaft, das dem Vorschlag des Franzosen folgte, unterzeichnet.

Die Verwirklichung der EVG scheiterte, weil sich die französische Nationalversammlung 1954, nachdem die Parlamente Belgiens, Deutschland, Luxemburg und der Niederlande zugestimmt hatten – Italien stand kurz vor der Ratifikation – gegen die Europäische Verteidigungsgemeinschaft ausgesprochen hat. Offiziell begründeten die französischen Abgeordneten ihren Beschluß mit der Übertragung von Souveränitätsrechten, tatsächlich aber dürfte ausschlaggebend gewesen sein, daß Deutschland als gleichberechtigter Partner mit einer eigenen Armee anerkannt geworden wäre.

Ebenfalls an Frankreich scheiterte die Gründung der Europäischen Politischen Gemeinschaft. Nachdem sich die Nationalversammlung gegen die Ratifizierung der EVG ausgesprochen hatte, wurden auch die weiteren Beratungen über die EPG vertagt, ohne daß wieder aufgenommen worden wären. Die EPG war der erste Versuch, eine umfassende politische Integration der europäischen Staaten zu verwirklichen. Als Teilnehmer kamen die sechs Mitglieder der Montanunion in Frage. Deren Außenminister beschlossen am 10. September 1952, daß eine Verfassung für die zu gründende EPG ausgearbeitet werden soll. Im März 1953 wurde dann dem Rat der Montanunion ein 177 Artikel umfassender Verfassungsentwurf vorgelegt.

Dem Verfassungsentwurf zufolge sollte die EPG eine „übernationalen Charakter" haben, unauflöslich sein und sich auf den „Zusammenschluß der Völker und Staaten", der „Achtung ihrer Eigenart" sowie der „Gleichheit der Rechte und Pflichten" gründen. Als „allgemeine Ziele und Aufgaben werden in Artikel 2 des Entwurfs der Beitrag zur Wahrung der Menschenrechte und Grundfreiheiten in den Mitgliedstaaten und – gemeinsam mit den „anderen freien Nationen" – der Schutz der Mitgliedstaaten gegen jede Aggression genannt. Darüber hinaus sollte die EPG auf den Gebieten, die den Bestand, die Sicherheit oder den Wohlstand der Gemeinschaft berühren können, tätig werden und die Koordinierung der Außenpolitik der Mitgliedstaaten zu sichern. Und als Vorwegnahme der 1957 gegründeten Europäischen Wirtschaftsgemeinschaft (EWG) sollte „im Einklang mit der Gesamtwirtschaft der Mitgliedstaaten die Ausweitung der Wirtschaft, die Steigerung der Beschäftigung und die Hebung der Lebenshaltung in den Mitgliedstaaten" gefördert werden, „insbesondere durch fortschreitenden Ausbau eines gemeinsamen Marktes, wobei durch Übergangsbestimmungen oder andere Maßnahmen tiefgreifende und anhaltende Störungen in der Wirtschaft der Mitgliedstaaten zu vermeiden sind".

Als Organe der EPG sah der Verfassungsentwurf ein Zweikammernparlament, bestehend aus einer Völkerkammer, die in direkter Wahl gewählt werden sollte, und einen Senat, der sich aus den von den nationalen Parlamenten gewählten Vertretern zusammensetzte, vor. Die Funktion einer „Regierung" sollte der Europäische Exekutivrat übernehmen, dessen Präsident vom Senat gewählt werden sollte. Weitere Organe waren der Rat der nationalen Minister, über dessen Aufgabengebiet zwischen den Mitgliedern der Montanunion gestritten wurde, ein Gerichtshof und schließlich ein Sozial- und Wirtschaftsrat mit ausschließlich beratender Funktion. Der Vertragsentwurf sah also eine Mischung aus bundesstaatlichen Elementen, dem Parlament und dem Exekutivrat, und konföderativer Elemente wie dem Rat der nationalen Minister vor.

Vom Atlantik bis zum Ural

Charles de Gaulles Vision eines geeinten und politisch starken Europa

In Charles de Gaulle würden „zwei Ideen gegeneinander kämpfen: Frankreich als große Nation und Europa", meinte der deutsche Kanzler Konrad Adenauer, womit er durchaus recht hatte. Der französische Staatsmann forderte bereits am 11. November 1942, also während des Zweiten Weltkriegs, die Europäer auf, „sich auf praktische und dauerhafte Weise miteinander zu verbinden. Andererseits sagte er 1948, daß Frankreich das „physische und moralische Zentrum Westeuropas" sei.

Im Gegensatz zu seinem Vorgänger Georges Clemenceau, der nach dem Ersten Weltkrieg von Rachegelüsten gegen Deutschland getrieben war und der mit dem Versailler Diktat den Grundstein für den Zweiten Weltkrieg legte, war de Gaulle davon überzeugt, daß die Aussöhnung mit dem „Erbfeind" unabdingbare Voraussetzung zur Sicherung der entscheidenden Rolle Frankreichs in Europa sei. Eine solide und dauerhafte Verständigung der beiden Völker sollte der privilegierte Sockel für die künftige europäische Zusammenarbeit sein.

Diese Haltung Deutschland gegenüber ist durchaus bemerkenswert. De Gaulle, 1890 in Lille in eine katholisch-konservative Familie hineingeboren, schlug bereits 1908 die Militärlaufbahn ein, kämpfte im Ersten Weltkrieg in der Nähe von Verdun, befehligte im Mai 1940 die vierte französische Panzerdivision und gründete am

191

25. Juni 1940 in London das Komitee „Freies Frankreich", das gegen die deutsche Besatzung kämpfte.

Jener Form der europäischen Einigung, wie sich in den ersten Nachkriegsjahren mit der 1951 gegründeten „Montanunion" abzeichnete, stand der zu dieser Zeit nicht aktive Politiker de Gaulle kritisch gegenüber. Grund dafür war der supranationale (überstaatliche) Charakter dieser Organisation, während er der Vergemeinschaftung der deutsch-französischen Kohle- und Stahlproduktion grundsätzlich billigte.

Ähnlich verhielt es sich mit de Gaulles Einstellung zu den Römischen Verträgen von 1957, mit welchen die Europäische Wirtschaftsgemeinschaft (EWG) und die Europäische Atomgemeinschaft gegründet wurden. Die wirtschaftliche Zusammenarbeit europäischer Staaten fand seine Zustimmung, während er die unterschwellige, von den Konzeptionen Jean Monnets inspirierte bundesstaatliche Zielsetzung verwarf. Vor allem die der Brüsseler Kommission zugedachte starke Rolle und ihre späteren Versuche, sich als eine Art europäische Kollegialregierung aufzuspielen, erregten seinen Widerspruch. Auf Kosten der Kommission, die de Gaulle als „vaterlandslose Technokraten" bezeichnete, sollte das internationale, zwischenstaatliche Element, etwa in Form von regelmäßigen Ministerkonferenzen, gestärkt werden. Überhaupt entsprach die EWG nicht seinen Vorstellungen, wie er im Dezember 1961 erklärte: „Einer Verständigung zwischen den Völkern hat man irgendein Ding, ein bizarres Etwas, die Integration vorgezogen. Seither ist der Gemeinsame Markt halt so, so".

Bereits im Juni 1947 forderte er in einer Rede in Lille „ein Europa aus freien Menschen und unabhängigen Staaten, das sich als ein Ganzes organisiert, welches jedem

Charles de Gaulle: Seine Vision war ein starkes Frankreich in einem starken und geeinten Europa frei von ideologischer Blockdisziplin

denkbaren Hegemonieanspruch entgegenzutreten und zwischen den beiden rivalisierenden Massen das Element des Gleichgewichts aufzurichten vermag, dessen der Friede nicht entbehren kann". Darin zeigt sich anschaulich der Schwerpunkt in de Gaulles Außen- und Europapolitik: Ein starkes Frankreich und ein starkes geeinigtes Europa, das frei von ideologischer Blockdisziplin ist. Denn „dieses Europa, vom Atlantik bis zum Ural, dieses Europa, dieses ganze Europa, wird für das Schicksal der Welt den Ausschlag geben", erklärte er im November 1959 in Straßburg, womit er gleichzeitig die geographischen und geistig-kulturellen Grenzen Europas umriß. Mit der Formulierung von „Europa vom Atlantik bis zum Ural" wird deutlich, wie sehr der französische Staatsmann die durch den Kalten

Krieg bedingte Blockbildung ablehnte und daß für ihn Rußland ein Teil Europas war. Und darüber hinaus war der General überzeugt, daß die Blockbildung und damit die Teilung des Erdteils nicht von Dauer sein werde: „Die Organisation eines westlichen Zusammenschlusses, der mindestens dem im Osten bestehenden die Waage hält, kann eines Tages die Schaffung der europäischen Verständigung vom Atlantik bis zum Ural in Unabhängigkeit und wechselseitiger Freiheit ermöglichen. Dann würde das nicht länger von überholtem Ehrgeiz und hinfällig gewordenen Ideologien zweigeteilte, sondern das ganze Europa erneut zur entscheidenden Herdstatt der Zivilisation."

Außerdem forderte de Gaulle ein „europäisches Europa", das aus sich selbst und für sich selbst bestehen und in der Welt seine eigene Politik machen müsse. Ein „europäisches Europa" unter der Führung Frankreichs sollte also das „atlantische Europa" unter der Führung der USA ablösen. Dazu brauchte de Gaulle freilich die Unterstützung Deutschlands, dem er die Rolle eines Juniorpartners zudachte. Aus diesem Grund befürwortete er die deutsche Wiedervereinigung, „sobald die Umstände es erlauben".

Die Positionierung sowohl Frankreichs als auch Europas zwischen den beiden Blöcken der USA und der Sowjetunion ist denn auch der Grund, warum de Gaulle – er war 1958 letzter Ministerpräsident der Vierten Republik und von 1959 bis 1969 erster Präsident der Fünften Republik – sich gegen das Bestreben der Briten, der EWG beizutreten, widersetzte. Er hatte den – nicht unbegründeten – Verdacht, daß Großbritannien den USA zu strenge Gefolgschaft leiste. Weiters fürchtete er, Großbritannien könne mit seinen Beziehungen zum Commonwealth die EWG destabilisieren und in einer riesigen Freihandelszone untergehen lassen.

Bei einem Treffen mit Adenauer Ende Juli 1960 auf Schloß Rambouillet präsentierte General de Gaulle dem deutschen Kanzler sein Konzept von einer „Europäischen Politischen Union", das auf der Grundlage einer verstärkten Zusammenarbeit der Regierungen aufbaute. Adenauer stimmte dem Vorschlag des französischen Präsidenten zu, und auf Grundlage dessen beschlossen die Staats- und Regierungschef der damaligen sechs EWG-Mitgliedstaaten, eine Kommission mit dem Entwurf eines Vertrags zur

Charles de Gaulle und Konrad Adenauer: Von der „Erbfeindschaft" zur Partnerschaft

politischen Zusammenarbeit in Europa zu betrauen, die nach ihrem Vorsitzenden, dem französischen Diplomaten Christian Fouchet, benannt wurde.

Im November 1961 lag dann von französischer Seite der Entwurf zur Gründung einer „Union des Etats Europeens", also einer Union europäischer Staaten, vor. Die laut Artikel 1 des Vertragsentwurfs zu gründende Union sollte auf der „Achtung vor der Eigenart der Völker der Mitgliedstaaten und auf ihrer Gleichheit der Rechte und Pflichten beruhen", Rechtspersönlichkeit besitzen und unauflöslich sein. Als Ziele werden in Artikel 2 eine gemeinsame Außenpolitik, die Wahrung der Menschenrechte, Grundfreiheiten und Demokratie, die Zusammenarbeit auf dem Gebiet der Wissenschaft und der Kultur sowie die Sicherheit der Mitgliedstaaten durch eine gemeinsame Verteidigungspolitik genannt. Als Institutionen sah der Entwurf einen Rat, der sich aus den Regierungschefs und Außenministern der Mitgliedstaaten zusammensetzen und viermal jährlich tagen soll vor, sowie ein Europäisches Parlament und eine den Rat unterstützende Politische Kommission vor. Anders als in der heutigen EU sollte wegen der schwachen Stellung der Politischen Kommission die Entscheidungsbefugnis bei den Mitgliedstaaten bleiben.

Ein zweiter Entwurf (Fouchet-Plan II) beschränkte sich auf die Möglichkeit einer Zusammenarbeit ausschließlich zwischen den Regierungen. Die Pläne zu einer engeren politischen Zusammenarbeit scheiterten an den Meinungsverschiedenheiten zwischen Frankreich und den Benelux-Staaten. Paris weigerte sich, Großbritannien an den Verhandlungen teilnehmen zu lassen und war gegen ein supranationales Europa, das de Gaulle als „utopische Konstruktion" und als „Bastardwesen" bezeichnete, während die Benelux-Staaten die gegenteilige Auffassung vertraten. Überhaupt verwies de Gaulle Pläne zur Schaffung eines europäischen Bundesstaates ins Reich der Phantasie: „Sehen Sie, wenn man von großen Dingen spricht, denkt man gern an die Wunderlampe, die Aladin nur zu reiben brauchte, um der Wirklichkeit entrückt zu werden. Doch

196

es gibt keine Zauberformel, die es ermöglichte, etwas so Schwieriges wie ein geeintes Europa zu schaffen. Machen wir daher die Realität zur Grundlage des Gebäudes, und wenn wir diese Arbeit getan haben, können wir immer noch in den Märchen von Tausendundeiner Nacht schwelgen", sagte er bei einer Rede im Mai 1962. Nach dem Scheitern der Fouchet-Pläne schlossen de Gaulle und Adenauer im Januar 1963 den sogenannten Elysee-Vertrag über eine verstärkte deutsch-französische Zusammenarbeit.

Ganz so neu waren die Pläne Fouchets nicht. Bereits ein knappes Jahrzehnt zuvor, 1954, scheiterte das Projekt zur Gründung einer „Europäischen Politischen Gemeinschaft" (EPG) am Widerstand der französischen Nationalversammlung im Rahmen der Ratifizierung der Europäischen Verteidigungsgemeinschaft. Der 117 Artikel umfassende Entwurf übertrug der Gemeinschaft nur sehr eingeschränkte Befugnisse, ließ aber ihre Organe weitgehend unbeeinflußt von nationalen Interessen handeln. Die Hauptaufgaben der EPG wären neben der Koordinierung der Außenpolitik der wirtschaftliche Aufbau der Mitgliedsstaaten gewesen. Dem entsprechend sollte die EPG ein eigenes Zwei-Kammern-Parlament, eine eigene Regierung und einen eigenen Gerichtshof besitzen. Die Finanzierung sollte aus Beiträgen der Mitgliedsstaaten sowie aus Eigenmitteln (Steuern) ermöglicht werden.

Europa sollte also nach de Gaulle weder ein Bundesstaat noch eine Freihandelszone, sondern ein Staatenbund sein. Und die Pfeiler dieses Europa sollten die einzelnen Staaten, die einzigen Inhaber demokratischer Legitimität, sein. Denn es seien „tatsächlich die Staaten, Staaten die gewiß voneinander sehr verschieden sind, von denen jeder seine eigene Seele, Geschichte und Sprache, seine eigenen Mißgeschicke, seinen eigenen Ruhm und Ehrgeiz hat.

Doch es sind Staaten, die einzigen Wesenheiten, die das Recht haben, zu gebieten und die Macht, sich Gehorsam zu verschaffen", erklärte er 1960. Und zwei Jahre später, bei einer Pressekonferenz am 15. Mai 1962, betonte er erneut die für Europa konstitutive Rolle der Staaten: „Europa muß man auf Elementen der Aktion, der Autorität und der Verantwortung aufbauen. Auf welchen? Nun, auf den Staaten! Denn nur die Staaten sind in dieser Beziehung tragfähig, legitim und leistungsfähig. Ich habe schon ein-

Unterzeichnung der Römischen Verträge am 25. März 1957: Die europäische Integration ging in eine Richtung, die de Gaulle entschieden ablehnte

mal gesagt und ich wiederhole: Zur Stunde kann es abgesehen natürlich von Mythen, Fiktionen und Paradestückchen kein anderes Europa als das der Staaten geben. Die Ereignisse in der Wirtschaftsgemeinschaft beweisen dies Tag für Tag, denn die Staaten, nur die Staaten, haben diese Wirtschaftsgemeinschaft errichtet, haben ihr Mittel an die Hand gegeben, haben sie mit Beamten ausgestattet." Den Begriff „Europa der Vaterländer" verwendete de Gaulle in diesem Zusammenhang nicht, wie er im selben Jahr ausdrücklich klarstellte.

Aufs engste verbunden mit dem Konzept von Europa als einem Bund freier und selbstbestimmter Staaten ist für de Gaulle die Achtung der kulturellen Eigenheiten eines jeden Staates. De Gaulle glaubte nicht, „daß Europa irgendeine lebendige Wirklichkeit zukommen kann, wenn es nicht Frankreich und seine Franzosen, Deutschland und seine Deutschen, Italien und seine Italiener usw., umfaßt. Dante, Goethe, Chateaubriand gehören in eben dem Maße dem ganzen Europa, in welchem sie in hervorragender Weise Italiener, Deutscher, Franzose waren. Sie hätten sich wohl herzlich wenig um Europa verdient gemacht, wären sie Vaterlandslose gewesen und hätten sie in irgendeinem integrierten Esperanto, Volapük oder was weiß ich gedacht und geschrieben."

Union der Krisen

Eurosklerose, EU-Verfassung und Türkeibeitritt:
Die Krankheiten Europas

Nicht erst die letzte Erweiterungsrunde und die Ablehnung der EU-Verfassung haben die Europäische
Integration in eine tiefe Krise geführt. Bereits die mit den
Römischen Verträgen vom 25. März 1957 gegründete
Europäische Wirtschaftsgemeinschaft (EWG) zeigte das
Auseinanderklaffen von Wunsch und Wirklichkeit sehr
deutlich. Statt eines Bundes freier und selbstbestimmter
Staaten, der die kulturellen Eigenheiten seiner Mitglieder
achtet, bekamen die Europäer eine überstaatliche Organisation, in der die Gesetze des Marktes die alles bestimmen-
de Bezugsgröße sein sollte.

Wenige Jahre nach ihrer Gründung brachte 1965
Frankreichs Präsident Charles de Gaulle mit seiner „Politik des leeren Stuhls" die EWG in ihre erste schwere Krise.
Wegen der Ablehnung eines Wechsels vom System der
einstimmigen Beschlußfassung hin zu Mehrheitsentscheidungen blieb Frankreich sechs Monate lang den Sitzungen
der Gemeinschaft fern. Beigelegt wurde diese Krise durch
den „Luxemburger Kompromiß", wonach jedes Mitgliedsland einen Beschluß bei „wichtigen nationalen Interessen"
blockieren kann.

Die Durchsetzungskraft de Gaulles veranlaßte auch den
ersten Präsidenten der EWG-Kommission, Walter Hallstein (1901 bis 1982) zum Rücktritt. Denn der ehemalige
Staatssekretär im deutschen Außenamt, der mit der nach

ihm benannten Doktrin bezüglich der Nichtanerkennung der „DDR" zu Bekanntheit gelangte, scheiterte mit seinem Vorhaben, die EWG noch mehr zu zentralisieren.

Walter Hallstein: Erster Präsident der Kommission der EWG

Der Hallstein-Plan sah neben einer Zollunion die Budgethoheit für die EWG, die Ausweitung der Mehrheitsentscheidungen und eine Stärkung der Kommission und des Europäischen Parlaments zu Lasten des Ministerrats vor.

Ein zusätzliches Konfliktpotential zwischen de Gaulle und Hallstein stellte Großbritannien, das 1961 einen Beitrittsantrag nach Brüssel abgeschickt hatte, dar. De Gaulle, der eine EWG-Mitgliedschaft Großbritanniens wegen der engen Beziehungen Londons zu den USA ablehnte, konnte sich durchsetzen. Großbritannien trat erst 1973 – gemeinsam mit Dänemark und Irland – den Europäischen Gemeinschaften (EG), wie die 1965 zusammengelegte EWG, Montanunion und Europäische Atomgemeinschaft bezeichnet wurden, bei.

Großbritannien sollte in der EG und ihrer Nachfolgerin, der EU, bis zum heutigen Tag immer wieder für Unruhe sorgen. Der Grund dafür liegt vor allem im britischen Streben nach einer europäischen Freihandelszone und der damit verbundenen Ablehnung eines zentralistischen Bundesstaates. Diese Grundlinie britischer EU-Politik wird von den Konservativen und der Labour Party gleichermaßen vertreten. So wurde die EG 1979 gleich nach dem Amtsantritt Margaret Thatchers als Premierministerin auf dem Gipfel von Dublin mit der britischen Forderung nach einer Verringerung der Beitragszahlungen des Landes um eine Milliarde Pfund konfrontiert.

Die „Eiserne Lady" soll ihre Handtasche mit den Worten „We want our money back" („Wir wollen unser Geld zurück") auf den Konferenztisch geknallt haben. Die folgenden Verhandlungen über dieses Thema zogen sich in die Länge und wurden erst 1984 beendet. Großbritannien wurde von der EG eine Rückzahlung von 66 Prozent der Differenz zwischen seinem EG-Beitrag und den EG-Leistungen an das Vereinigte Königreich garantiert. Tony Blair war bei der Wahl 1997, die mit einer Niederlage des Thatcher-Nachfolgers John Major endete, mit der Forderung „British interests first, second and last" erfolgreich.

In den Jahren von 1973 bis 1986 wurde die EG von der „Eurosklerose" geplagt. Mit diesem Begriff wird die fehlende Bereitschaft der Mitgliedstaaten, weitere Kompetenzen an die Zentrale zu übertragen, beschrieben.

Jacques Delors: Gab als Kommissionspräsident Brüssel mehr Einfluß

Insbesondere wurden von den Mitgliedstaaten schwache Wirtschaftsbereiche subventioniert, was den Wettbewerbszielen der EWG zuwiderlief, und ausländische Unternehmen durch einzelstaatliche Vorschriften vom jeweiligen inländischen Markt ferngehalten.

Erst die am 17. Februar 1986 unterzeichnete und am 1. Juli 1987 in Kraft getretene „Einheitliche Europäische Akte" brachte wieder Schwung in die Zentralisierungsbestrebungen Brüssels. Dieses insgesamt 282 Rechtsakte umfassende Vertragswerk sah die Verwirklichung eines Binnenmarkts, in dem der freie Personen-, Waren-, Kapital- und Dienstleistungsverkehr gewährleistet wird, vor.

Weitere Meilensteine auf dem Weg zu einem zentralistischen Bundesstaat waren die Verträge von Maastricht (1992) und Amsterdam (1997) und Nizza (2000). Der Maastrichter Vertrag gründete einerseits die Europäische Union und fügte den bestehenden Europäischen Gemeinschaften (EG, Montanunion und Europäische Atomgemeinschaft) mit der Gemeinsamen Außen- und Sicherheitspolitik sowie der polizeilichen und justiziellen Zusammenarbeit in Strafsachen zwei weitere Säulen hinzu. Die gemeinsame Außen- und Sicherheitspolitik hatte sich als die große Schwachstelle der EG erwiesen. Der frühere US-Präsidentenberater Zbigniew Brzezinski bezeichnete die EU in diesem Fall als ein „hilfloses Militärprotektorat der USA". Insbesondere erwiesen sich die Europäer als unfähig, die Kriege nach dem Zerfall des ehemaligen Jugoslawien aus eigener Kraft zu beenden. Der Grund dafür waren die historisch gewachsenen Interessengegensätze, die allem Gerede von der europäischen Integration zum Trotz noch immer bestehen. Deutschland und auch Österreich unterstützten die Unabhängigkeitsbestrebungen der Slowenen und Kroaten und bekannten sich so zum Selbstbestimmungsrecht der Völker. Großbritannien und Frankreich hingegen gaben ihrem alten Verbündeten aus der Zeit des Ersten Weltkriegs, Serbien, Schützenhilfe bei seinen Versuchen, die Hegemonie über den Balkan aufrechtzuerhalten.

Das für die Bürger bedeutendste Ergebnis dieses Vertrages war sicherlich die Gründung der „Europäischen Wirtschafts- und Währungsunion", die mit der Einführung des Euro als gesetzliches Zahlungsmittel in zwölf EU-Staaten mündete. Die Überlegungen, eine gemeinsame europäische Währung einzuführen, waren freilich nicht neu. Bereits 1970 legte eine Expertenkommission unter der Leitung des luxemburgischen Ministerpräsidenten Pierre Werner einen Plan vor, der vorsah, bis 1980 in der damaligen EG eine Währungsunion mit einer gemeinsamen Währung einzurichten. Als das Bretton-Woods-System, das die internationalen Währungsbeziehungen regelte, 1973 zusammenbrach, wurde der Werner-Plan nicht weiter verfolgt.

Der Ratifizierungsprozeß des Maastricht-Vertrages stellte einen großen demokratiepolitischen Sündenfall der EG dar. Nachdem sich die Dänen 1992 in einer Volksabstimmung gegen diesen Vertrag ausgesprochen hatten, wurde 1993 nach gewissen Änderungen – Kopenhagen handelte Austrittsoptionen bei der Verteidigungs-, Währungs-, Einwanderungs- und Asylpolitik aus – nochmals zu einer Abstimmung vorgelegt und auch angenommen. Die gleiche Vorgehensweise wurde 2001 gewählt, als sich die Iren gegen den Vertrag von Nizza, der in Vorbereitung auf die Osterweiterung unter anderem die Stimmen im Rat neu gewichtete, ausgesprochen hatten.

Die überhastete Osterweiterung, mit der wirtschaftlich rückständige und demokratiepolitisch unreife Staaten – Slowenien mit seinen AVNOJ-Beschlüssen und die Tschechei mit ihren Benes-Dekreten – aufgenommen wurden, zeigen heute die Grenzen der Erweiterungsfähigkeit der EU. Das größte Problem ist der Umstand, daß mit den Römischen Verträgen 1957 Institutionen für eine sechs Mitglieder umfassende Gemeinschaft geschaffen wurden – seit 2004 hat die EU 25 Mitglieder, und 2007 sollen noch Rumänien und Bulgarien hinzukommen. Darüber hinaus haben Kroatien, Mazedonien und die Türkei den Status von Kandidatenländern.

Um auch in Zukunft das Funktionieren der EU zu gewährleisten, sollten die Europäer mit dem „Vertrag über eine Europäische Verfassung" in einen zentralistischen Bundesstaat gezwungen werden. Die klaren Mehrheiten der Franzosen und Niederländer – die auch ihren Protest gegen die Beitrittsverhandlungen mit der Türkei zum Ausdruck bringen wollten – gegen dieses Vertragswerk sind ein schlagender Beweis für die tiefe Kluft, die Eurokraten und Bürger heute voneinander trennt.

Auch die Pläne, die islamische Türkei in die „Europäische" Union aufzunehmen, zeigen die tiefe Krise, in der die EU heute steckt, mit aller Klarheit. Entgegen der Mehrheit der Bürger beschloß die Brüsseler Zentrale Ankara aufzunehmen. Das Vorhaben, ein Land aus einem völlig fremden Kulturkreis aufnehmen zu wollen, macht nur zu deutlich, wie wenig sich das politische Establishment der EU über die Grenzen und vor allem die Identität Europas bewußt ist oder bewußt sein will. In dieser Lage, wo Europa am Scheideweg zwischen Sein und Nichtsein steht, kommen die einzig brauchbaren Vorschläge für eine Neugestaltung Europas von den verschiedenen patriotischen und rechtsdemokratischen Parteien.

Bei dieser offenkundigen Mißachtung des Bürgerwillens überrascht es nicht, daß die Bürger vieler Mitgliedstaaten mit den von Brüssel verordneten Segnungen nur wenig anzufangen wissen, wie aus den Eurobarometer-

Umfragen hervorgeht. Und jene Länder, deren Bürger von der Europäischen Union ein positives Bild haben, zählen in der Regel zu den Nettoempfängern. Die Ende Juni 2006, also rechtzeitig vor Schulschluß, veröffentliche Umfrage, stellte der EU recht schlechte Noten aus und bestätigte die in vorangegangenen Eurobarometer Umfragen festgestellte tiefgreifende EU-Skepsis in Österreich. Als einzigen Lichtblick konnten die Statistiker ein Ansteigen der Zustimmung zur EU um fünf Prozent auf nunmehr 55 Prozent vermerken. Aufgeschlüsselt nach den Mitgliedstaaten ergeben sich hier jedoch große Unterschiede: Halten 77 Prozent der Iren die EU-Mitgliedschaft ihres Landes für eine „gute Sache", so sind es bei den Österreichern nur 34 Prozent.

Ein ähnliches Bild ergab die Frage nach den „Vorteilen" der EU-Mitgliedschaft. Auch hier liegt Irland mit

1. Mai 2004: Auf die Feiern zur EU-Erweiterung folgte bald die Ernüchterung

einer Zustimmungsrate von 87 Prozent an der Spitze der Mitgliedstaaten, während Österreich mit 39 Prozent das Schlußlicht bildet. Auffallend ist auch, daß neben Irland andere Nettoempfänger wie Griechenland, Litauen (jeweils 72 Prozent), Spanien (71 Prozent), die Slowakei (70 Prozent) oder Polen (64 Prozent) klar über dem EU-Durchschnitt von 54 Prozent liegen. Umgekehrt sehen die Bürger der Nettozahlerstaaten wie Deutschland (46 Prozent), Schweden (43 Prozent) oder Großbritannien (42 Prozent) eher wenige Vorteile in der EU-Mitgliedschaft ihres Heimatlandes. Mit den Geldflüssen aus Brüssel hängt auch ein allfälliges „positives Bild" von der EU zusammen. Auch hier liegt Irland mit einem Wert von 73 Prozent an der Spitze, gefolgt von Italien, Spanien, Slowenien und Polen. Deutlich unter dem EU-Durchschnitt von 50 Prozent liegen Großbritannien (34 Prozent), Österreich (32 Prozent) und Finnland (30 Prozent).

Bernhard Tomaschitz:

Staatenbund, Selbst-
bewusstsein und Mut
zur eigenen Identität

Auswege aus der Krise der EU

Europa ohne Eigenschaften?

Christentum, Humanismus und Aufklärung –
die Pfeiler der gemeinsamen Identität

„Europa ohne Eigenschaften" scheint die alles beherr-schende Denkweise des politischen Establishments in der Europäischen Union zu sein. Das Leben hat sich ausschließlich nach wirtschaftlichen Interessen zu richten, und die Frage nach der geistig-kulturellen Identität erscheint vielen als nicht mehr zeitgemäß, wenn nicht sogar als „reaktionär".

In der Präambel der Europäischen Verfassung ist zwar die Rede vom „kulturellen, religiösen und humanistischen Erbe Europas", diese Formulierung erweckt jedoch den Eindruck, die „drei Hügel, von denen das Abendland seinen Ausgang genommen hat: Golgatha, die Akropolis in Athen und das Capitol in Rom – wie der erste deutsche Bundespräsident, Theodor Heuss, das Christentum, die antike griechische Philosophie und das römische Recht bezeichnet hat – seien längst abgetragen worden. Und so verwundert es auch nicht näher, daß sich die EU angesichts dieser Orientierungslosigkeit in einer tiefen Krise befindet, die durch die Masseneinwanderung aus den verschiedenen islamischen Ländern noch weiter verstärkt wird.

Erst die „drei Hügel" haben Europa zum dem werden lassen, was es ist – das christliche Abendland. Aus der antiken griechischen Welt der Stadtstaaten, die so etwas wie ein Versuchslabor für die verschiedenen Staats- und Regierungsformen war, erbte Europa die „Demokratie", die „Volksherrschaft". „Die Verfassung, die wir haben, heißt Demokratie, weil der Staat nicht auf wenige Bürger, sondern auf die Mehrheit ausgerichtet ist", beschrieb der Staatsmann Perikles (ca. 500 bis 429 v. Chr.) die staatliche Organisationsform in Athen. In den Jahren 508/07 bis 322 v. Chr. herrschte in Athen eine direkte Demokratie, mit einer Bürgerbeteiligung, deren Ausmaß von keiner späteren Demokratie wieder erreicht worden ist. Jeder Bürger konnte an der Volksversammlung sowie an den Gerichtsversammlungen teilnehmen, jeder Bürger war befugt, ein Amt zu bekleiden. Eine Einschränkung erfährt diese weitreichende Beteiligung der Bürger durch den Umstand, daß große Teile der Bevölkerung von der Teilnahme am stadtstaatlichen Willensbildungsprozeß ausgeschlossen waren. Frauen, Sklaven, Menschen ohne Bürgerstatus und Fremdarbeiter galten nicht als Bürger. Der Philosoph Aristoteles, ein Gegner der Adelsherrschaft und Befürworter einer Mischform zwischen Demokratie

Akropolis: Am Anfang stand die griechische Philosophie

und Oligarchie, der Politie, warnte vor der Regentschaft des „Pöbels". Und schließlich verstanden die Griechen unter der Demokratie nicht die Herrschaft irgendeines Volkes, sondern die Herrschaft des griechischen Volkes.

Die Demokratie in Athen bildete sich eher langsam, Schritt für Schritt, im 7. und 6. Jahrhundert v. Chr. heraus. Die Reformen von Solon im Jahre 594 v. Chr. und von Kleisthenes 508/507 v. Chr. brachen die Macht des Adels und schufen die Grundlagen für die politische Beteiligung breiterer Volksschichten. Solon hatte große soziale Mißstände in Athen behoben, indem er die verarmten Bauern mittels der sogenannten Lastenabschüttelung von ihren Hypotheken und durch die Abschaffung der Schuldknechtschaft sie aus der Sklaverei befreite. Die Bevölkerung wurde in vier Vermögensklassen eingeteilt. Solon setzte damit zugleich auch die Voraussetzungen einer politischen Neuordnung durch, weil das alte, aristokratische Prinzip der auf Herkunft und Abstammung basierenden gesellschaftlichen Stellung durchbrochen wurde. Er erweiterte damit die Beteiligungsrechte für die unteren Schichten des Volkes und erschütterte die Vorherrschaft einiger weniger adeliger Familien. Kleisthenes (570–506 v. Chr.) reformierte dann 508/507 die gesamte Sozialstruktur und legte damit die Basis für die Demokratie in Athen. Mit der territorialen Neueinteilung Athens löste er die alten Stammesverbände auf, zerbrach so die Machtstrukturen der adeligen Familien und schuf eine einheitliche, nicht mehr von der sozialen Herkunft abhängige politische Bürgerschaft.

Die erfolgreiche Zurückweisung der beiden persischen Einfälle in Griechenland (490 und 480 v. Chr.) stärkte die Demokratie, deren goldenes Zeitalter vor allem mit dem Namen Perikles verbunden ist. Im Peloponnesischen

Krieg zwischen Athen und Sparta von 431 bis 404 v. Chr. zeigten sich zwar vorübergehend Krisen der Demokratie, sie erlebte dann jedoch bis etwa 322 v. Chr., bis in die Epoche Alexander des Großen hinein, eine neue Blüte. Danach endete die klassische Epoche der athenischen Demokratie: Nach Alexanders Tod (323 v. Chr.) und der Vernichtung der athenischen Flotte im Krieg zwischen Griechenland und Makedonien wurde Athen von den siegreichen Makedoniern in ihr Reich eingegliedert.

Neben der Beteiligung der Bürger am politischen Geschehen brachte die Demokratie auch eine Freiheit, die zu einer Intensivierung des Diskurses führte. Das beste Beispiel hiefür ist der Marktplatz (Agora) von Athen, der die Freiheit des Denkens durch einen Austausch der Argumente im friedlichen Wettstreit symbolisiert. Alles konnte in Zweifel gezogen werden – Sokrates' Einsicht „ich weiß, daß ich nichts weiß" ist das beste Beispiel dafür – beflügelte die Wissenschaften. Auf der Suche nach dem göttlichen Ursprung aller Dinge entdeckten die Griechen Gesetzmäßigkeiten in der Natur. Der griechische Weg, durch rationales Denken eine Theorie zu begründen, bestimmt seither Europas wissenschaftliche Methodik.

Die Freiheit des Denkens und den weltanschaulichen Pluralismus kennt der Islam – zumindest in der heute herrschenden, strengen Auslegung – nicht. Der Koran ist im islamischen Kulturkreis das beherrschende Dogma, an dem nicht gerüttelt werden darf. Weitere Denkverbote wollen heute auch die Moralwächter der „Political Correctness" auferlegen. In der Eurokratie, die der sogenannten „Nichtdiskriminierung" semi-religiösen Charakter beimißt, haben sie bei ihrem Vorhaben willige Erfüllungsgehilfen gefunden.

Zum Erbe der Römer zählt ihr Recht. Sie kannten

Kirche im Mittelalter: Ihr hoher Organisationsgrad war über Jahrhunderte das einigende Band zwischen Skandinavien und Sizilien

Eigentum und Zivilklage, gesetzliche Erbfolge und Gütertrennung, und Straftäter wurden vor Geschworenengerichten abgeurteilt. Rom hatte sein Gesetzessystem schon im fünften vorchristlichen Jahrhundert begründet und seitdem derart ausgefeilt, daß es die Rechtsentwicklung in Europa bis weit in die Neuzeit hinein prägte. Interessant ist der Vergleich zwischen dem griechischen und dem römischen Bürgerrecht. Ersteres gewährleistete seinen In-

215

habern Teilhabe an der Macht und politische Mitsprache, während letzteres vielfachen Einschränkungen unterworfen war. Die heutige EU, in der die Bürger nur eingeschränkt mitwirken dürfen, scheint das römische Modell zum Vorbild zu haben.

Am nachhaltigsten für die Identität Europas auswirken sollte sich das (westliche) Christentum. Der Grundstein dafür wurde bereits in der Antike mit der Teilung des Römischen Reiches in einer westliche und eine östliche Hälfte gelegt. Zum Auseinanderdriften der beiden Reiche trugen nicht nur Glaubensfragen – Stammt der Heilige Geist nur vom Vater ab oder auch vom Sohn? Sollten religiöse Bilder eine zentrale Rolle im Gottesdienst spielen oder zum Götzendienst zählen? – eine bedeutende Rolle. Zusätzlich wurden, so der Historiker Edward Gibbon, „das nationale Schisma von Griechen und Römern durch den ständigen Gegensatz von Sprache und Sitten, Interessen und Religionen verschärft". Das Schisma des Jahres 1054 war der Schlußstein dieser Entwicklung.

Die lateinische Kirche entwickelte einen hohen Organisationsgrad. Kirchliches Recht galt einheitlich in ganz Europa. Durch die Christianisierung von Skandinaviern, Ungarn und Slawen vergrößerte sich der Einflußbereich auch des Papstes. Die westliche Christenheit, die bis zur Reformation eine katholische war, erwies sich im Mittelalter und in der frühen Neuzeit als das einigende Band zwischen den verschiedenen Völkern Europas.

Ermöglicht wurde die integrierende Kraft des Christentums durch die ausschließliche Verwendung des Lateinischen als Kirchensprache sowie durch den hohen Organisationsgrad der Katholischen Kirche. Einen ebenfalls hohen Organisationsgrad wiesen die mittelalterlichen Klöster auf, die zu dieser Zeit wichtige Stätten der Wis-

216

sensvermittlung waren. Über den Umweg der arabischen Welt nach Westeuropa gelangte antike Schriften wurden gelesen und mit Kommentaren versehen. Weil einander die antiken Autoritäten oft widersprachen, mußte nach Gründen für die Richtigkeit oder Unrichtigkeit einer Ansicht gesucht werden, wodurch die Autoritätsgläubigkeit hintangehalten wurde. Die Orthodoxie wie auch der Islam kannten diese Methode der Scholastik nicht und in diesen beiden Kulturkreisen gab es auch keine Aufklärung.

Humanismus und Renaissance leiteten einen geistesgeschichtlichen Umbruch ein: Das Individuum löste sich aus der traditionellen Dogmatik hierarchisch-christlichen Denkens. Von der italienischen Renaissance ausgehend entstand im Rahmen der Wiederentdeckung der griechischen Antike ein neues, diesseitsorientiertes Menschen- und Weltbild. Die geistige Elite in Europa las die gleichen Bücher und benutzte die gleichen Quellen. Neben das Studium antiker Texte trat die naturwissenschaftliche Beobachtung mit Hilfe revolutionärer Erfindungen wie Mikroskop und Teleskop.

Die Aufklärung des 18. Jahrhunderts war denn auch ein weiteres Band, das Europa geistig einigte. Der menschliche Verstand wurde zum Maßstab aller Dinge gemacht. Freiheit statt Absolutismus, Gleichheit statt Ständeordnung, Erfahrung, wissenschaftliche Erkenntnis statt Vorurteil und Aberglauben, Toleranz statt Dogmatismus – so lauteten die neuen Ideen. Die Menschen sollten über ihre politische, soziale und geistige Unterdrückung „aufgeklärt" werden. Wüßten sie erst um die Ursachen dieser Unterdrückung – so meinten die Aufklärer –, halte man ihnen die richtigen Ziele vor Augen, dann würden sie es einsehen und sich selbst befreien.

Mit dem Christentum untrennbar verbunden sind der

Humanismus und der Grundsatz von der Unantastbarkeit der Menschenwürde. Der Mensch ist nach dieser Geisteshaltung kein „Naturding", sondern unterscheidet sich prinzipiell von allen anderen Lebewesen. Ebenso wird die Bedeutung der Einzelpersönlichkeit in den Vordergrund gestellt und die Bedeutung der Entfaltung ihrer Fähigkeiten betont. Der Islam kennt diesen Individualismus nicht, bei ihm werden alle seine Angehörigen in der „Umma", der alle Moslems umfassenden Gemeinschaft, zu einer amorphen Masse.

Die rechtsdemokratischen und patriotischen Parteien Europas bekennen sich zum christlichen Abendland als der Basis der geistig-kulturellen Identität Europas. Im Programm der Freiheitlichen Partei Österreichs heißt es beispielsweise: „Die vom Christentum und der antiken Welt geprägte Wertordnung bildet das wichtigste geistige Fundament Europas. Darauf beruhen die wesentlichen geistigen Strömungen vom Humanismus bis zur Aufklärung". Die Dänische Volkspartei wiederum steht fest hinter der lutherischen dänischen Volkskirche und verweist darauf, daß sich „das Christentum vor Jahrhunderten in Dänemark etabliert hat und mit dem Leben des dänischen Volkes untrennbar verbunden ist".

Ambivalent ist dagegen die Haltung des Front National, was einerseits mit der gesetzlichen Verankerung des Laizismus in Frankreich, und andererseits mit der Forderung dieser Partei – Français d'abord – Franzosen zuerst – zusammenhängt. Für den ehemaligen Europaabgeordnete des Front National, Bernard Antony, ist die französische katholische Kirche die „mère d'église", die Mutter der Weltkirche. Frankreich wird christlich sein, oder es wird nicht mehr sein. Nur jene arabischen Einwanderer, die dem Islam abschwören, könnten daher Franzosen werden.

Andere im Front National betonen dagegen die Multikonfessionalität Frankreichs.

Unabhängig davon, ob sich die patriotischen Kräfte Europas nun ausdrücklich auf christlich-abendländische Werte berufen, treten sie für die Erhaltung der kulturellen Identität Europas und seiner Völker ein. Dazu zählt die Ablehnung der Auswüchse des spätlinken Zeitgeistes und der Aufnahme außereuropäischer, kulturfremder Länder in die EU. Einen besonderen Stellenwert hat das fünfte Gebot – Du sollst nicht töten –, das auch den Schutz des ungeborenen Lebens beinhaltet. In der heutigen EU, die sonst so gerne von der Achtung der Menschenrechte spricht, wird es allerdings millionenfach gebrochen. Die patriotischen Parteien Europas sprechen sich daher klar

Erasmus von Rotterdam

gegen Abtreibungen aus und fordern statt dessen – wie es in der „Wiener Erklärung" festgehalten wird – eine „pronatalistische Familienpolitik, die die Förderung des Kinderreichtums der europäischen Völker in der traditionellen Familie bezweckt".

Wie sehr die christlich-abendländische Identität Europas im Spannungsfeld zum Islam, vor allen zu dessen aggressiver, missionarischer Ausprägung steht, zeigte im September 2006 eine Vorlesung Papst Benedikt XVI. in der Universität Regensburg. Weil das Kirchenoberhaupt den gelehrten byzantinischen Kaiser Manuel II. Palaeolo-

219

gos zitiert hatte, kam es in der gesamten islamischen Welt zu teils gewalttätigen Demonstrationen gegen den „Westen". Allerdings war jene Passage, die der Papst zitierte, nur vordergründiger Anlaß des Zorns der Moslems. Manuel II. führte um die Wende des 14. zum 15. Jahrhundert, zu jener Zeit also, in der Ostrom den Osmanen gegenüber bereits tributpflichtig war, mit einem persischen Gelehrten einen Dialog, in dessen Mittelpunkt das Verhältnis der Religion zu Gewalt stand. „Zeig mir doch, was Mohammed Neues gebracht hat, und da wirst du nur Schlechtes und Inhumanes finden wie dies, daß er vorgeschrieben hat, den Glauben, den er predigte, durch das Schwert zu verbreiten", sagte Manuel II, der dann eingehend begründete, warum Glaubensverbreitung durch Gewalt widersinnig ist. Sie stehe im Widerspruch zum Wesen Gottes und zum Wesen der Seele, weil „Gott keinen Gefallen am Blut hat". Und schließlich brauche man, „um eine vernünftige Seele zu überzeugen, nicht seinen Arm, nicht Schlagwerkzeuge noch sonst eines der Mittel, durch die man jemanden mit dem Tod bedrohen kann".

Eigentlicher Anlaß der Erregung der Moslems ist vielmehr die Tatsache, daß Benedikt XVI. in Regensburg weniger als Anwalt der katholischen Kirche, sondern vielmehr als Anwalt des Westens, des christlichen Abendlandes auftrat. Denn das Kirchenoberhaupt sprach vom „inneren Zugehen" zwischen biblischem Glauben und griechischem philosophischem Fragen, was „ein nicht nur religionsgeschichtlich, sondern weltgeschichtlich entscheidender Vorgang ist, der uns auch heute in die Pflicht nimmt. Wenn man diese Begegnung sieht, ist es nicht verwunderlich, daß das Christentum trotz seines Ursprungs und seiner wichtigernEntfaltungen im Orient schließlich seine geschichtlich entscheidende Prägung in Europa ge-

Papst Benedikt XVI.: Ruft Europa zur Erhaltung christlicher Werte auf

221

funden hat. Wir können auch umgekehrt sagen: Diese Begegnung, zu der dann noch das Erbe Roms hinzutritt, hat Europa geschaffen und bleibt die Grundlage dessen, was man mit Recht Europa nennen kann." Außerdem erteilte Benedikt XVI. der in der westlichen Welt weithin herrschenden Meinung, „allein die positivistische Vernunft und die ihr zugehörigen Formen der Philosophie seien universal", eine klare Absage. Denn „eine Vernunft, die dem Göttlichen gegenüber taub ist und Religion in den Bereich der Subkulturen abdrängt, ist unfähig zum Dialog der Kulturen", betonte der Papst. Und weil der Westen „seit langem von dieser Abneigung gegen die grundlegenden Fragen seiner Vernunft bedroht ist, könnte er damit einen großen Schaden erleiden".

Untrennbar mit Europa verbunden ist die Entwicklung von Liberalismus und Kapitalismus. Ausgehend von Großbritannien erfaßte im 19. Jahrhundert die Industrialisierung mit einer zeitlichen Verzögerung die kontinentaleuropäischen Staaten, und das auf Arbeitsteilung und Profitmaximierung basierende kapitalistische System setzte sich durch. Nach englischem Vorbild entstanden im 19. Jahrhundert europäische Industriestaaten, zuerst im Norden und Westen Europas: Belgien, Schweiz, Frankreich, Holland, Deutschland, Schweden, später und weniger ausgeprägt in Süd- und Osteuropas. Gleichzeitig ebnete die mit dieser Umwälzung einhergehende Ablösung der bis dahin vorherrschenden Adels- und Agrargesellschaft den Weg für die moderne, auf dem Liberalismus beruhende bürgerliche Gesellschaft. Aber anders als im angelsächsischen Raum forderte der kontinentaleuropäische Liberalismus nicht die völlige Freiheit des Individuums, sondern die Begrenzung des vorherrschenden Absolutismus' durch einen Verfassungsstaat.

Eine wohl, unbeabsichtigte Folge der Ausbreitung des Kapitalismus', der auch, vor allem in den städtischen Ballungsräumen zur Verelendung der Massen führte, war die Herausbildung der europäischen Sozialstaaten. Risken des Lebens, wie Alter, Arbeitslosigkeit oder Krankheit, sollte nicht mehr der einzelne selbst tragen, sondern sie wurden von der Solidargemeinschaft übernommen.

Als beispielgebend für Europa sollte sich die Sozialgesetzgebung des deutschen Reichskanzlers Otto von Bismarck erweisen. Schlechte Arbeitsbedingungen in den Fabriken lösten immer wieder Proteste aus und führten zur Entstehung der Arbeiterbewegung. Verschärft wurde der Klassenkonflikt schließlich durch die Folgen der wirtschaftlichen Depression von 1873. Anfänglich ging Bismarck rigoros mit dem von ihm initiierten Sozialistengesetz gegen alle sozialistischen und sozialdemokratischen Parteien und Vereine vor. Der vom Reichskanzler erhoffte Erfolg blieb jedoch aus, sodaß Bismarck die sozialpolitische Sprengkraft des Massenelends erkannte. Auf Bismarcks Initiative verabschiedete der Reichstag am 15. Juni 1883 ein Gesetz über die Krankenversicherung für Arbeiter, nicht für Angestellte. Gewerbliche Arbeiter, die länger als eine Woche beschäftigt waren und nicht mehr als 2.000 Mark jährlich verdienten, unterlagen von nun an der Versicherungspflicht. Bezahlt wurden die Beiträge zu zwei Dritteln von den Arbeitern selbst und zu einem Drittel vom Arbeitgeber. Ein Jahr später, am 6. Juli 1884, trat das Unfallversicherungsgesetz in Kraft, bei dem nur die Arbeitgeber beitragspflichtig waren. Und am 24. Mai 1889 verabschiedete der Reichstag unter dem unmittelbaren Eindruck eines aufsehenerregenden Streiks von Bergarbeitern im Ruhrgebiet das Gesetz über die Alters- und Invalidenversicherung. Die Versicherung war verpflichtend für alle Arbeitnehmer mit einem Jahreseinkommen unter 2.000 Mark. Die Altersrente konnte nach 30 Beitragszahlungen und Vollendung des 70. Lebensjahrs in Anspruch genommen werden.

Hinter diesen Gesetzen stand die Überlegung, daß die Arbeiter sich dem Staat stärker verpflichtet fühlten, wenn dieser ihnen ein gewisses Maß an Sicherheit garantiere. Als

Jung und ohne Arbeit: Ein europäisches Massenschicksal

Gegengewicht zu der verschärften Repressionspolitik sollten sozialpolitische Maßnahmen der Arbeiterbewegung die Grundlage entziehen, die Arbeiterschaft ohne politische Konzessionen in den monarchischen Staat integrieren und auf diese Weise den inneren Zusammenhalt des Staates garantieren. Gleichzeitig wollte aber Bismarck die Freiheit der Unternehmer nicht durch die gesetzliche Verkürzung der Arbeitszeit, die Festlegung von Mindestlöhnen und ähnliche Maßnahmen beschränken.

Mit der in den 1990er Jahren einsetzenden Globalisierung rückte die soziale Frage in Europa erneut in den
Mittelpunkt. Auf der einen Seite stehen Rekordgewinner
der internationalen Konzerne und der internationalen
Hochfinanz, während auf der anderen Seite die Arbeitslosigkeit, bedingt durch die Verlagerung von Arbeitsplätzen
in Billiglohnländer, ständig neue Rekorde bricht. In den
25 Mitgliedstaaten der Europäischen Union sind im Jahr
2006 fast 30 Millionen Menschen ohne Arbeit. Verschärft
wird die Lage EU-intern durch das Dogma der Freizügig-
keiten der Arbeitnehmer und der Dienstleistungen. Wenn
es nach dem Willen Brüssels geht, sollen die in Österreich
bestehenden Beschränkungen für Arbeitnehmer aus den
neuen Mitgliedstaaten der EU so rasch wie möglich aufgehoben werden, wie die EU-Kommissare Vladimir Spidla
und Janez Potocnik im Januar 2006 gefordert hatten.

Mehr als ein geographischer Begriff

Kulturhistorisch war die Türkei nie Teil Europas

Die Bestrebungen, die Türkei um jeden Preis in die Europäische Union aufzunehmen, haben die Fragen nach den Grenzen Europas in den Mittelpunkt gerückt. Verstärkt wird die heute herrschende „Grenzenlosigkeit Europas auch noch dadurch, daß die Europäische Verfassung, die von ihren Befürwortern als Allheilmittel für die Genesung Europas gepriesen wird, darüber schweigt, also ihren größtmöglichen räumlichen Geltungsbereich nicht definiert. In Artikel I-1 Absatz 2 heißt es lediglich, die Union stehe „allen europäischen Staaten, die ihre Werte achten und sich verpflichten, sie gemeinsam zu fördern", offen. Der Wortlaut der Europäischen Verfassung legt die Vermutung nahe, daß sich die EU, wenn sie nur könnte, bis ins Unendliche erweitern wolle.

Die Schwerpunktsetzung der Aufnahmekriterien auf die „Werte" läßt die Eigenschaft „europäisch" klar in den Hintergrund treten. Die „europäischen Werte" wie Demokratie, Menschen- und Minderheitenrechte achten auch andere, außereuropäische, demokratisch verfaßte Rechtsstaaten. Damit erfüllten Staaten wie Kanada, Australien, Japan oder Chile formalrechtlich die Aufnahmekriterien. Die Brüsseler Erweiterungsfanatiker könnten daher eines Tages durchaus die Auffassung vertreten, die genannten Staaten könnten, sofern sie es wünschen, der EU beitreten. Schließlich könnten diese Staaten durch ihre in die Tat umgesetzte Bereitschaft, die „Werte der Union" zu achten und zu fördern, automatisch zu europäischen Staaten geworden sein.

Auch die sogenannten Kopenhagener Kriterien, welche die Bedingungen für eine Mitgliedschaft festlegen, geben keine Aufschlüsse darüber, was nun unter einem „europäischen" Staat zu verstehen sei und wo die Grenzen Europas liegen. „Als Voraussetzung für die Mitgliedschaft muß der Beitrittskandidat eine institutionelle Stabilität als Garantie für eine demokratische und rechtsstaatliche Ordnung, für die Wahrung der Menschenrechte sowie die Achtung und den Schutz von Minderheiten verwirklicht haben; sie erfordert ferner eine funktionsfähige Marktwirtschaft sowie die Fähigkeit, dem Wettbewerbsdruck und den Marktkräften innerhalb der Union standzuhalten. Die Mitgliedschaft setzt außerdem voraus, daß die einzelnen Beitrittskandidaten die aus einer Mitgliedschaft erwachsenden Verpflichtungen übernehmen und sich auch die Ziele der politischen Union sowie der Wirtschafts- und Währungsunion zu eigen machen können", beschlossen die Staats- und Regierungschefs der EU am 22. Juni 1993 in der dänischen Hauptstadt, als sich die Osterweiterung immer mehr abzeichnete.

Da der Weg der EU-Nomenklatura, die Frage nach den Grenzen Europas bewußt unbeantwortet zu lassen, geradewegs in die Sackgasse führt, muß nach anderen Abgrenzungsmerkmalen gesucht werden. Die geographische Abgrenzung Europas nach Norden, Westen und Süden hin ist unumstritten – Europa endet am Nordpolarmeer, am Atlantik und am Mittelmeer. Schwieriger ist die Abgrenzung nach Osten hin, denn geographisch ist Europa im Grunde genommen eine zerklüftete Halbinsel der eurasischen Landmasse. Allgemein wird angenommen, daß das Uralgebirge, der Uralfluß, die Manytsch-Niederung zwischen Don und Kaspischem Meer, das Schwarze Meer und der Bosporus die Grenze bilden. Der Grenzverlauf der Manytsch-Niederung entlang ist allerdings nicht unumstritten, denn auch die Wasserscheide entlang des Kaukasus' wird zur Grenzziehung herangezogen.

Die Einzigartigkeit Europas, wo dutzende historisch gewachsene Völker schon seit vielen Jahrhunderten auf relativ kleinem Raum zusammenleben, kann freilich mit rein geographischen Kriterien nicht erklärt werden. Denn kein vernünftiger Mensch würde annehmen, Tschetschenien, das nördlich des Kaukasus' liegt, sei ein Teil Europas. Dasselbe gilt auch für Thrakien. Dieser Teil der Türkei liegt zwar geographisch auf europäischem Boden, ist aber dennoch Teil der islamischen Welt. Zur Abgrenzung Europas gegenüber der islamischen Welt müssen daher kulturhistorische Merkmale herangezogen werden. Denn die Grenzen Europas wurden nicht wie in Afrika (willkürlich) vom Menschen gezogen, sondern von der Geschichte, der Politik und von der Religion.

Vereinfacht kann also gesagt werden, Europa hört dort auf, wo das christliche Abendland endet. Wie sehr das, was man als das christliche Abendland bezeichnet, noch heute lebendig ist, zeigen die Übereinstimmungen in Religion, Philosophie, aber auch in den Wissenschaften und im Bereich der bildenden Künste. Aber auch die politische Kultur bildet eine einigende Klammer zwischen den europäischen Staaten und Völkern. Demokratische Verfassungen, Rechtsstaatlichkeit und die Trennung von weltlicher Macht und Kirche sind in Skandinavien genauso selbstverständlich wie in Frankreich, Deutschland, Österreich oder auf der Iberischen Halbinsel. Nicht anders verhält es sich, von nationalen Nuancen abgesehen, mit dem Privateigentum, dem freien Unternehmertum und der Marktwirtschaft ganz allgemein – nicht zu vergessen sind die Wohlfahrtssysteme, der Schutz des Einzelnen vor den Risken von Alter, Armut und Krankheit.

Europa wird zwar von den drei großen christlichen Religionen, den Katholiken, den Protestanten und den Orthodoxen geprägt, wobei dem orthodoxen Teil Europas jedoch eine gewisse Sonderstellung zukommt, da er im Gegensatz zum katholischen und protestantischen Europa die Aufklärung verspätet und dann auch nur teilweise mitgemacht hat. Außerdem hat die seit dem Sturz des Kommunismus' wiedererstarkte russisch orthodoxe Kirche nicht nur in Moskau ihren Sitz, sondern sieht die Stadt auch in der Nachfolge von Byzanz als „drittes Rom". Demgegenüber verstanden sich die römisch-deutschen Kaiser bis weit ins Mittelalter hinein als Stellvertreter Gottes auf Erden, also als Schutzherren der (abendländischen) Christenheit, und von hier gaben Denker der Aufklärung der europäischen Geisteswelt wesentliche Impulse. Samuel Huntington vertritt in seinem Buch über den Zusammenprall der Kulturen („The clash of civiliziations") die Auffassung, daß wegen der nun mehr als tausend Jahre dauernden Trennung zwischen Ost- und Westrom die orthodoxen Länder Europas im Gegensatz zu den katholischen und protestantischen nicht mehr zum „westlichen Kulturkreis" gehörten. Ähnlich äußert sich auch der deutsche Altkanzler Helmut Schmidt, der bezüglich der kulturellen Zugehörigkeit Rumäniens, Bulgariens und Maltas zur gemeineuropäischen Kultur „einige Zweifel hat". Und die Balkanvölker haben sich für Schmidt „nur in beschränktem Maße in das kulturelle Kontinuum Europas integriert".

Auch wenn es sich bei Rumänien und Bulgarien um mehrheitlich orthodox geprägte Länder handelt, so sind

230

diese dennoch ein Teil der europäischen Völkerfamilie. Die nordwestlichen Teile Rumäniens waren über Jahrhunderte in die Habsburger Monarchie integriert und für die Bulgaren, die besonders unter der Besatzung des Osmanischen Reiches zu leiden hatten, steht außer Zweifel, daß sie Teil Europas sind. Ungeachtet ihres europäischen Charakters haben Rumänien und Bulgarien mit einer Fülle tiefgreifender Probleme – Korruption, unterentwickelte Wirtschaft, organisiertes Verbrechen – zu kämpfen, weshalb ein Beitritt zur EU schon 2007 bzw. 2008 als eindeutig verfrüht erscheint. Ein Land, das dagegen bereits heute alle Beitrittskriterien erfüllt und darüber hinaus seit Jahrhunderten geistig und kulturell zutiefst mit Mitteleuropa verbunden ist, ist Kroatien.

Schwierig zu beantworten ist die Frage, ob die Länder des sogenannten Westbalkans – ein dem Einfallsreichtum der Eurokratie entstammender Kunstbegriff – kulturhistorisch betrachtet ein Teil Europas sind. Am ehesten wird

Bildzeichen der türkischen Invasoren: Die Brücke von Mostar

231

diese Frage im Falle der orthodox geprägten Staaten Serbien und Montenegro zu beantworten sein. Bemerkenswert ist die zwiespältige Haltung der Serben zu Europa: Einerseits steht für sie außer Zweifel dazuzugehören, während andererseits unübersehbare Abwehrreflexe vorhanden sind. Insbesondere der serbische Opfermythos – der heldenhafte, aber letztendlich unbedankt gebliebene Abwehrkampf gegen die Türken – spielt eine nicht zu unterschätzende Rolle. Bei Bosnien-Herzegowina, Albanien oder Mazedonien verhält sich die Sache schon ganz anders. Alle diese Länder beherbergen große moslemische Bevölkerungsanteile auf ihrem Gebiet, sind somit teilweise islamisch ausgerichtet. Auch die Errungenschaften der europäischen Zivilisation wie Rechtsstaatlichkeit oder der Verzicht auf Gewalt bei der Austragung von Streitigkeiten sind bis in diese Teile des Balkans nicht oder nur ansatzweise durchgedrungen. In Mazedonien konnte beispielsweise im Jahr 2001 der Ausbruch eines Bürgerkriegs zwischen der slawischen Mehrheit und der albanischen Minderheit nur durch das Abkommen von Ohrid, das auf Druck der internationalen Gemeinschaft zustande gekommen war, verhindert werden. Und Bosnien-Herzegowina ist auch mehr als zehn Jahre nach Abschluß des Vertrags von Dayton de facto ein EU-Protektorat, das nur durch die Machtfülle des „Hohen Beauftragten der internationalen Gemeinschaft" zusammengehalten werden kann.

Die drei großen Länder Osteuropas, Rußland, die Ukraine und Weißrußland, sind, weil sie die geistig-kulturellen Entwicklungen der letzten Jahrhunderte, vor allem die Aufklärung, nur unvollständig mitgemacht haben, wohl keine geeigneten Kandidaten für eine Mitgliedschaft. Im Falle einer Mitgliedschaft Rußlands würde sich zudem die Frage stellen, wer denn wem Beitritt. Im Vergleich zu Rußland, dem größten Flächenstaat der Erde, wäre selbst die nunmehr 25 Mitglieder umfassende EU eine Provinz, bestenfalls ein Satellit. Auf Basis der vielfältigen und geschichtlich lange zurückreichenden Verflechtungen zwischen West- und Mitteleuropa einer- und Rußlands andererseits könnte allerdings eine weitreichende, über strategische Bereiche hinausgehende Partnerschaft entwickelt werden. Weißrußland und die Ukraine wiederum sind schon seit Jahrhunderten Teil des russischen Einflußgebietes, das es zu achten gilt. Mit dem gleichen Argument wäre übrigens auch eine EU-Mitgliedschaft der Kaukasus-Republiken Armenien und Georgien zurückzuweisen. Armenien, das älteste christliche Land der Welt, hat bislang keine EU-Ambitionen zu erkennen gegeben, während für Georgien die EU-Mitgliedschaft ein erklärtes Ziel ist.

Wer zweifelsfrei nicht zu Europa gehört, ist die Türkei: In der Vergangenheit verstand sich die Türkei, stellvertretend für die islamische Welt, über Jahrhunderte zumeist als Widerpart Europas und des christlichen Abendlandes. Im 7. Jahrhundert verhinderten die Schlachten bei Tours und Poitiers ein weiteres Vordringen des Islam nach Europa. Weite Teile Spaniens blieben bis zur Reconquista, die 1492 mit der Kapitulation des letzten arabischen Herrschers in Al-Andalus, Muhammad XII., beendet wurde, islamisch besetzt. Zu dieser Zeit unternahmen

Sultan Mehmet belagerte Wien

die Türken Eroberungszüge, die sie bis in die Mitte des Kontinents führten. Erstmals 1529 und ein weiteres Mal 1683 standen sie vor den Toren Wiens, und über gut drei Jahrhunderte kontrollierten sie den Balkan.

An ihrer Rolle als Eroberer konnte auch der Artikel 7 des Vertrags von Paris vom 30. März 1856 nur wenig ändern, der dem Osmanischen Reich die Teilnahme am „europäischen Konzert der Mächte" zusicherte. Die Erklärung des Osmanischen Reiches, als Gegenleistung weitreichende Reformen einzuleiten, erwies sich als Lippenbekenntnis. Wie der Vorsitzende der bulgarischen patriotischen Partei „Ataka", Volen Siderov, beim Wiener Treffen der europäischen Rechtsdemokraten erklärte, töteten die Türken noch im Jahre 1913 in der Provinz Ost-Thrakien über eine Viertelmillion Bulgarien. Und jene vorangegangenen fünf Jahrhunderte türkischer Besatzung in Bulgarien kamen wegen der Vielzahl an Morden und wegen der Islamisierung einem Völkermord am bulgarischen Volk gleich, meinte Siderov.

Die Türkei unserer Tage ist hinter einer abbröckelnden westlichen Fassade nicht nur weiterhin islamisch geprägt, sondern auch einer schleichenden Re-Islamisierung ausgesetzt. Das „Amt für religiöse Angelegenheiten" beispielsweise wird von Islamisten beherrscht, und jährlich werden nahezu 1.000 neue Moscheen gebaut. Die Lage der christlichen Minderheiten im Land ist nach wie vor von Unterdrückung geprägt. Die Islamisierung heizt mittlerweile die Stimmung im Land an: Im Januar 2006 wurde ein italienischer Priester aus offensichtlich religiösen Motiven ermordet, und Angriffe auf die wenigen christlichen Gotteshäuser – oft mit dem Schlachtruf „Allahu akbar!, Gott ist groß – sind keine Seltenheit. Angesichts des Fortschreitens des fundamentalistischen Islam verwundert es

Deutliche Islamisierung: Das Kopftuch wird in der Türkei immer öfter getragen

nicht weiter, daß die kemalistische, sich an europäischen Vorbildern orientierte Ordnung des Staates nur durch die starke Stellung des Militärs aufrechterhalten werden kann.

Eng mit der Unterdrückung der christlichen Minderheiten hängt auch die beharrliche Weigerung Ankaras zusammen, den Völkermord an den (christlichen) Armeniern anzuerkennen, der gegen Ende des Ersten Weltkrieges rund anderthalb Millionen Opfer gefordert hatte. Als im Frühjahr 2006 in der Französischen Nationalversammlung ein Gesetzesvorschlag zur Abstimmung vorlag, der die Leugnung des Völkermordes an den Armeniern unter Strafe stellen sollte, reagierte Ankara prompt und drohte mit Wirtschaftssanktionen. Das unter Partnern unwürdige Verhalten verfehlte seine Wirkung nicht: Um Verluste, vor allem im Rüstungsgeschäft, zu verhindern, wurde der Gesetzesvorschlag zurückgezogen.

235

Was auf Europa zukommen könnte, sollte die Türkei
eines Tages Mitglied der EU sein, zeigt auch das hohe
Bevölkerungswachstum dieses Landes. Die türkische Bevölkerung dürfte in den nächsten 10 Jahren auf nahezu
90 Millionen Menschen anwachsen, die Türkei wäre damit
das volkreichste Beitrittsland. Mehr als die Hälfte ihrer
Bevölkerung wäre unter 20 Jahre und davon wäre ein gutes Viertel arbeitslos. Man kann sich vorstellen, welchen
Immigrationsdruck dies gegenüber der traditionellen Europäischen Union mit sich brächte. Ein Beitritt der Türkei
wie auch die europäische Einwanderungspolitik gefährden
„eindeutig das Überleben unserer Nationen und tragen
dazu bei, unsere Identität zu schwächen", warnt der Vorsitzende des französischen Front National, Jean-Marie Le
Pen.

Die außereuropäische Türkei könnte als volkreichstes
EU-Mitglied sein gesamtes demographisches Gewicht in
die politische Waagschale werfen. Nicht nur, daß dieses
Land die meisten Europaparlamentarier zu entsenden
hätte und über die meisten Stimmen im Rat verfügen
würde, vielmehr wäre wegen des schnellen Bevölkerungs-
wachstums – zur Jahrhundertmitte könnte die Türkei bis
zu 150 Millionen Einwohner haben, Deutschland oder
Frankreich nur mehr rund 60 Millionen – mit einer Steigerung des Einflusses Ankaras in den Institutionen der EU
zu rechnen. Und sollten sich die Europäer den Vorgaben
aus Ankara widersetzen, hätte die Türkei mit ihrem Mil-
lionenheer an kulturfremden Zuwanderern nach Westeuropa ein Druckmittel in der Hand.

Ein gerne angeführtes Argument der Befürworter
des Türkeibeitritts ist jenes des angeblichen Sicherheits-
gewinns für Europa. Wäre die Türkei EU-Mitglied, so
wird behauptet, so könne Ankara die südöstliche Flanke

Europas zu den Krisenherden des Nahen Ostens sichern. Vielmehr ist das genaue Gegenteil der Fall: Mit einem Mitglied Türkei hätte die Europäische Union eine direkte Grenze zum Irak, zum Iran, zu Syrien und zu den politisch instabilen Kaukasusstaaten Georgien und Armenien. Für besonderen Zündstoff sorgt die Kurdenfrage. Den Kurden, deren Gesamtzahl auf 27 bis 28 Millionen geschätzt wird, blieb ein aus der Konkursmasse des Osmanischen Reiches hervorgegangener eigener Staat verwehrt. Gut die Hälfte der Kurden, geschätzte 15 Millionen Menschen,

Pulverfaß Kurdengebiete: Im Frühjahr 2006 flammten die Unruhen wieder auf

lebt in den östlichen Teilen der Türkei, wo sie von der türkischen Staatsmacht unterdrückt wird – der türkisch-kurdische Konflikt schwelt seit dem Mittelalter. Als nach Jahren der relativen Ruhe Anfang 2006 erneut Unruhen in Ostanatolien ausbrachen, herrschten bürgerkriegsähnliche Zustände. Im Juni dieses Jahres erreichte die Kurdenfrage eine neue, höhere Stufe der Brisanz. Ankara verlegte Truppenverbände und schweres Kriegsgerät an die Grenze zum Nordirak, und Parlament und Regierung gaben grünes Licht für einen Einmarsch ins Nachbarland, um dort den „Terrorismus", also die Kurden, zu bekämpfen. Eine Umsetzung dieses Vorhabens konnte nur durch ein Machtwort des Verbündeten USA verhindert werden. Das erwähnte Beispiel zeigt, wie schnell die EU, sollte sie die Türkei aufnehmen, zur Kriegspartei werden kann. Das Beispiel zeigt, was Ankara von den „europäischen Werten" hält. Hätten die Türken ihren Plan, ohne ein Mandat der Vereinten Nationen im Nachbarland Irak einzumarschieren, in die Tat umgesetzt, so wäre dies als Bruch des Völkerrechts sowie als Angriffskrieg und Verbrechen gegen den Frieden im Sinne des Artikels 6 des Nürnberger Statuts zu qualifizieren gewesen.

Neben der unmittelbaren Gefahr, in einen der gewaltsamen Konflikte im Nahen Osten hineingezogen zu werden, könnte sich das ohnedies schon angespannte Verhältnis Europas zur arabischen Welt weiter verschlechtern, sollte die Türkei EU-Mitglied werden. Denn die Türkei als Erbe des Osmanischen Reiches wird in den arabischen Ländern heute noch als Gegner, wenn nicht sogar als Feindbild gesehen. Eine weitere Verschlechterung der arabisch/islamisch-europäischen Beziehungen würde sich schließlich durch die militärische Zusammenarbeit Ankaras mit Israel ergeben. Wegen des engen Verhältnisses der islamischen Türkei zum Judenstaat werden immer wieder Stimmen laut, die in der Aufnahme Ankaras so etwas wie einen Versuchsballon für Israel sehen. Daß derartige Überlegungen nicht abwegig sind, beweist eine Äußerung des damaligen israelischen Ministerpräsidenten Benjamin Netanjahu in den 90er Jahren, der meinte, Israel könne nach einem Beitritt der Türkei die Aufnahme in die EU beantragen. Der

Vlaams Belang-Vorsitzende Frank Vanhecke warnt in diesem Zusammenhang eindringlich davor, „der Türkei die Türe zu öffnen". Wenn dies geschähe, so der Flame, „dann müssen wir morgen unsere Türe für den Maghreb und den Maschrek, die ebensowenig zu Europa gehören wie Alaska oder Australien, öffnen".

Auch auf das Verhältnis der EU zu Rußland bliebe eine EU-Mitgliedschaft der Türkei nicht ohne negative Auswirkungen. Schon seit Jahrhunderten sind Rußland und die Türkei erbitterte Rivalen um den Einfluß am Schwarzen Meer, im Kaukasus und in Zentralasien. Nach dem Zerfall der Sowjetunion verschärfte sich der Wettlauf zwischen Moskau und Ankara in den wegen der riesigen Rohstoffvorkommen geostrategisch so wichtigen zentralasiatischen Republiken. 1992 wurde unter Federführung des damaligen türkischen Präsidenten Özal in Ankara der Zentralasiatisch-Türkische Gipfel OATCT gegründet, der vor allem die wirtschaftliche und kulturelle Zusammenarbeit seiner Mitglieder Aserbeidschan, Kasachstan, Kirgistan, Turkmenistan, Türkei und Usbekistan verstärken sollte. Weitgehend unbemerkt von der Öffentlichkeit versucht der türkische Ministerpräsident Erdogan seit er im Amt ist, die politischen Beziehungen zu diesen Staaten über die Institutionalisierung des jährlichen Gipfels der Turkstaaten auf politischem Gebiet zu stärken. Außerdem gewährt die Türkei den Staatsbürgern von anderen OATCT-Mitgliedstaaten weitreichende Privilegien, etwa den Aufenthalt von maximal drei Monaten ohne Visum oder die schnelle Erlangung der türkischen Staatsbürgerschaft und fördert den Austausch von Studenten. Es wäre nicht unwahrscheinlich, würde die Türkei, sollte sie Mitglied der EU geworden sein, auf den Beitritt der Turkstaaten drängen, um ihr politischen Gewicht zu vergrößern.

Trotz aller Bedenken halten die Eurokraten am Beitritt der Türkei zur Europäischen Union fest. Günter Verheugen, Vizepräsident der Europäischen Kommission und während seiner Zeit als Erweiterungskommissar einer der Hauptbetreiber des Türkeibeitritts, leitet die angebliche Europareife Ankaras aus der Mitgliedschaft des Landes beim Europarat ab. Der Europarat sei wie keine andere europäische Institution prädestiniert, „den Willen Europas zu sich selbst und die Idee des einigenden Europas zu formulieren und zu befördern". Weil der Europarat gemäß seiner Satzung allen „europäischen" Staaten offenstehe, könnten inzwischen 46 Länder, darunter auch die Türkei, für sich in Anspruch nehmen, „europäisch" zu sein und hätten demnach gemäß dem EU-Vertrag eine Option auf Mitgliedschaft. Als das Europaparlament im März 2006 die Kommission aufforderte, bis Jahresende „den Charakter der Europäischen Union einschließlich ihrer Grenzen festzulegen, erteilte die Brüsseler Behörde diesem Wunsch eine klare Absage. Die Festlegung geographischer Grenzen sei „keine gute Idee", weil dadurch die „Tür für immer verschlossen würde", sagte Verheugens Nachfolger als Erweiterungskommissar, der Finne Olli Rehn.

In der gegenwärtigen Lage scheint es so, als könne nur eine „Vertiefung der Integration", was nichts anderes als mehr Zentralismus bedeutet, weitere Erweiterungen verzögern. Denn die geltenden Verträge, die ursprünglich auf eine nur sechs Mitglieder umfassende Gemeinschaft ausgerichtet waren, können das Funktionieren einer bald 30 Staaten umfassenden EU nicht ausreichend gewährleisten. Um die Entscheidungsfindung zu erleichtern, müßte das Einstimmigkeitsprinzip eingeschränkt werden. Erweiterung oder Vertiefung – für die Bürger ist das wohl eine Wahl zwischen Pest und Cholera.

240

Zusammenarbeit statt Superstaat

Nur souveräne Staaten können die Vielfalt Europas gewährleisten

Die „Schaffung eines Europas der freien und unabhängigen Nationen im Rahmen eines Staatenbundes souveräner Nationalstaaten" und die „Abkehr von allen Versuchen, eine Verfassung für einen zentralistischen europäischen Superstaat zu schaffen" sind ebenfalls wesentliche Forderungen der „Wiener Erklärung" der patriotischen und nationalen Parteien Europas. Die bisherige europäische Integration, deren vorläufig letzter Schritt die vorerst gescheiterte EU-Verfassung ist, schlägt den entgegengesetzten Weg ein. Auf der ideologischen Grundlage, wonach Grenzen „überwunden" werden müßten und Nationalstaaten ein geschichtliches Relikt seien, wird versucht, den Grundsatz der zwischenstaatlichen Zusammenarbeit durch die Schaffung eines zentralistischen Gebildes zu ersetzen, dessen Entscheidungen sich die Staaten selbstverständlich unterzuordnen haben.

Ein Aufgehen der europäischen Nationalstaaten in einem europäischen Bundesstaat würde das Ende Europas in der Form, wie wir es kennen, bedeuten. Denn der Nationalstaat ist nicht nur eine europäische „Erfindung", sondern in vielen Fällen auch der Träger einer bestimmten völkischen Identität nach außen hin. Dennoch wäre es verkürzt, ihn ausschließlich als ein Gebilde aufzufassen, das sich auf gemeine Sprache, Kultur und Geschichte gründet.

241

Schließlich gibt es in Europa einige Staaten, die nicht diesem (deutschen) Nationsbegriff entsprechen. Österreich
beispielsweise hat aufgrund geschichtlicher Ereignisse seine staatliche Eigenständigkeit, seine autochthone Mehrheitsbevölkerung ist hingegen Teil der deutschen Sprach-,
Volks- und Kulturgemeinschaft. In der Schweiz wiederum
bilden die deutsche, französische, italienische und rätoromanische Gruppe einen eigenen Staat, die Willensnation
der Schweizerischen Eidgenossenschaft. Und in Belgien
sind französischsprachige Wallonen und niederländischsprachige Flamen unter dem Dach des Gesamtstaates vereint, wobei ein Gutteil der Flamen lieber eigene staatliche
Wege gehen möchte.

Ein genaues Alter des Nationalstaates ist nicht bekannt,
allerdings reichen seine Anfänge an den Zeitenwechsel vom
Mittelalter zur Neuzeit zurück. Damals ging – von Westeuropa ausgehend hin nach Osteuropa – die Bedeutung
der Personalverbände zurück. An die Stelle der Abhängigkeit von einem Herrscher bzw. einer Dynastie trat die
Bindung zu einem bestimmten Gebiet wie in Frankreich
oder – wie im Heiligen Römischen Reich Deutscher Nation mit seinen mehr als 300 Territorien – das Bewußtsein
gemeinsamer Sprache und Kultur. Mit dem Westfälischen
Frieden 1648 fand der Nationalstaat seinen Eingang in
das Völkerrecht. Die staatliche Souveränität eines jeden
Nationalstaates sollte von den anderen, beruhend auf dem
Prinzip der formalen Gleichheit, respektiert werden. In
Artikel VIII §1 des Vertrages von Osnabrück wird das
folgendermaßen umschrieben: „Damit aber Vorsorge getroffen sei, daß künftig keine Streitigkeiten in bezug auf
die Verfassung entstehen, sollen sämtliche Kurfürsten,
Fürsten und Stände des Römischen Reiches in ihren alten
Rechten (…) derart bestätigt und bekräftigt werden, daß

sie von niemandem jemals unter irgendeinem Vorwand tatsächlich beeinträchtigt werden können oder dürfen".

Die entstehenden Nationalstaaten gaben schließlich Europa den entscheidenden Impuls auf dem Weg zur Moderne und zur weltweiten Vormacht. Verwaltung sowie das Bildungswesen wurden im Zeitalter des Absolutismus straff aufgebaut, Steuern eingehoben, und das Heereswesen durch die Einführung der allgemeinen Wehrpflicht verankert. Um die für ein komplexeres Staatswesen notwendige Kommunikation zu gewährleisten, kam es zur Ausbildung von Einheitssprachen. In Frankreich sprachen beispielsweise im Revolutionsjahr 1789 weniger als 50 Prozent der Einwohner Französisch, und nur 12 bis 13 Prozent sprachen es korrekt. Im Norden und Süden des Landes wurde so gut wie kein Französisch gesprochen. Ähnlich war die Lage im benachbarten Deutschland. Schätzungen zufolge sprachen im 18. Jahrhundert weniger als 500.000 Deutsche im Umgang untereinander das, was später das offizielle Hochdeutsch wurde. Und in Italien sollen sich noch 1861, als das Land vereinigte wurde, nur 2,5 Prozent der Bürger im Alltag des Italienischen bedient haben. Massimo d'Azeglio, der frühere Ministerpräsident des Piemont, meinte: „Wir haben Italien geschaffen, jetzt müssen wir die Italiener schaffen." Begünstigt wurde die Ausbildung der Hochsprachen freilich auch durch den Buchdruck, der zu dieser Zeit immer mehr Verbreitung fand. Und nicht zuletzt wurde mit der Auflösung der Personalverbände der Weg hin zu Aufklärung und Individualismus beschritten.

Hervorzuheben snd auch die Verdienste des Nationalstaates bei der Herausbildung des modernen, freiheitlich-demokratischen Verfassungsstaates: Im 17. und 18. Jahrhundert, also zur Hochblüte des fürstlichen Absolutismus`, erfreute sich unter Europas Intellektuellen der

Gedanke der wechselseitigen Kontrolle und Beschränkung der Staatsgewalten, immer größerer Beliebtheit. Infolge dessen entstand das System der Gewaltenteilung und des Parlamentarismus', wie es der französische Staatstheoretiker Charles de Montesquieu formulierte.

Von den 46 Staaten, die es heute in Europa gibt, waren 26 erst im 20. Jahrhundert und sieben im 19. Jahrhundert zu souveränen Einheiten geworden. Daß Eigenstaatlichkeit im beginnenden 21. Jahrhundert noch längst kein Auslaufmodell ist, beweist Montenegro, das 2006 seine Unab-

Wille zur Unabhängkeit: Demonstation in Katalonien

hängigkeit wiedererlangt hatte. Und darüber hinaus gibt es bedeutende Bewegungen in Flandern, im Baskenland oder in Katalonien, die nach Unabhängigkeit streben.

Die Tendenz, die europäischen Staaten und Völker in den Hintergrund zu drängen, kommt in beeindruckender Weise gleich im ersten Artikel der EU-Verfassung zum Ausdruck. Nach dieser Bestimmung wird die Europäische Union nicht vom Willen der Völker getragen, sondern vom Willen der „europäischen Bürger". Vor allem aber bedeutet die EU-Verfassung mehr Zentralismus und eine

Benachteiligung kleiner Mitgliedstaaten der Europäischen Union:

Entgegen der hehren Beteuerung bringt die EU-Verfassung nicht mehr Bürgernähe, sondern stärkt die Brüsseler Institutionen. Einerseits schreibt Artikel I-6 den Vorrang der Verfassung und des von den Organen der Union im Rahmen der übertragenen Zuständigkeiten gesetzten Rechts gegenüber dem Recht der Mitgliedstaaten vor. Dieser Vorrang gilt auch gegenüber den Grundprinzipien der österreichischen Bundesverfassung. Andererseits wird das Subsidiaritätsprinzip durch die „Flexibilitätsklausel" des Artikels I-18 ad absurdum geführt. Denn nach dieser Bestimmung kann die Union Zuständigkeiten im Rahmen der in Teil III (z. B. Binnenmarkt, Landwirtschaft, aber auch Asyl- und Einwanderungspolitik) der Verfassung festgelegten Politikbereiche an sich ziehen, um eines der Ziele der Verfassung zu verwirklichen. Aus der Weitläufigkeit der in Artikel I-3 aufgezählten Ziele, die von der Förderung des Wohlergehens ihrer Völker, dem Bieten eines unverfälschten Wettbewerbs, der Wahrung der Preisstabilität bis hin zur Förderung der sozialen Gerechtigkeit reichen, ergibt sich, daß es kaum einen Bereich gibt, der von den Zielen der Union nicht erfaßt wäre. Brüssel könnte sich mittels dieser „Flexibilitätsklausel" ohne Vertragsänderung in Angelegenheiten der lebensnotwendigen Daseinsvorsorge einmischen.

Bei der durch die EU-Verfassung vorgesehenen Bündelung der Zuständigkeiten bei der Brüsseler Zentrale würde weiters der Einfluß des Europäischen Gerichtshofes (EuGH) noch weiter zunehmen. Und das in Luxemburg tagende Gericht könnte seine Rechtsprechung, die 1979 mit der berühmt-berüchtigten „Cassis de Dijon"-Entscheidung begonnen hat, auf weitere Bereiche ausdehnen.

Damals befand der EuGH, daß Cassis de Dijon, ein Johannisbeerlikör, der eine der Zutaten des Getränks „Kir Royal" ist, auch nach Deutschland importiert werden darf, obwohl er den deutschen Vorschriften nicht entsprach. Was in Frankreich gut ist, kann in Deutschland nicht schlecht sein, meinten die Richter. Und in einer Fülle von weiteren Urteilen dehnte der EuGH in weiterer Folge diesen Grundsatz auf alle möglichen Bereiche aus.

Weiters wird mit der EU-Verfassung das Vetorecht, das ein Ausdruck der Souveränität, aber auch eine Waffe kleiner Länder gegenüber den großen Mitgliedstaaten ist, stark eingeschränkt. Das Prinzip der Einstimmigkeit wird im wesentlichen auf den Bereich der gemeinsamen Außen-, Sicherheits- und Verteidigungspolitik beschränkt. Grundsätzlich ist künftig zur Annahme eines Beschlusses eine qualifizierte Mehrheit, das sind mindestens 55 Prozent der Mitglieder des Rates, gebildet aus mindestens 15 Mitgliedern, die zusammen mindestens 65 Prozent der Bevölkerung der EU repräsentieren, erforderlich. Drei große, bevölkerungsreiche EU-Länder können somit zusammen mit fünf kleineren Mitgliedstaaten bereits Beschlüsse fassen.

Eine besondere Fehlentwicklung der europäischen Integration ist der mit der Zentralisierung einhergehende Abbau demokratischer Rechte. Die EU-Verfassung würde diese Tendenz, weil sie dem Europäischen Parlament in wichtigen Fragen keine Entscheidungsbefugnis einräumt, sondern bestenfalls ein Mitspracherecht gewährt, nur noch weiter verstärken. Diese Fehlentwicklung hat auch dazu geführt, daß sich im Brüsseler Biotop eine besondere Spezies, die Eurokraten, entwickeln konnten. Deren wesentliches Merkmal ist es, im Kompetenzgewirr der Institutionen Entscheidungen im Verborgenen zu treffen und ständig nach neuen Betätigungsfeldern zu suchen, die

Der Wille der EU-Granden: Feierliche Unterzeichnung des „Verfassungsvertrags für Europa" Ende Oktober 2004 in Rom

letztendlich die Souveränität der Mitgliedstaaten weiter aushöhlen. Der polnische Präsident Lech Kaczynski beschrieb zuletzt die heutige EU in treffender Weise so: Sie sei ein „künstliches Gebilde", das nationale Kompetenzen an sich ziehe und zugleich ziemlich ratlos wirke. Außerdem gebe es keine europäische Öffentlichkeit, sondern nur nationale Öffentlichkeiten.

Ein europäischer Bundesstaat, der ständig nach neuen Kompetenzen greift, würde naturgemäß auch mehr Geld brauchen, was zu Lasten seiner Mitglieder, allen voran der Nettozahler gehen würde. Allein 2006 lieferte Österreich 2,3 Milliarden Euro nach Brüssel ab, wovon knapp 1,75 Milliarden Euro in Form von verschiedenen Förderungen wieder ins Land zurückflossen. Die Differenz – der Nettobeitrag – betrug 725 Millionen Euro, das sind in alter Währung gute zehn Milliarden Schilling. Die genaue Höhe des Nettobetrags steht erst im Nachhinein, nach Ab-

247

rechnung aller Förderungen, fest. Der mit Abstand größte Zahler in der EU ist Deutschland mit einem Bruttobeitrag von über 22 Milliarden Euro, gefolgt von Frankreich mit 17 Milliarden Euro und Italien mit 14 Milliarden Euro.

Bis zum Jahr 2013, wenn die nächste Finanzperiode der EU ausläuft, soll sich unser Nettobeitrag dann auf etwa 860 Millionen Euro erhöhen, wie das Wirtschaftsforschungsinstitut WIFO in einer Studie berechnet hat. Wenn man die Nettobeiträge für den Zeitraum von 2000 bis 2013 zusammenzählt, kommt man auf die unvorstellbare Summe von rund 9,3 Milliarden Euro – in alter Währung sind das rund 130 Milliarden Schilling – mit denen die Österreicher Brüssel sponsern. Im Vergleich dazu soll das österreichische Budgetdefizit in diesem Jahr etwa 5,8 Milliarden Euro betragen.

In den Jahren 2000 bis 2006 lag der Betrag, den das unter einer hartnäckigen Wirtschaftskrise leidende Deutschland im Durchschnitt unterm Strich ablieferte, bei zehn Milliarden Euro. Dahinter folgen Italien, Frankreich, Großbritannien und die Niederlande mit einem Nettobeitrag zwischen zwei und drei Milliarden Euro. Spanien und Irland, zwei Mitgliedstaaten, deren Wirtschaft mit EU-Geldern saniert wurde, werden weiterhin von Brüssel unterstützt. Spanien, dessen jährliche Wirtschaftsleistung pro Kopf knapp 19.000 Euro beträgt, bekam 2004 um 8,5 Milliarden Euro mehr aus Brüssel zurück, als es in die EU-Kassen eingezahlt hatte. Der Vergleichswert des europäischen Zahlmeisters Deutschland liegt bei 23.000 Euro. Die grüne Insel Irland konnte anderthalb Milliarden Euro von der EU lukrieren. Jeder Ire produziert jährlich Waren und Dienstleistungen im Wert von durchschnittlich 34.000 Euro und kann sich gleichzeitig statistisch betrachtet über 430 Euro erfreuen, die er von Brüssel bekommt.

Bemerkenswert ist auch der Geldhunger Brüssels: Betrug 1960 der Haushalt der damals sechs Mitglieder umfassenden EWG umgerechnet 600 Millionen Euro, waren es zwei Jahrzehnte später schon 16,5 Milliarden Euro. Im folgenden Jahrzehnt sollte sich das Budget bis 1990 auf 45,6 Milliarden Euro fast verdreifachen, um sich dann bis zur Jahrtausendwende auf 89,4 Milliarden Euro nochmals zu verdoppeln. In diesem Jahr wird der EU-Haushalt rund 112 Milliarden Euro betragen. Mit einer weiteren Steigerung des Haushaltsvolumens ist zu rechnen.

Die verschiedenen Fördertöpfe der EU – für die Landwirtschaft oder für strukturpolitische und wettbewerbfördernde Maßnahmen – machen den Großteil des EU-Haushalts aus. So fließen in diesem Jahr rund 51 Milliarden Euro (dieser Betrag entspricht 45,5 Prozent des Gesamthaushalts) in den Bereich Landwirtschaft und etwa 35,6 Milliarden Euro (31,6 Prozent) in die Struktur- und den Kohäsionsfond. In welche Projekte im Bereich der Landwirtschaft die Gelder fließen, weiß niemand genau. Denn gegen Pläne der Kommission, alle Beihilfen offenzulegen, gibt es heftige Widerstände, vor allem seitens der Agrarlobby – auch aus Österreich.

Der Eurokratie, die unter dem Begriff „europäische Integration" Zentralisierung und Schaffung eines „Superstaates" versteht, setzen die europäischen Rechtsparteien die Souveränität der einzelnen europäischen Staaten als Grundlage für eine Zusammenarbeit entgegen. In den einzelnen Staaten werden die Träger der kulturellen Vielfalt Europas gesehen. Daher müsse das künftige Schicksal Europas von der Gestaltungsfreiheit seiner Völker geprägt sein. Die durch die Geschichte entstandene Vielfalt und das kulturelle Erbe müßten nicht nur bewahrt und weiterentwickelt werden, sondern sind auch ein Garant für die geistige und kulturelle Weiterentwicklung Europas, heißt es beispielsweise im Programm der FPÖ. Eine ähnliche Auffassung vertritt die Großrumänienpartei, die in der Erhaltung der nationalen Identität das „wichtigste und unverzichtbare Ziel" sieht. Die Staaten der EU stehen, wie der Vizepräsident dieser Partei, Petre Popeanga erklärte, für eine „geschichtliche Realität, die nicht verschwinden könne".

· Bei einer europäischen Zusammenarbeit sollte die „Eigenständigkeit der Staaten nur in dem für die Erreichung der jeweiligen Zielsetzung unbedingt erforderlichen Ausmaß eingeschränkt werden", fordert die FPÖ. Philip Claeys, EU-Abgeordneter des Vlaams Belang, fordert, die EU-Verfassung müsse „die Kompetenzen der Mitgliedstaaten respektieren und definieren, was Teil der nationalen und was Teil der europäischen Ebene ist". Wie weit nun Kompetenzen an die EU-Ebene abgegeben werden sollen, darüber herrschen durchaus Auffassungsunterschiede.

Eindeutig abgelehnt wird eine „Kompetenz-Kompetenz" für Brüssel, also die Möglichkeit, die eigene Zuständigkeit selbst festlegen zu können. Auch eine Verlagerung der Währungspolitik auf die europäische Ebene, wie es in den Teilnehmerstaaten am Euro seit Einführung der Gemeinschaftswährung der Fall ist, findet weitgehend keine Zustimmung. Der Vlaams Belang sieht dagegen im Verschwinden des belgischen Franc eine „gute Sache", weil mit ihm ein „belgisches Symbol" verschwand, wie Parteichef Frank Vanhecke erläutert. Allerdings müsse sich die Währungsunion „erst beweisen", weil sie erst seit ein paar Jahren besteht.

Als Begründung dafür, wie auch gegen die „Vergemeinschaftung" der Steuerpolitik, wird angeführt, daß die Mitgliedstaaten damit Möglichkeiten zur Belebung der

Konjunktur in wirtschaftlich schwierigen Zeiten aus der Hand geben. Das Beispiel Deutschlands, dessen heutige Wirtschaftskrise zu einem guten Teil mit auf die – auf Drängen der damaligen Regierung Kohl eingeführten – Maastricht-Kriterien zurückzuführen ist, bestätigt diese Auffassung.

Mogens Camre, Europaabgeordneter der Dänischen Volkspartei, hält darüber hinausgehend eine EU-Zuständigkeit für Handel, Wirtschafts,- Binnenmarkt- und Umweltfragen für sinnvoll, da er eine „Harmonisierung in technischen Fragen" befürwortet.

Einen anderen Standpunkt vertritt der französische Front National, der nicht nur die Verträge von Maastricht, Amsterdam und Nizza neu verhandeln will, um damit den Mitgliedstaaten den nötigen Spielraum für Anpassungsmaßnahmen auf wirtschaftlicher, sozialer und politischer Ebene zu geben. Vielmehr sollte die europäische Zusammenarbeit im Rahmen frei gewählter Interessensbereiche

Der Wille des Volkes: Die Franzosen sagten „Nein" zur EU-Verfassung

und rund um „konkrete Projekte" vorgenommen werden, die nicht mit dem „Euro-Brüsseler System" zu tun haben. Als Beispiele für eine schon bestehende und erfolgreiche derartige Zusammenarbeit führt der Generalsekretär des Front National, Bruno Gollnisch, die Raumfahrt, das Flugzeugprojekt „Airbus" und die Grundlagenforschung an, „wo Wissenschafter ersten Ranges eine phantastische Arbeit über Aufbau und Struktur der Materie leisten".

Ein besonders heikler Punkt bleibt aber die gemeinsame Außen-, Sicherheits- und Verteidigungspolitik. Philip Claeys meint, man sollte versuchen, diese „auf die Beine zu stellen". Allerdings zeigt er sich bezüglich der Erfolgsaussichten pessimistisch. Der Däne Mogens Camre hält es wegen der geringen Verteidigungsausgaben der europäischen Staaten für „absolut notwendig, eine enge Zusammenarbeit mit den europäischen Staaten beizubehalten". Außerdem warnt er davor, eine Verteidigung aufzustellen, die nicht funktioniert. Camre geht auch davon aus, daß Europa der „Wille zu Macht" fehlt, denn er kritisiert die Vorstellung der Europäer, „mit Diplomatie und Verhandlungen in der Zukunft einem Krieg entgehen zu können". Einen Krieg zwischen den europäischen Staaten hält er für unrealistisch, verweist aber in diesem Zusammenhang zu Recht auf die Gefährdung der Sicherheit durch den islamischen Fundamentalismus, der für ihn ein Aufstand gegen Entwicklung, Modernisierung und Demokratie ist.

Der Front National lehnt hingegen eine Institutionalisierung der Außenpolitik auf europäischer Ebene entschieden ab und tritt für die zwischenstaatliche Zusammenarbeit zur Suche nach Strategien zur Bewältigung von Krisen ein. Denn eine gemeinsame Außenpolitik würde, so Parteichef Jean-Marie Le Pen, auch eine europäische politische Union andeuten.

Europa der zwei Geschwindigkeiten

Kerneuropa: Alternative zu Überdehnung und Grenzenlosigkeit

Die letzte, überhastete Erweiterungsrunde sowie die Überlegungen, die Türkei und die Balkanstaaten in die EU aufzunehmen, haben den Begriff „Kerneuropa" in den Mittelpunkt der politischen Debatte rücken lassen. Bei Kerneuropa handelt es sich um ein Konzept, nach dem sich die europäische Integration auf eine bestimmte Gruppen von Staaten, die zu einer engeren Zusammenarbeit bereit ist, beschränkt, während die übrigen Mitglieder der Europäischen Union außen vor bleiben. Weil dabei die EU-Mitgliedstaaten bei der europäischen Integration unterschiedlich schnell voranschreiten, wird auch der Begriff des „Europas der zwei Geschwindigkeiten" verwendet.

Eng verwandt mit Kerneuropa ist der Begriff „Europa à la carte", bei dem es sich um eine europäische Integration in abgestufter Form handelt. Die Mitgliedstaaten einigen sich hier auf ein Mindestmaß an gemeinsam zu erfüllenden Zielen. Weitere Integrationsschritte in Bereichen wie der Außen-, Sicherheits- oder Währungspolitik zu übernehmen, bleibt der freien Entscheidung der Mitgliedstaaten überlassen. In jenen Bereichen, in den die Mitgliedstaaten keine Integration wünschen, bleiben sie souverän. Mogens Camre von der Dänischen Volkspartei, der sich gegen die Teilnahme seines Landes an Kerneuropa ausspricht, hält dieses Konzept für eine „gute Lösung", weil es auf die Verschiedenheit unserer Länder Rücksicht nimmt". Das Konzept eines „Europa à la carte" ist teilweise verwirklicht, wie Schengener Abkommen oder die Wirtschafts- und Währungsunion, an denen nicht alle Mitgliedstaaten der EU teilnehmen, zeigen.

Der Hintergrund derartiger Überlegungen liegt einerseits im Gefüge der europäischen Institutionen, die ursprünglich auf die sechs Mitglieder zählende Europäische Wirtschaftsgemeinschaft ausgerichtet waren und in der heute 25 Mitglieder zählenden EU an ihre Grenzen stoßen. Andererseits wird es immer schwieriger, die einander teilweise widerstrebenden Interessen der Mitgliedstaaten unter einen Hut zu bringen. Während etwa Deutschland und Frankreich eine immer engere Zusammenarbeit anstreben – 2003 legten die EU-Kommissare Pascal Lamy und Günther Verheugen einen Plan vor, der die faktische Vereinigung Deutschlands und Frankreichs, mit gemeinsamen Streitkräften, vorsah – wünschen EU-Staaten wie Großbritannien keine über eine Freihandelszone hinausgehende Zusammenarbeit. Und die neuen EU-Länder sind zumeist an möglichst hohen Förderungen aus Brüssel interessiert.

Aufsehen erregte zuletzt der belgische Ministerpräsident Guy Verhofstadt, der Ende 2005 in seinem Buch „Die Vereinigten Staaten von Europa. Ein Manifest für ein neues Europa" für eine verstärkte Zusammenarbeit, deren Initiative von einer „Kerngruppe innerhalb der EU" ausgehen müsse, eintrat. Dafür kämen „bestenfalls" jene Länder in Frage, „die dem Euro-Raum angehören oder dies zumindest kurzfristig beabsichtigen". Die Angelegenheiten, die in die Zuständigkeit der „Vereinigten Staaten von Europa" fallen sollen, umschreibt Verhofstadt folgendermaßen: „Die Mitgliedstaaten und die neuen, die demnächst beitreten werden, müssen den Ehrgeiz haben, eine gemeinsame soziale und wirtschaftliche Politik zur Unterstützung des Euro zu entwickeln. Gemeinsam müssen sie den Kampf gegen das schwache Wirtschaftswachstum und die Arbeitslosigkeit, aber auch gegen gemeinsame gesellschaftliche Probleme wie etwa die Kriminalität aufnehmen. Sie müssen eine gemeinsame Gesetzgebung zu sozialen Mindestnormen und der Steuerpolitik ausarbeiten. Außerdem müssen sie ihre Kräfte für den Ausbau von Forschung und Entwicklung und der transeuropäischen Verkehrsnetze bündeln. Schließlich müssen sie die Initiative ergreifen, eine gemeinsame Armee zu gründen und in der Auslandspolitik geschlossen aufzutreten". Viele Kompetenzen würden den Nationalstaaten also nicht mehr verbleiben. Bei Verwirklichung seines Vorschlags könnten dann möglicherweise „zwei konzentrische Kreise" in Europa entstehen, erläutert Verhofstadt: „Ein politischer Kern, eine Art ‚Vereinigte Staaten von Europa' – der Euro-Raum

Guy Verhofstadt (rechts): Will ein zentralistisches „Kerneuropa"

– und rundherum ein Staatenbund, eine Art „Organisation europäischer Staaten".

Die große Schwachstelle an Verhofstadts Vorschlag liegt darin, daß er seinen „Vereinigten Staaten von Europa" die EU-Verfassung rechtlich zugrunde liegen will. Außerdem trägt sein Vorschlag den Keim zur uferlosen Ausdehnung des „neuen Europa" in sich. Denn „Sinn und Zweck ist es schließlich, daß alle Mitgliedstaaten dem neuen Europa beitreten. Aus diesem Grunde darf das neue Europa unter keinen Umständen exklusiv sein", lautet seine Forderung. Außerdem sieht Verhofstadt in seinem Konzept die „perfekte Lösung für ein Problem von zunehmender Brisanz, und zwar die fehlende Zwischenetappe zwischen der Beantragung der EU-Mitgliedschaft und dem effektiven Beitritt". Sofern sie die erforderlichen Kriterien erfüllen, so der Ministerpräsident, „können die Anwärterstaaten der Union jederzeit beitreten, ohne notwendigerweise unmittelbar am anspruchsvollen Kerneuropa beteiligt zu sein". Die Umsetzung des Vorschlags von Verhofstadt würde die EU in ihrer heutigen Form obsolet machen und sie bloß durch die „Vereinigten Staaten von Europa" ersetzen. Das nicht zuletzt durch die letzte Erweiterungsrunde herrührende Problem der Überdehnung könnte es hingegen nicht lösen.

Unter Europas Rechtsdemokraten ist Kerneuropa nicht unumstritten: Der Vorsitzende des belgischen Vlaaams Belang, Frank Vanhecke, sieht in Kerneuropa einen „Trick der Euroföderalisten, die den Mitgliedstaaten ihre letzte Souveränität nehmen wollen und einen Euro-Superstaat für Konsumenten in einer globalisierten Welt ohne Grenzen, ohne Identität, ohne Wurzeln als eine Art Super-Utopia konstruieren wollen".

Für den freiheitlichen EU-Abgeordneten Andreas Mölzer wiederum entsteht die Notwendigkeit zu einem Kerneuropa „zwangsläufig" aus der letzten Erweiterungsrunde einerseits und andererseits aus der EU-Verfassung, die „nur von einem Teil der EU-Mitgliedstaaten wird ratifiziert werden können", aus der europäischen Gemeinschaftswährung und dem Schengener Abkommen, welche „nur einem von Teil der Mitgliedstaaten nachvollzogen und getragen werden".

Daher werde es, so Mölzer, zur Herausbildung eines Europas der zwei Geschwindigkeiten kommen. Damit dieses „nicht völlig zu einem chaotischen und zerrissenen Staatenbund wird, muß man zwangsläufig auf die Konzeption eines Kerneuropas zurückgreifen". Denn ein Teil der Mitgliedstaaten, der gewisse Kriterien zu erfüllen bereit ist, werde die Vertiefung der europäischen Integration vollziehen, „unabhängig von den Problemen infolge einer maßlosen Erweiterung in Richtung Ost- und Südeuropa und Anatolien".

Als Kriterien für dieses Kerneuropa ist für Mölzer „in erster Linie der Willen, den Traum der europäischen Einigung nicht aufzugeben und ein politisch handlungsfähiges Europa im globalen Spiel der Mächte des 21. Jahrhunderts zu schaffen" maßgeblich. Neben der gemeinsamen Außen- und Sicherheitspolitik, der Erfüllung der Stabilitätskriterien des Euro als harter Währung sollen eine gemeinsame geordnete Asyl- und Zuwanderungspolitik und die gemeinsame Bekämpfung der Kriminalität in den Zuständigkeitsbereich Kerneuropas fallen. Neben den „drei Großen" – Deutschland, Frankreich und Italien – sollen Österreich, die Staaten der einstigen Habsburger Monarchie, aber auch die Benelux-Länder und die drei baltischen Staaten dem Kern angehören". Die relativ große Zahl der Kleinstaaten, die zu Kerneuropa gehören sollen, begründet Mölzer mit der Schaffung eines Gegengewichts zu den „drei Großen".

Neu ist die Idee einer auf einen engeren Kreis der europäischen Staaten beschränkten Zusammenarbeit nicht. Der britische Kriegspremier Winston Churchill meinte in seiner Rede in der Züricher Universität am 19. September 1946, „wenn zu Anfang auch nicht alle Staaten Europas

Margaret Thatcher: Die frühere britische Premierministerin wollte keine über eine Freihandelszone hinausgehende europäische Integration

willens oder in der Lage sind, der Union beizutreten, müssen wir uns dennoch ans Werk machen, diejenigen Staaten, die es wollen und können, zusammenzufassen und zu vereinen". Churchill sprach in Zürich auch von den „Vereinigten Staaten von Europa", in Anlehnung an die Vereinigten Staaten von Amerika. So wenig wünschenswert es auch ist, die Staaten Europas zu einer den USA entsprechenden Einheit zusammenzufassen, macht aber der Vergleich mit Amerika eines deutlich: Die Vereinigten Staaten von Amerika umfassen nur einen Teil des

258

amerikanischen Kontinents, während in Europa – und hier insbesondere in Brüssel – die Ansicht vorherrscht, die Europäische Union müsse um jeden Preis alle Staaten des Kontinents umfassen.

Wer den Begriff Kerneuropa prägte, ist umstritten. Die einen führen ihn auf den frühren belgischen Premier Leo Tindemans, die anderen auf den deutschen CDU-Politiker und nunmehrigen Innenminister Wolfgang Schäuble zurück. Der Christdemokrat Tindemans hielt Ende 1976 in seinem „Bericht über die Europäische Union" fest: „Man muß sich dazu bereit finden können, daß die Staaten, welche die Möglichkeit haben, Fortschritte zu machen, auch die Pflicht haben, dies zu tun, daß die Staaten, welche vom Rat auf Vorschlag der Kommission als objektiv anerkannte Gründe haben, nicht weiter vorzurücken, dies nicht tun." Die damalige EG, die in den 70er Jahren unter der „Eurosklerose" litt, hatte neun Mitglieder.

Ein vielbeachtetes und kontroversiell diskutiertes Kerneuropakonzept legten 1994 die beiden CDU-Politiker Wolfgang Schäuble und Karl Lamers vor. In ihren „Überlegungen zur europäischen Politik" forderten sie die „Stärkung der Handlungsfähigkeit der EU und ihrer föderalen und demokratischen Ausrichtung". Denn der europäische Einigungsprozeß sei, so argumentierten die beiden Christdemokraten, „an einem kritischen Punkt angelangt". Wenn es nicht gelänge, die Ursachen für diese „gefährliche Entwicklung" zu finden, dann werde sich die Union „zu einer lockeren, im wesentlichen auf einige wirtschaftliche Aspekte beschränkten Formation mit verschiedenen Untergruppierungen entwickeln" und werde die „existentiellen Probleme der europäischen Gesellschaften und ihre äußeren Herausforderungen nicht lösen können".

Als Ursachen, die zu dem kritischen Punkt führten,

nennen Schäuble und Lamers neben der Überdehnung der Institutionen die zunehmende Differenzierung der Interessen, „unterschiedliche Wahrnehmungen einer vom Nordkap bis Gibraltar reichenden Union von der Vorrangigkeit innerer, mehr aber noch äußerer Aufgaben, den tiefen wirtschaftsstrukturellen Wandel, der zur Massenarbeitslosigkeit führt, und die allgemeine Schwäche nationaler Parlamente und Regierungen angesichts der erwähnten Probleme". Anders als Mölzer, der mit seinem Kerneuropakonzept die Identität der Nationalstaaten bewahren will, wollen Schäuble und Lamers die Nationalstaaten weiter zurückdrängen, denn sie beklagen eine Zunahme des „regressiven Nationalismus".

Das besonders weitreichende Kerneuropakonzept von Schäuble und Lamers will der von ihnen empfundenen Lähmung der Europäischen Union durch die folgenden fünf Punkte entgegenwirken:

Erstens fordern sie die „institutionelle Weiterentwicklung der Union, Verwirklichung der Subsidiarität einschließlich der Rückverlagerung von Kompetenzen". Um dieses Ziel zu erreichen, müßten „alle vorhandenen Institutionen" – Rat, Kommission und Europaparlament – reformiert werden. Das Europaparlament sollte schrittweise zu einem neben dem Rat gleichberechtigten Gesetzgeber entwickelt werden. Der Rat sollte neben seinen anderen Aufgaben, vor allem im intergouvernementalen Bereich Aufgaben einer zweiten Parlamentskammer, einer Staatenkammer, übernehmen und die Kommission „Züge einer europäischen Regierung annehmen". Außer Zweifel stand für Schäuble und Lamers, daß ihr Kerneuropa eine föderative Struktur haben, also ein Bundesstaat sein sollte.

Zweitens, und ist das der wesentliche Punkt diesen Konzeptes, müsse sich „der feste Kern von integrationsorientierten und kooperationswilligen Ländern, der sich bereits herausgebildet hat, weiter festigen". Wie ein Jahrzehnt später Vorhofstadt, treten auch Schäuble und Lamers dafür ein, daß „der Kern nicht geschlossen" sein darf, sondern „für jedes Mitglied offen sein muß, das willens und in der Lage ist, seinen Anforderungen zu entsprechen". Aufgabe des festen Kerns sei es, „den zentrifugalen Kräften in der immer größer werdenden Union ein starkes Zentrum entgegenzustellen und damit die Auseinanderentwicklung zwischen einer eher für Protektionismus anfälligen Süd-West- Gruppe unter einer gewissen Anführung durch Frankreich und einer stärker dem freien Welthandel verpflichteten Nord-Ost-Gruppe unter einer gewissen Anführung durch Deutschland zu verhindern." Neben Deutschland und Frankreich, deren „Motor-Funktion" unerläßlich sei, sollten auch die Beneluxländer dem Kern angehören. Der Zweck des festen Kerns sei es, die Geld-, Haushalts-, Wirtschafts- und Sozialpolitik noch enger als bisher aufeinander abzustimmen.

Drittens müßten die deutsch-französischen Beziehungen „eine qualitativ neue Stufe erreichen, wenn der geschichtliche Fluß des europäischen Einigungsprozesses nicht versanden, sondern sein politisches Ziel erreichen soll". Daher dürfe es keine wesentlichen außen- und europapolitischen Aktionen ohne vorangehende deutsch-französische Abstimmung geben. Eine Einschränkung erfährt dieser Vorschlag dahingehend, daß die weitere Steigerung der deutsch-französischen Zusammenarbeit nicht bedeute, „daß die Hoffnung aufgegeben wird, daß Großbritannien seine Rolle im Herzen Europas und damit in seinem Kern übernimmt". Denn die „entschlossene Weiterentwicklung Europas" sei das beste Mittel, „um den Prozeß der Klärung des Verhältnisses Großbritanniens zu Europa und seinen

Willen zur Teilnahme an weiteren Integrationsfortschritten positiv zu beeinflussen". Hier dürfte freilich der Wunsch des Vaters des Gedankens gewesen sein: Nicht nur die Vergangenheit hat gezeigt, daß für London die europäische Integration nicht mehr als eine Freihandelszone sein soll, während Großbritannien in außen- und sicherheitspolitischen Angelegenheiten auf seiner Souveränität beharrt. Vielmehr war gerade auch das Verhalten der Briten in den der Veröffentlichung des Schäuble/Lamers-Papiers folgenden Jahren eine Bestätigung, wie sehr die Briten ihre Rolle in der Weltpolitik, außerhalb der EU, an der Seite Washingtons sehen, wie der Irakkrieg gezeigt hat.

Der Umstand, daß Kerneuropa nur durch den gemeinsamen Willen Deutschlands und Frankreichs zu verwirklichen ist, ruft besondere Kritik hervor. Vor allem kleine EU-Mitglieder sehen in Kerneuropa nur ein Synonym für ein mögliches deutsch-französisches Diktat. Weiters löst Kerneuropa Ängste vor einem Ausschluß aus einem „exklusiven Klub" hervor. Für Roberto Fiore von der „Forza Nuova" bedeutet Kerneuropa zwei Geschwindigkeiten, zwei verschiedene soziale Konzepte, Armut und Ausgrenzung.

Diese Furcht vor einem deutsch-französischen Diktat gründet sich offenbar in der Vergangenheit, da frühere „Europamodelle" entweder Paris oder Berlin als das Gravitationszentrum Europas auserkoren hatten. Beim napoleonischen „Grand Empire" bildeten Frankreich, die Niederlande, die annektierten linksrheinischen Gebiete und Teile Norditaliens den Kern, der von einem Ring von Vasallenstaaten und einem weiteren Kreis formell unabhängiger, faktisch aber der Macht Napoleons unterworfener Staaten umgeben war. Und nicht viel anders verhielt es sich mit dem nationalsozialistischen Deutschland.

Jacques Chirac und Angela Merkel (im Hintergrund): Die enge deutsch-französische Zusammenarbeit ruft Ängste vor einem „Direktorium" hervor

Eine Stoßrichtung des Schäuble-Lamers-Papiers ist nicht nur die weitere Aushöhlung der Souveränität der Mitgliedstaaten, um dem „regressiven Nationalismus" entgegenzuwirken, sondern auch die „Zähmung" Deutschlands. Vier Jahre nach der Wiedervereinigung und einige Jahre vor der Osterweiterung wollten die beiden deutschen Politiker einen „entscheidenden Machtzuwachs" Deutschlands verhindern. Deshalb stelle sich die „alte Frage nach der Eingliederung der Stärke Deutschlands in die europäische Struktur in neuer, ja in ihrer eigentlichen Bedeutung".

Als vierter Punkt sei es „für die Zukunft von zentraler Bedeutung", die Union außen- und sicherheitspolitisch wesentlich handlungsfähiger zu machen. Denn die europäischen Nationalstaaten seien wegen des Auftauchens

263

längst überwundener Sicherheitsprobleme – gemeint sind
die Kriege im ehemaligen Jugoslawien – nicht mehr imstande, ihre Sicherheit nach außen zu gewährleisten. Und
außerdem sei nach dem Ende der Ost-West-Auseinander-
setzung nicht für jede Art von Konflikten der Beistand der
USA gewiß.

Neben ihrer eigentlichen Aufgabe, der Gewährleistung
der Sicherheit, sollte die Gemeinsame Außen- und Sicherheitspolitik auch den von Schäuble und Lamers so unge-
liebten Nationalstaaten zu Leibe rücken: „Weil aber das
Wissen um die eigene Souveränität entscheidend das Verhältnis von Völkern zu sich selbst und zu anderen Völkern
prägt, erweist sich die gemeinschaftliche Verteidigungsfä-
higkeit dieser europäischen Staatengemeinschaft darüber
hinaus als unverzichtbarer Faktor zur Stabilisierung einer
eigenen EU-Identität, in der gleichzeitig Raum bleibt für
das jeweils mitgebrachte Selbstgefühl der Einzelstaaten".

Die Gemeinsame Außen- und Sicherheitspolitik Kerneuropas sollte die Stabilisierung Mittel- und Mitteleuropas, die Entwicklung der Beziehungen zu Rußland mit
dem Ziel einer „umfassenden Partnerschaft", eine gemeinsame Politik im Mittelraum, die Entwicklung einer
strategischen Partnerschaft mit der Türkei und schließlich
eine „Neuorientierung der transatlantischen Beziehungen"
umfassen. Die transatlantischen Beziehungen seien von besonderer Bedeutung, als sie sich auf alle Themen beziehen,
die Gegenstand der GASP sind, weshalb eine „gemeinsame
Politik von EU und USA erreicht werden muß". Aufgrund
der Erfahrungen der Kriege im ehemaligen Jugoslawien
fordern Schäuble und Lamers die Schaffung einer gemeinsamen europäischen Verteidigung sowie die Bereitschaft
Europas, im nichtnuklearen Bereich den Hauptbeitrag zu
seiner Verteidigung selber zu leisten. Schließlich sei es das

Endziel, die NATO in ein gleichwertiges Bündnis zwischen den USA und Kanada als handlungsfähige Einheit umzuwandeln.

Der fünfte und letzte Punkt des Papiers fordert die Osterweiterung „um das Jahr 2000". Wie heute die „Beitrittsperspektive" für den sogenannten Westbalkan, wurde von den beiden CDU-Politikern die Aufnahme der mittel- und osteuropäischen Länder damit begründet, daß „schon die sichere Perspektive, erst recht aber der Beitritt, weitaus eher geeignet ist, die politische und ökonomische Entwicklung dieser Länder zu befördern, als dies jede Hilfe von außen könnte". Allerdings müsse mit der Osterweiterung eine Politik umfassender Partnerschaft zwischen der Union und Rußland einhergehen. Brüssel müsse Moskau „die Gewißheit geben, neben der EU als das andere politische Zentrum auf dem Kontinent anerkannt zu sein".

Kerneuropa, Europa der zwei Geschwindigkeiten und Europa à la carte sind nicht unumstritten. Die Kritiker argumentieren, daß diese Konzepte eine Zwei- oder Mehrklassengesellschaft der europäischen Staaten schaffen würden, wodurch das Ziel einer gesamteuropäischen Integration untergraben würde. In diesem Lichte sind auch die einschlägigen Bestimmungen des EU-Vertrages und der EU-Verfassung über die „verstärkte Zusammenarbeit zu sehen. Die Art. 43 ff. des EU-Vertrages und der Art. I-44 der EU-Verfassung halten ausdrücklich fest, daß eine verstärkte Zusammenarbeit keinesfalls zum Ausschluß bestimmter Mitglieder führen dürfe.

Wie ein „Kerneuropa", das bis zu den äußersten Rändern Europas reicht, den Fehler der Überblähung der heutigen EU vermeiden soll, können die Kerneuropa-Kritiker allerdings nicht erklären. Zudem kommt Kerneuropa den politischen Realitäten Europas am nächsten. Es gibt nun einmal Staaten, die eine besonders enge Form der Zusammenarbeit in bestimmten Bereichen wünschen, und andere nicht. Aufgrund der Schwierigkeiten der heutigen EU, einen Ausgleich der einander oft widerstrebenden Interessen ihrer Mitglieder zu finden, wäre daher ein 20 oder 25 Mitglieder umfassendes Kerneuropa wohl nur in der Organisationsform ein Bundesstaates denkbar. Damit untrennbar verbunden wäre der Verlust von Souveränitätsrechten. Die Eurozentralisten dürften daher erkannt haben, daß eine Neugründung der EU als Kerneuropa sie ihrem großen Ziel, die verhaßten Nationalstaaten endgültig an die Wand drängen zu können, ein großes Stück näher bringen könnte.

Ein Kerneuropa dagegen, das sich auf eine überschaubare Anzahl von Mitgliedern in der Mitte Kontinents beschränkt, könnte dagegen als Staatenbund organisiert werden. Als Kandidaten kämen jene Staaten, die auf dem Boden des Heiligen Römischen Reiches Deutscher Nation entstanden sind oder in dessen Strahlungsbereich lagen, in Frage. Es kann jedenfalls kein Zufall sein, daß die verschiedenen Kerneuropa-Konzepte von Bürgern dieser Staaten stammen. Einerseits ist es wohl nicht irrelevant, daß es in Europa unterschiedliche, allerdings nationale Grenzen überschreitende Subkulturen des politischen Denkens gab (und, mindestens in Restbeständen, noch immer gibt), deren Profil damit zusammenhängt, wie im Mittelalter das römische Recht rezipiert wurde. Aufgrund dieser unter der Oberfläche bestehenden Gemeinsamkeiten im Denken wäre es jedenfalls deutlich einfacher, in bedeutenden politischen Fragen wie etwa der Außenpolitik zu einem Kompromiß zu kommen, der einerseits von allen Beteiligten tragbar ist und der andererseits die Substanz nicht verwässert.

266

Europa in der Welt

Rußland als geostrategischer Partner
bei der Gestaltung der Weltfriedensordnung

Der EU ein der wirtschaftlichen Bedeutung entspre-
chendes weltpolitisches Gewicht zu verleihen, ist seit
Jahren ein Dauerbrenner bei den verschiedenen EU-Gipfeln
und Ratstreffen. Denn obwohl ein wirtschaftlicher Riese,
ist Europa militärisch gesehen ein Zwerg und obendrein
gespalten, wie zuletzt der von den Vereinigten Staaten
angezettelte Irakkrieg auf eindrucksvolle Weise gezeigt
hat. Während Frankreich, Deutschland und auch Rußland
den völkerrechtswidrigen Angriff auf den Irak bis zuletzt
zu verhindern versuchten, marschierten andere EU-Staaten, allen voran Großbritannien, bereitwillig an der Seite
Washingtons. Die EU konnte und wollte nicht nur dem
aggressiven US-amerikanischen Weltmachtstreben etwas
entgegensetzen, sondern wurde auch darüber hinaus durch
Donald Rumsfelds Einteilung in ein „altes" und ein „neues" Europa der weltweiten Lächerlichkeit preisgegeben.

Nach dem Wunsch der EU-Granden soll die „Gemeinsame Außen- und Sicherheitspolitik" die EU aus dieser politischen Ohnmacht herausführen. In den fast gleichlauten-
den Bestimmungen im geltenden EU-Vertrag und in der
geplanten EU-Verfassung werden die „Entwicklung der
gegenseitigen politischen Solidarität der Mitgliedstaaten",
Konfliktverhütung, Friedenssicherung und die „Grundsätze der Charta der Vereinten Nationen" beschworen. Das
im letzten Punkt zum Ausdruck gebrachte Bekenntnis

zum Multilateralismus ist zwar lobenswert, aber ohne den (gemeinsamen) Willen zur Macht wirkungslos, zumal einige EU-Staaten, die auch NATO-Mitglieder sind, die sicherheitspolitische Befehlszentrale jenseits des Atlantiks angesiedelt sehen.

Gerne wollen, aber sich nicht trauen und nicht können scheint auch die Grundhaltung der EU-Sicherheitsstrategie vom Dezember 2003 zu sein. Denn hier wird ein Bekenntnis zu einem „wirkungsvollen multilateralen System" abgelegt und gleichzeitig die transatlantische Partnerschaft zu einem „Kernstück" des internationalen Systems erklärt. Diese angeblich so wichtige transatlantische Partnerschaft erwies und erweist sich als äußerst einseitig. Washington bestimmt die Richtung des Weges und die europäischen Verbündeten, die eigentlich Vasallen sind, haben der Weltmacht bedingungslos Folge zu leisten.

Ein anschauliches Beispiel für die Hilflosigkeit der EU in außenpolitischen Fragen war der Krieg im Libanon im Sommer 2006: Ein Beschluß der Außenminister zu einer Waffenruhe im Libanon konnte erst nach langwierigen Verhandlungen und dann auch nur in abgeschwächter Form gefaßt werden. Denn Großbritannien, der verlängerte Arm Washingtons in der EU, hatte sich gegen die Forderung nach einer sofortigen Waffenruhe quergelegt, damit die Europäer die Pläne der USA und Israels zur „Neugestaltung" des Nahen Ostens nicht durchkreuzen konnten. Und auch Deutschland, das zu Beginn des Irakkrieges noch in klarer Opposition zum weltweiten Vormachtstreben der Amerikaner gestanden war, gibt sich nun unter Angela Merkel handzahm. Schließlich sollte die sogenannte transatlantische Partnerschaft nicht belastet werden.

Dieses beschämende Szenario zeigte eindrucksvoll, was

Israels Armee beim Angriff: Der Libanon-Krieg offenbarte einmal mehr die außenpolitische Ohnmacht der Europäischen Union

vom Geschwätz von den „europäischen Werten" zu halten ist. Einerseits will sie den Frieden im Einklang mit der Charta der Vereinten Nationen wahren und andererseits kann sie sich nicht dazu durchringen, die völkerrechtswidrige Gewaltpolitik Israels und der USA klar und unmißverständlich zu verurteilen. Und wenn den EU-Granden bewußt wird, daß sie mit ihrer Politik der Ohnmacht der Tötung von Frauen und Kindern Vorschub leisten, dann zücken sie das Scheckbuch. Auf Kosten der europäischen Steuerzahler wird versucht, mit Hilfszahlungen das schlechte Gewissen zu beruhigen. Um die vom Libanonkrieg betroffene Bevölkerung zu unterstützen, stellte „ECHO", der bei der Kommission angesiedelte „Dienst für humanitäre Hilfe", 20 Millionen Euro bereit.

Weil die EU nicht fähig oder nicht willens ist, ihrem geopolitischen Zwergentum zu entwachsen, muß daher nach anderen Lösungen gesucht werden. Als wünschens-

und erstrebenswert erscheint daher vor allem die Bildung
eines in sicherheits- und machtpolitischer Hinsicht starken europäischen Staatenbundes, der aber gleichzeitig in
seinem Inneren seinen Mitgliedern die größtmögliche
Souveränität gewähren muß. Als geschichtliches Beispiel
dafür könnte der Deutsche Bund dienen. So erklärte Artikel 2 der Bundesakte die „Erhaltung der äußeren und
inneren Sicherheit Deutschlands und der Unabhängigkeit
und Unverletzbarkeit der einzelnen deutschen Staaten" zu
dessen Zweck.

Die mit der Schaffung einer gemeinsamen europäischen
Außen- und Verteidigungspolitik unvermeidbare Abtretung von Hoheitsrechten ist innerhalb der rechtsdemokratischen Parteien Europas umstritten. Der französische
Front National lehnt dies, wie dessen Vorsitzender Jean-
Marie Le Pen erläutert, ab und tritt stattdessen für eine
Zusammenarbeit auf zwischenstaatlicher Grundlage ein,
„um gemeinsame Strategien bei Krisen oder Konflikten in
einer Region der Welt zu verwirklichen". Mogens Camre
von der Dänischen Volkspartei sieht die Frage pragmatisch
und verweist auf die mangelnde Bereitschaft der Europäer,
in ihre Verteidigung zu investieren. Weil seiner Ansicht
nach nicht zu erwarten sei, „daß die Amerikaner uns immer verteidigen wollen", könne Europa daher – vor dem
Hintergrund des islamischen Fundamentalismus – in ein
gefährliches sicherheitspolitisches Vakuum stoßen. Der
Vlaams-Belang-Vorsitzende Frank Vanhecke wiederum
meint, Europa sollte versuchen, „innerhalb der NATO als
gleichberechtigter Partner behandelt zu werden".

Die Umsetzung von Vanheckes Vorschlag erscheint
in absehbarer Zeit ebensowenig wahrscheinlich wie die
Schaffung einer „wirklich europäischen" Außen- und Sicherheitspolitik, die ihre Entscheidungen in vollständiger

Unabhängigkeit von Washington trifft. Sollte es aber eines fernen Tages tatsächlich dazu kommen, wäre ein Allianzverbot mit außereuropäischen Mächten, allen voran mit den USA, unumgänglich. Die Erfahrung des Irakkrieges lehrt, daß Bündnisse mit außereuropäischen Mächten zur Spaltung Europas führen können. Ein Allianzverbot würde auch dazu führen, daß EU-Mitgliedstaaten, allen voran Großbritannien, deren Loyalität nicht europäischen Partnern, sondern dem „Weltpolizisten" USA gilt, an der gemeinsamen Außen- und Sicherheitspolitik wohl nicht teilnehmen und diese durch Querschüsse hintertreiben. Außerdem wäre, weil nicht zu erwarten ist, daß Europa Kriege vom Zaun brechen wird, ein Allianzverbot so etwas wie eine „europäische Neutralität". Ein Allianzverbot würde schließlich auch zu verhindern helfen, daß europäische Staaten unrühmliche Handlangerdienste für die USA leisten, wie dies bei den rechtswidrigen CIA-Gefangenenflügen der Fall gewesen ist.

Es sei jedem europäischen Staat unbenommen, seine Rolle als Erfüllungsgehilfe Washingtons zu sehen. Keinesfalls darf dadurch aber die EU insgesamt in die Rolle eines Komplizen bei den verschiedenen US-amerikanischen Verstößen gegen das Völkerrecht und gegen die Menschenrechte gedrängt werden. Vor allem darf nicht vergessen werden, daß der von Präsident Bush vom Zaun gebrochene Krieg gegen den Irak ein Verbrechen gegen den Frieden gemäß Artikel 6 (a) des Nürnberger Statuts ist. Die EU, die sich immer gerne als Wertegemeinschaft bezeichnet, wird daher zu entscheiden haben, ob es angebracht ist, gegen jene ihrer Mitglieder, die sich an den Angriffskriegen der Vereinigten Staaten beteiligen, Sanktionen zu verhängen.

Alle Versuche, eine gemeinsame europäische Außen-

Selbsternannter Weltpolizist: Amerika setzt seine Interssen mit militärischer Gewalt durch und Europa schweigt

und Sicherheitspolitik auf die Beine zu stellen, werden bei einem fehlenden Willen zur Macht aussichts- und sinnlos sein. Das Beispiel der Vereinigten Staaten zeigt, wie wichtig es ist, Machtbewußtsein zu entwickeln und dieses theoretisch zu untermauern. „Die Bürger der Vereinigten Staaten treten für die Freiheit und für das Glück ihrer Mitmenschen auf dieser Seite des Atlantiks ein", heißt es unter anderem in einer Erklärung, die der damalige amerikanische Präsident James Monroe am 2. Dezember 1823 vor dem US-Kongreß abgab. Daher würden die Vereinigten Staaten „Bemühungen, das europäische System auf einen Teil dieser Hemisphäre auszudehnen, als Gefahr für Frieden und Sicherheit in Amerika ansehen". Insbesondere riet Monroe den Europäern, sich aus der Gründung von Republiken in Mittel- und Südamerika herauszuhalten – 1823 entstand die „Zentralamerikanische Konföderation", ein Staatenbund, dem Guatemala, Honduras, El Salvador, Nicaragua und Costa Rica angehörten, Kolumbien wurde schon 1819 unabhängig und Venezuela 1821. Zwar erkannte er die kolonialen Ansprüche der Europäer an – „In die bestehenden Kolonien der europäischen Mächte haben wir uns nicht eingemischt und wollen uns nicht einmischen" – warnte sie aber zugleich, die republikanischen Tendenzen zu unterdrücken. Denn dies würde als ein „Zeichen einer unfreundlichen Haltung gegen die Vereinigten Staaten" angesehen werden.

Europa ist gut beraten, wenn es, analog dem Schlagwort „Amerika den Amerikanern" der Monroe-Doktrin, „Europa den Europäern" fordert. Weil Europa auf sich alleine gestellt auf der Bühne der Weltpolitik nur eine Statistenrolle spielen kann, muß man nach (anderen) Partnern Ausschau halten. Wer dafür in Frage kommt und wer nicht, darüber gibt der vierte Punkt der Wiener Erklärung der patriotischen und nationalen Parteien und Bewegungen Europas Auskunft. In dieser Bestimmung wird die Forderung nach einem „effektiven Schutz Europas gegen Gefahren wie etwa den Terrorismus, aggressiven Islamismus, Supermacht-Imperialismus und wirtschaftliche Aggression durch Niedriglohnländer" erhoben.

Aufgrund der Wiener Erklärung ausgeschlossen erscheint eine strategische Partnerschaft mit der arabischen Welt, zu der gerade Österreich seit Generationen freundschaftliche Beziehungen unterhält. Neben der politischen Schwäche der arabischen Staaten liegt der Grund dafür insbesondere in den islamisch dominierten Staaten des Nahen und Mittleren Ostens sowie Asiens und Afrikas, wo sich vielfach ein aggressiver Islamismus ausbreitet. Im

273

Gegensatz zu der stets behaupteten Toleranz des Islam auf der Grundlage des Koran wird die freie Religionsausübung anderer Religionsgemeinschaften, insbesondere des Christentums, nicht nur nicht toleriert, sondern schwer diskriminiert und darüber hinaus kommt es vielfach zu Übergriffen auf christliche Kirchen und Einrichtungen, sodaß von „Christenverfolgungen" gesprochen werden kann. Getrübt werden die Beziehungen zwischen Europa und der arabischen bzw. islamischen Welt durch die massive Einwanderung von Moslems, wobei die europäischen Länder zunehmend als „Missionsgebiet" betrachtet werden. Der Generalsekretär des Front National, Bruno Gollnisch, berichtet, daß „der französische Pseudo-Laizismus bereits unter der Stoßkraft des Islamismus' bröckelt".

Ein weiterer möglicher strategischer Partner ist die aufstrebende Weltmacht China. Neben der ungewissen politischen Entwicklung in diesem riesigen Land belastet vor allem die massive Überschwemmung Europas mit chinesischen Billigprodukten und die damit einhergehende Abwanderung von Produktionsstätten aus der EU, die letztendlich zur Vernichtung von Arbeitsplätzen in Europa führt, die Beziehungen. Ungeachtet der genannten Belastungen der europäisch-chinesischen Beziehungen erscheint die Zusammenarbeit in einzelnen Sachfragen, zumal Peking ein wichtiger internationaler Akteur ist, als sinnvoll und auch als wünschenswert.

Die einzige Alternative zur atlantischen Bindung Europas kann, wie es der im November 2005 verstorbene Franz Schönhuber ausdrückte, „nur in einer Kooperation mit Rußland" liegen. Für eine strategische Partnerschaft Europas mit Rußland bei der Gestaltung der Weltfriedensordnung spricht vor allem die jahrhundertelange Verbundenheit Rußlands mit Europa. Das damalige Zarenreich

274

nahm, obwohl es aufgrund seiner orthodoxen Religion nicht Teil des christlichen Abendlandes war, als gleichberechtigtes Mitglied im Konzert der europäischen Mächte teil. Wie sehr Rußland auch heute darauf besteht, von der EU als gleichberechtigter Partner behandelt zu werden, zeigt die Ablehnung Moskaus, an der Europäischen Nachbarschaftspolitik (ENP) teilzunehmen. Nicht die Rolle eines Juniorpartners will Rußland einnehmen, sondern auf gleicher Augenhöhe mit der EU verhandeln.

Wenn die EU mit Rußland eine strategische Partnerschaft eingehen will, dann muß sie zuallererst die natürliche historische Interessenssphäre Rußlands, die bis in die Zeit Peter des Großen zurückreicht, achten. Dazu zählt vor allem die Verteidigung des russischen Einflusses im „nahen Ausland", wie die ehemaligen Sowjetrepubliken von Moskau genannt werden. Im letzten Jahrzehnt sah sich Rußland mit einer immer engeren Einkreisung durch die USA konfrontiert. Neben der Aufnahme der drei baltischen Republiken ins nordatlantische Verteidigungsbündnis mußte Moskau dem Regimewechsel im Kaukasus-Staat Georgien ebenso zusehen wie der Stationierung von US-Truppen im zentralasiatischen Usbekistan. Und mit der Türkei kontrolliert ein enger Verbündeter Washingtons den Zugang zum Mittelmeer. Fast hatte es den Anschein, daß der Plan des früheren amerikanischen Präsidentenberaters Zbigniew Brzezinski, durch Förderung der Zentrifugalkräfte im post-sowjetischen Raum dem „russischen Imperialismus" den Boden zu entziehen, erfolgreich sein sollte. Gerade die Rolle der Vereinigten Staaten bei den sogenannten Farbenrevolutionen in der Ukraine und in Georgien kann nicht im Interesse der EU sein. Nicht eine außereuropäische Macht soll die politische Landschaft in Europa bestimmen, sondern Europa selbst, also Brüssel und Moskau. Daß die USA bei den Umstürzen in Tiflis und Kiew eine entscheidende Rolle gespielt hatten, steht außer Zweifel. Denn woher hätte die kostenintensive Unterstützung der Demonstranten in den beiden bitterarmen Ländern kommen sollen? Die orangen Demonstranten in Kiew erhielten eine tägliche Entlohnung in der Höhe von umgerechnet acht Euro.

Ein weiterer wichtiger Grund für eine strategische Partnerschaft sind die nahezu unermeßlichen Bodenschätze Rußlands. Gerade der Reichtum Rußlands an Erdöl und Erdgas erweist sich für die Energieversorgung Europas von entscheidender Bedeutung, wie der Gasstreit zwischen Rußland und der Ukraine Anfang 2006 gezeigt hat. Deshalb könnte eine strategische Partnerschaft auch dazu diesen, Europa, was seine Versorgung mit Erdöl betrifft, vom Nahen Osten unabhängiger zu machen und die Gefahr einer Verstrickung in die dortigen Kriege zu verhindern.

Wie sehr eine strategische Partnerschaft mit Rußland im Interesse Europa liegt, darauf verweist die Duma-Abgeordnete Natalija Narotschnitskaja von der patriotischen russischen Partei „Rodina" (Heimat): „Würde Rußland zu sehr nach Ostasien gedrängt werden, wäre das Gleichgewicht nicht mehr gewahrt. Alles, was Rußland verlieren würde, käme aber nicht in kontinentaleuropäische Hände. Europa würde in diesem Fall seine Rolle als Zentrum, wo die geschichtlich wichtigsten Prozesse ablaufen, verlieren, und zum Hinterland der eurasischen Strategie der USA werden".

Freiheit in Not

„Politcal correctness" – der Feind der Demokratie

In den ersten Artikeln der geplanten EU-Verfassung ist viel von „Freiheit" die Rede: So wird die Freiheit zu den „Werten, auf die sich die Union gründet" gezählt und es werden die vier sogenannten „Grundfreiheiten" – der freie Waren-, Personen-, Dienstleistungs- und Kapitalverkehr – garantiert. Und im Grundrechtekatalog der EU werden dann noch weitere Freiheiten – vor allem die bürgerlichen Grundfreiheiten – gewährleistet.

Trotz aller schönen Formulierungen ist für die Meinungsfreiheit im „Raum der Freiheit", den die Union ihren Bürgern so gerne bieten will, nur sehr wenig Platz. Der Grund dafür liegt in der sogenannten „Nichtdiskriminierung", mit der immer stärker und in immer weitere Bereiche im täglichen Leben der Bürger eingegriffen werden soll. Als Rechtsgrundlage für dieses Vorhaben dient die Antidiskriminierungsrichtlinie des Rates vom 29. Juli 2000. Gleich zu Beginn des Rechtstextes wird der „Schutz aller Menschen vor Diskriminierung" in den Rang eines „allgemeinen Menschenrechts" erhoben. Diese Formulierung zeigt, wie weit in der geschichtlichen Entwicklung der Kreis der durch gesetzlich garantierte Freiheiten Begünstigte ausgeweitet wurde:

Die klassischen bürgerlichen Freiheitsrechte, wie sie 1848 gefordert wurden, richteten sich noch auf die Begrenzung der obrigkeitlichen Macht, weshalb die Adressaten vorrangig die Staatsbürger waren. So hält Artikel 2 des österreichischen Staatsgrundgesetzes von 1867 fest, daß „vor dem Gesetze alle Staatsbürger gleich sind". Die Auffassung von der Gleichheit der Staatsbürger war bis weit hinein in das 20. Jahrhundert vorherrschend. Sonderbestimmungen gab es nur für Angehörige autochthoner Minderheiten und auch das nicht in allen Staaten. Frankreich anerkennt bis heute nicht seine Minderheiten und spricht von „Regionalsprachlern".

Mit der Gründung der Europäischen Wirtschaftsgemeinschaft 1957 wurden – bis auf den Bereich der Hoheitsverwaltung – die Angehörigen anderer Mitgliedstaaten den eigenen Staatsbürgern gleichgestellt. Der nächste „Quantensprung" erfolgte zu Ende des 20. Jahrhunderts. Von nun an sind – wie der Grundrechtekatalog der EU festhält – „alle Personen" gleich, und sogenannte Diskriminierungen wegen der Rasse oder wegen der ethnischen Herkunft verboten.

Mit der Antidiskriminierungsrichtlinie will die EU „jede unmittelbare oder mittelbare Diskriminierung aus Gründen der Rasse oder der ethnischen Herkunft in den von der Richtlinie abgedeckten Bereichen gemeinschaftsweit untersagen". Der Richtlinie zufolge liegt eine Diskriminierung vor, „ wenn eine Person aufgrund ihrer Rasse oder ethnischen Herkunft in einer vergleichbaren Situation eine weniger günstige Behandlung als eine andere Person erfährt, erfahren hat oder erfahren würde". Und ihr Anwendungsbereich scheint ins Uferlose zu gehen: Stellenbesetzungen und Mietverhältnisse, auch im privaten Bereich, sind ebenso umfaßt wie Bildung oder soziale Vergünstigungen. Ebenso bedenklich ist die empfohlene Umkehr der Beweislast: Sie soll bereits dann eintreten, wenn ein „glaubhafter Anschein einer Diskriminierung besteht". Und zur „wirksamen Anwendung des Gleichbe-

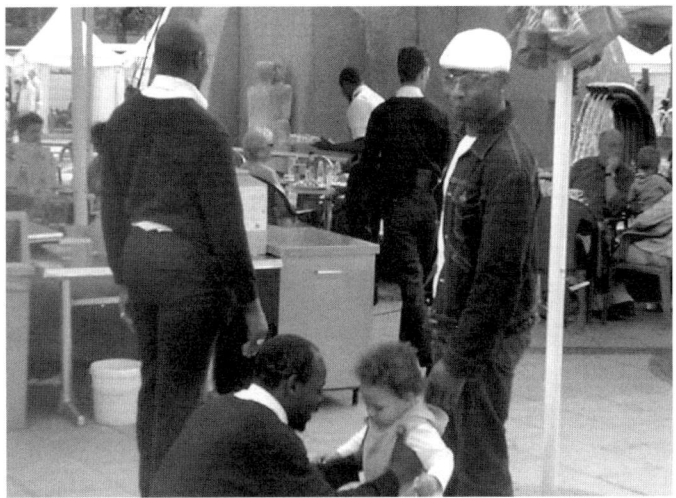

Neger in Berlin: Der Antidiskriminierungswahn Brüssels bevorzugt Menschen aus aller Herren Länder – nur die Europäer nicht

handlungsgrundsatzes" soll es überhaupt erforderlich sein, die Beweislast auf den Beklagten zu übertragen. Artikel 6 Absatz 2 der Europäischen Menschenrechtskonvention hält dagegen fest, daß bis zum gesetzlichen Nachweis der Schuld die Unschuldsvermutung gilt. Außerdem sollen die Mitgliedstaaten, die EU-rechtlich zur Umsetzung dieser Richtlinie verpflichtet sind, bei sogenannten Diskriminierungen „wirksame, verhältnismäßige und abschreckende Sanktionen vorsehen".

Aufschlußreich ist die Begründung der Antidiskriminierungsrichtlinie: So soll durch sie die Unterminierung der im EG-Vertrag festgelegten Ziele, „insbesondere die Erreichung eines hohen Beschäftigungsniveaus und eines hohen Maßes an sozialem Schutz, die Hebung des Lebensstandards und der Lebensqualität, der wirtschaftliche und soziale Zusammenhalt sowie die Solidarität" verhindert werden. Tatsächlich aber dient dieses Instrument eher dazu,

279

die Grenzen zwischen Rassen, Religionen und Völkern zu verwischen. Schließlich sind „positive Diskriminierungen", also die bevorzugte Behandlung von Angehörigen von Minderheiten, natürlich erlaubt, und um die „Entwicklung demokratischer und toleranter Gesellschaften zu gewährleisten", müsse auch den Ausländern eine „Teilhabe" ermöglicht werden. Das große Ziel einer derartigen Politik ist – entgegen anderslautenden Beteuerungen von der „Wahrung der nationalen Identitäten" – die Schaffung eines Einheitsmenschen.

Aufschlußreich zum Thema „Antidiskriminierung" sind insbesondere offizielle Stellungnahmen: Die Direktorin der Generaldirektion Beschäftigung und Soziales der Kommission bezeichnet das Diskriminierungsverbot als „Fundament der Grundrechte und grundlegenden Werte, auf denen die heutige Europäische Union ruht". Und in den „Erwägungen" zur berüchtigten Antidiskriminierungsrichtlinie weist die EU „Theorien, mit denen versucht wird, die Existenz verschiedener menschlicher Rassen zu belegen, zurück". Bemerkenswerterweise verwendet der Rechtstext dennoch das Wort „Rasse", sodaß sich die Anitidiskriminierer zur Klarstellung veranlaßt sahen, daß die Verwendung dieses Begriffs „die Anwendung solcher Theorien nicht impliziert".

Im „Grünbuch" der Kommission zur „Gleichstellung sowie Bekämpfung von Diskriminierungen" werden über bestehende Maßnahmen zur Eingliederung von Zuwanderern und ethnischen Minderheiten hinaus „flankierende Maßnahmen" gefordert, „die auf potentiell diskriminierende Verhaltensweisen, Einstellungen oder Praktiken einer Mehrheit der Bevölkerung" ausgerichtet sind. Wohin die Reise gehen soll, auch darüber gibt das „Grünbuch" Auskunft: Da es für die Entwicklung von Antidiskrimi-

B. Tomaschitz: **Freiheit in Not**

nierungsmaßnahmen „nützlich" wäre, „besseren Zugriff auf qualitative und quantitative Daten" zu haben, wird in dem Papier eine „Verbesserung der Datensammlung und Überwachung" gefordert.

Für die Überwachung all jener Bürger, die sich offen gegen die angeblichen Segnungen der multikulturellen Gesellschaft aussprechen, hat die EU die in Wien ansässige „Europäische Stelle zur Beobachtung von Rassismus und

Moderner Polizeistaat: Unter dem Vorwand der Bekämpfung von Rassismus werden die Bürger beschnüffelt

Fremdenfeindlichkeit" (EUMC) eingerichtet. Wes Geistes Kind EUMC ist, belegen Aussagen der Direktorin Beate Winkler, die die „diskriminierende Haltung gegenüber Minderheiten in Europa" – gemeint sind Zuwanderer aus der Dritten Welt – beklagt. Und weil sich bei einer Eurobarometer-Umfrage mehr als die Hälfte der Befragten negativ zur multikulturellen Gesellschaft äußerten, müsse durch „Information" und „Bildungsarbeit" eine „effiziente Kultur der Menschenrechte und des Minderheitenschutzes lebendig in das Bewußtsein der Öffentlichkeit gebracht werden".

Derzeit arbeitet die Europäische Union daran, die Stelle zur Beobachtung von Rassismus und Fremdenfeindlichkeit" in eine Grundrechtsagentur umzuwandeln. Offiziell

281

soll die neue Behörde gewährleisten, „daß die in der EU-Grundrechtscharta verankerten Rechte in der Gesetzgebung berücksichtigt und durch die Politik nicht verletzt werden". Tatsächlich aber ist die Grundrechtsagentur ein neues Instrument, um die Einhaltung der Vorgaben der „Political correctness" zu kontrollieren. Ob die Agentur „unabhängig, rechenschaftspflichtig und effektiv" sein wird, wie es die konservative Europaabgeordnete und Berichterstatterin des zuständigen Innen- und Justizausschusses Kinga Gal ausdrückte, ist fraglich. In der Verordnung des Rates wird gleich am Anfang festgehalten, daß das Subsidiaritätsprinzip wegen der „eindeutig europäischen Ausrichtung" der Aufgaben der Grundrechtsagentur keine Anwendung findet. Bekämpfung von „Diskriminierung" und „Rassismus" sollen ausschließlich auf europäischer Ebene stattfinden. Und der Aufgabenbereich der EU-Grundrechtsagentur zeigt, wohin die Reise gehen soll: Die Sammlung und Analyse von Daten zählen ebenso dazu wie die „Beratung" der Mitgliedstaaten und der Organe der EU, um allgemein ein „größeres Bewußtsein für die Grundrechte zu schaffen".

Besonderes Augenmerk wird der Förderung der „Zusammenarbeit mit Vertretern der sogenannten Zivilgesellschaft, einschließlich Nichtregierungsorganisationen geschenkt. Dahinter verbirgt sich nichts anderes als eine Stärkung des Gewichts von privaten Vereinen, die mit an die Inquisition erinnernden Methoden gegen vermeintlichen „Rassismus" vorgehen. Ein beabsichtigter Nebeneffekt dieser Vorgehensweise ist die weitere Aushöhlung des Einflusses der Behörden der Mitgliedstaaten. Nicht fehlen darf dabei ein von der Kommission festgelegter „Mehrjahresrahmen", der unter anderem die thematischen Tätigkeitsbereiche der Agentur enthält, „zu denen stets die Bekämpfung von Rassismus und Fremdenfeindlichkeit gehört"

Den Steuerzahlern wird die Grundrechtsagentur 2007 16 Millionen Euro kosten, und bis zum Jahr 2013 wird ihr Budget auf 28 Millionen Euro steigen. Außerdem sollen 100 Mitarbeiter „Maßnahmen ergreifen, um die breite Öffentlichkeit für die Grundrechte zu sensibilisieren und sie über die Möglichkeiten und Verfahren zur Durchsetzung der Grundrechte zu informieren". Daß es sich bei dieser Bestimmung um einen Freibrief für die Entfaltung einer gutmenschlichen Propaganda handelt, darf angenommen werden.

Um den Erfolgsradius der Antidiskriminierungspolitik weiter zu vergrößern, setzt die EU auf die Zusammenarbeit mit Nichtregierungsorganisationen (NRO) und ihren europäischen Dachverbänden. Darunter befinden sich beispielsweise das „Europäische Netzwerk gegen Rassismus", ein privater Verein, der laut seinen Satzungen gegen den „Rassismus" kämpft.

Die EU ist mit den NRO, die gerne auch als „Zivilgesellschaft" bezeichnet werden, eine enge Symbiose eingegangen. Die NRO liefern Brüssel in Form von Länderberichten die gewünschten Organisationen und werden auf diese Weise quasi EU-amtlich legitimiert. Daß diese bei ihrer Tätigkeit auf Gesinnungsschnüffelei in Form von verschiedenen „Beobachtungs- und Meldestellen" setzten, scheint mit dem „Raum der Freiheit und des Rechts", der die EU so gerne sein will, vereinbar zu sein. Fast hat es den Anschein, als wären die zivilgesellschaftlichen NRO die Geheimpolizei des Staates von Brüssel.

Zunehmend in politisch korrekten Diensten steht auch der Europäische Gerichtshof (EuGH). Österreich beispielsweise könnte gezwungen werden, durch ein Urteil

dieses Gerichts eine „registrierte Partnerschaft" für gleich-
geschlechtliche Paare einzuführen, wie eine Zivilrechtsex-
pertin bei den Österreichischen Notarentagen im Frühjahr
2006 ausführte. Dieser Fall könnte etwa dann eintreten,
wenn ein homosexuelles Paar aus Deutschland, Belgien
oder aus den Niederlanden in Österreich dieselben Rechte
wie in seinem Heimatland einfordert und Österreich vor
dem Europäischen Gerichtshof (EuGH) wegen „Diskriminierung" klagt. Daß diese Annahme keineswegs abwegig
ist, beweist ein Blick auf die Rechtsprechung des EuGH,
die von den Gedanken der Vereinheitlichung und „Nichtdiskriminierung" geleitet wird. So wurde Belgien vom
Gerichtshof wegen „Diskriminierung" verurteilt, weil es
den Kindern eines belgisch-spanischen Ehepaares untersagte, wie in Spanien üblich, die Namen beider Elternteile
zu führen.

Weil sich viele Bürger zunehmend dem Gleichmache-
rei-Wahn der EU widersetzen, sollen nun über den Umweg
des EuGH die noch bestehenden Unterschiede in den einzelnen nationalen Rechten eingeebnet werden. Mit dieser
Vorgehensweise wird der Gerichtshof, nach der klassischen
Lehre von der Gewaltenteilung ein Organ der Gerichtsbarkeit, immer mehr zu einem Organ der Legislative, also der
Gesetzgebung. Die Mitgliedstaaten und das Europäische
Parlament, die nach den Verträgen an der Gesetzgebung
mitzuwirken haben, werden auf diese Weise vor vollende-
te Tatsache gestellt und zu Absegnungsinstrumenten der
Entscheidungen des Gerichtshofes degradiert. Nicht min-
der bedenklich ist die Tatsache, daß sich der Europäische
Gerichtshof mit seiner Rechtsprechung zu einem willigen
Vollzugsorgan der Political correctness macht.

Die patriotischen und nationalen Parteien und Bewegungen Europas, die für die Schaffung eines Europas der

Gedankenfreiheit in der EU: Nichts sehen, nichts hören und nichts sprechen

freien und unabhängigen Nationen eintreten, sind entschiedene Gegner aller Meinungsverbote. Stellvertretend sei der Vlaams Belang erwähnt, dessen Vorsitzender Vanhecke betont: „Der Vlaams Belang war die erste Partei, die die Utopie der multikulturellen Gesellschaft bezweifelte und den katastrophalen Kuschelkurs hinsichtlich der Ausländer kritisierte. Der Vlaams Belang hat den Kampf mit der Diktatur der politischen Korrektheit aufgenommen."

Mit ihren eindringlichen Warnungen vor einer Masseneinwanderung und der damit einhergehenden Gefährdung der historisch gewachsenen, kulturellen Vielfalt Europas ziehen sie den Zorn des politischen Establishments und der politisch korrekten Moral- und Tugendwächter auf sich und werden diffamiert, ausgegrenzt oder Opfer politischer und juristischer Tricks.

Das wohl prominenteste Opfer einer derartigen Politik ist der belgische Vlaams Belang, dem das belgische „Antidiskriminierungsgesetz" zum Verhängnis geworden war. Der damalige Vlaams Blok, der für einen Einwanderungsstopp eintrat, wurde im Oktober 2005 nach diesem Gesetz verurteilt. Weil die Partei damit von der Parteienfinanzierung ausgeschlossen war, wurde er dann als

Vlaams Belang neugegründet. Parteichef Frank Vanhecke sieht die Hintergründe dieses in Europa einmaligen Vorgehens gegen politische Gegner in der Erfolglosigkeit der Ausgrenzungsstrategie des politischen Establishments. Das „Antirassismusgesetz" bezeichnet er als ein „Unding, das viel zu weit geht und die Meinungsfreiheit und die gesellschaftliche Diskussion untergräbt". Außerdem habe dieses Gesetz dazu geführt, „daß umfangreiche Gruppen von Ausländern sich in ihrem Opferstatus wälzen und daß jedes Individuum, das den Glaubenssatz der multikulturellen Bereicherung bezweifelt, vor Gericht gebracht werden kann".

Seit Herbst 2006 drohte dem Vlaams Belang neues Ungemach: Nachdem die patriotische Partei bei den belgischen Kommunalwahlen am 8. Oktober als klarer Sieger hervorgegangen war, versucht nun das politische Establishment erneut, mit juristischen Mitteln gegen Vlaams Belang vorzugehen. Die wallonischen Parteien sowie die flämischen Sozialdemokraten und Linksliberalen haben beim Staatsrat, dem obersten Verwaltungsgericht Belgiens, einen Antrag eingebracht, wonach ihm die Parteienförderung gestrichen werden soll. Außerdem wollen sie, daß der VB einen Teil der bereits erhaltenen Gelder wieder zurückzahlen muß. Auch bei ihrem neuen Feldzug gegen den Vlaams Belang stützen sich die politisch korrekten Kräfte auf das berüchtigte „Antirassismusgesetz".

Dem französischen Front National wurde wiederum mit einer Änderung des Wahlrechts zu Leibe gerückt. Nachdem ihm 1986 bei der Wahl zur Nationalversammlung der landesweite Durchbruch gelungen war – die Partei entsandte 35 Abgeordnete ins Parlament –, ersetzte der heutige Präsident und damalige Premier Frankreichs, Jacques Chirac, das bis dahin geltende Proportionalwahlrecht

Kundgebung des Vlaams Belang: Flandern non-konformistische Patrioten geraten regelmäßig ins Visier der politisch korrekten Tugendwächter

durch das Mehrheitswahlrecht. Als Folge dieser Wahl-
rechtsänderung war der Front National bei denn folgenden
Parlamentswahlen trotz Stimmenzuwächsen nicht mehr im
Parlament vertreten. Wäre das Wahlrecht nicht geändert
worden, berichtet der Generaldelegierte der Partei, Bruno
Gollnisch, würden heute rund hundert Abgeordnete des
Front National in der Nationalversammlung sitzen.

In den Ländern Osteuropas scheint die kommunistische
Diktatur fast nahtlos in eine gutmenschliche übergegangen zu sein. Denn der Vizepräsident der Großrumänien-
partei, Petre Popeanga, weist darauf hin, daß seine Partei
einer zunehmenden Feindschaft seitens der sogenannten
Zivilgesellschaft ausgesetzt sei. Diese handle „wie eine
politische Partei".

Als eine der wenigen europäischen Rechtsparteien
Europas konnte sich die Dänische Volkspartei, die die
Minderheitsregierung von Anders Fogh Rasmussen parla-

287

mentarisch stützt, den Anfeindungen des Gegners widersetzen.

Die Freiheit ist nicht selbstverständlich, sondern sie muß immer aufs Neue erkämpft werden, meint Ulrich Schlüer, Abgeordneter der Schweizer Volkspartei. Und genau das machen Europas patriotische Parteien, damit Europa (wieder) zu dem wird, was es sein soll: Ein Hort der (Meinungs-) Freiheit. Um dieses Ziel zu erreichen, muß die immer stärker werdende Einmischung der Brüsseler Zentrale in die Angelegenheiten seiner Mitglieder, die eine zunehmende Marginalisierung der politischen Gestaltungs- und Einflußmöglichkeiten der Mitgliedstaaten bedeutet, verhindert werden. Die Nationalstaaten als Träger der historisch gewachsenen, ethnisch-kulturellen Vielfalt Europas sollten nach dem Willen der Antidiskriminierer und Multikulturalisten an den Rand gedrängt werden, um den Segnungen der Political correctness nicht weiter im Wege zu stehen.

Schicksalsfrage Demographie

Europa: Zielgebiet Nummer eins
für Zuwanderer aus der Dritten Welt

Nicht nur Österreich, sondern auch die EU insgesamt ist mit sinkenden Geburtenraten konfrontiert. Eine im Auftrag der Kommission veröffentlichte Studie bescheinigt, daß seit 1960 die Kinderzahl pro Frau im Durchschnitt der 25 EU-Mitglieder von 2,32 auf 1,49 im Jahr 2000 zurückgegangen ist. Während zur Jahrtausendwende in den alten EU-Staaten jede Frau statistisch gesehen 1,58 Kinder zur Welt brachte, lag der Wert in den neuen EU-Mitgliedern bei 1,37. „Spitzenreiter" ist Irland mit einem Wert von 1,90, dicht gefolgt von Frankreich mit durchschnittlich 1,88 Kindern pro Frau. Deutschland (1,38) und Österreich (1,36) befinden sich im unteren Mittelfeld, und die Tschechen sind mit nur 1,14 Kindern pro Frau vom Aussterben bedroht.

Neben einem späteren Heiratsalter spielt vor allem die erhöhte Beschäftigungsrate eine wichtige Ursache für diese besorgniserregende Entwicklung. Außerdem habe der gesellschaftliche Wandel der letzten Jahrzehnte dazu geführt, daß die Rolle der Frau als Mutter nicht mehr so wichtig angesehen wird. Bis zum Jahr 2030 wird im EU-Schnitt ein leichtes Ansteigen der Geburtenrate auf 1,6 Kinder pro Frau vorhergesagt. Auch wenn dieser Wert bis zur Jahrhundertmitte stabil bleiben soll, liegt er dennoch weit unter dem für die natürliche Erhaltung erforderlichen Wert von 2,1 Kindern pro Frau.

Ähnlich wie in Österreich ist auch EU-weit das leichte Bevölkerungswachstum der letzten Jahrzehnte vor allem auf die Einwanderung zurückzuführen. In den vergangenen 50 Jahren betrug die Nettozuwanderung EU-weit knapp 40 Millionen, wovon der Gutteil von 37 Millionen auf die alten Mitgliedstaaten der Europäischen Union entfiel. Fast ein Viertel (8,9 Millionen) der Einwanderer ließen sich inDeutschland nieder, gefolgt von Spanien (6,2 Millionen) und Italien (5,8 Millionen). Obwohl nach dem Ölpreisschock 1973 das bewußte Anwerben von Gastarbeitern aufgegeben wurde, konnte dadurch die Nettoeinwanderung nicht aufgehalten werden. Denn seit Mitte der 70er Jahre wanderten im Schnitt jährlich 240.000 Personen in die EU ein, die meisten von ihnen im Zuge der sogenannten Familienzusammenführung.

Die Einwanderung der letzten Jahrzehnte scheint für die Autoren der Studie noch nicht hoch genug zu sein. Denn durch eine stärkere Einwanderung könnten Arbeitskräfte rekrutiert werden und auf dieser Weise die Überalterung Europas ausgeglichen werden.

Wegen der Einwanderung, der Überalterung und der (niedrigen) Geburtsraten werde die Bevölkerung der EU in den nächsten Jahrzehnten „dramatischen Veränderungen" unterliegen. Nach eine leichten Anstieg von derzeit 455 Millionen auf 470 Millionen im Jahr 2025 soll die Zahl der in den heute 25 Mitgliedstaaten lebenden Menschen auf 449 Millionen im Jahr 2050 zurückgehen. Dabei wird für Deutschland, Italien und Portugal mit einem Rückgang der Einwohnerzahl zwischen fünf und sieben Prozent, für die Tschechei, Ungarn und Polen ein Rückgang von bis zu zwölf Prozent, und in den drei baltischen Staaten von bis zu 19 Prozent gerechnet. Auch die ethnische Substanz der europäischen Staaten dürfte sich – wenn nicht unverzüglich gegengesteuert wird – bis zur Mitte dieses Jahrhunderts erheblich verändern. Denn schon bisher war Deutschland bevorzugtes Einwanderungsland für Türken, Großbritannien für Südostasiaten, und Frankreich und Belgien für Nordafrikaner.

Brüssel scheint dieser das Bestehen der autochthonen Völker Europas gefährdenden Entwicklung nicht nur gleichgültig gegenüberzustehen, sondern auch diese noch zu begrüßen. Denn die Europäische Kommission sieht in

Es werden immer weniger: Die europäischen Völker sind durch den anhaltenden Geburtenschwund massiv bedroht

einer Mitteilung vom 12. Oktober 2006 die Überalterung nicht als Bedrohung für die autochthonen Völker Europas, sondern ausschließlich als Gefahr für die wirtschaftliche Entwicklung. Ausdrücklich hält die Brüsseler Behörde fest, daß „Europa bereits heute Ziel beträchtlicher Nettomigrationsströme aus Drittländern ist". Im Jahr 2004 wurden in der EU 1,8 Millionen (legale) Zuwanderer verzeichnet. Im Verhältnis zur Gesamtbevölkerung war dieser Zustrom größer jener in die Vereinigten Staaten, einem klassischen Einwanderungsland. Zudem rechnet Brüssel damit, daß Europa auch in den nächsten Jahrzehnten „mit ziemlicher Sicherheit ein wichtiges Ziel für Migranten bleiben wird. So rechnet das Statistikamt Eurostat mit einer Zuwanderung von 40 Millionen Personen in die EU bis zur Mitte dieses Jahrhunderts. Trotz dieser erschreckenden Zahlen frohlockt die Kommission über die „Verjüngung" der Bevölkerung durch diese Völkerwanderung. Politisch korrekt hält die Mitteilung fest, daß es der „Union, die auf den Grundsätzen des Diskriminierungsverbots und der Achtung der Unterschiede beruht, obliege, die Öffentlichkeit zu informieren und gegen Vorurteile anzugehen, die tatsächlich zu überwindenden Hindernisse aufzuzeigen und auch zu betonen, welchen Reichtum Verschiedenartigkeit bedeutet".

Die im Gang befindliche Ethnomorphose – zu deutsch Umvolkung – wird auch Österreich mit voller Wucht treffen, wie Universitätsprofessor Herbert Vonach, Vorsitzender des Freiheitlichen Familienverbandes, in einer Studie festgestellt hat. So wird 2030 der Ausländeranteil bundesweit bei etwa 35 Prozent liegen und bei der Altersgruppe der unter 15jährigen bei rund 46 Prozent. Und in Wien wird der Anteil der autochthonen Bevölkerung schon in zwanzig Jahren auf unter 50 Prozent sinken.

Als Ausweg aus dieser Krise schlägt die Kommission eine Anhebung der Beschäftigungsquote und eine Steigerung der Produktivität vor. Außerdem soll die „Ungleichheit der Chancen von Bürgern mit Kindern und ohne Kinder" verringert, die Betreuung von Kleinkindern durch öffentliche Einrichtungen verbessert und ganz allgemein die Vereinbarkeit von Beruf und Familie verbessert werden. Zu einem eindeutigen Bekenntnis zur traditionellen Familie und ihrem Wert für Volk und Gesellschaft konnte

292

sich die Kommission nicht durchringen – wahrscheinlich, weil dies den politisch korrekten Vorgaben widerspricht.

Überhaupt zeigt sich Brüssel bei der Eingliederung von Ausländern sehr großzügig. Im nächsten Jahr werden dafür 63 Millionen Euro zur Verfügung stehen, wie die Kommission mitteilte. In den kommenden Jahren soll der neue „Europäische Fond für die Integration von Bürgern aus Drittstaaten" noch weiter ausgebaut werden, um im Jahr 2013 dann 13 Millionen Euro umfassen. Die gesamte, für die nächste Haushaltsperiode (2007–2013) zur Verfügung stehende Summe beträgt 825 Millionen Euro.

Für das Jahr 2006 stellte die Kommission vier Millionen Euro für Projekte zur Integration von Ausländern aus Nicht-EU-Staaten zur Verfügung. Ausgewählte Projekte von öffentlichen Einrichtungen oder nichtstaatlichen Organisation können mit Zuschüssen in der Höhe zwischen 100.000 und einer halben Million Euro rechnen, wenn sich dazu Partner aus mindestens fünf EU-Staaten zusammenfinden. Die Brüsseler Behörde will mit dieser Großzügigkeit, wie der zuständige Kommissar Franco Frattini erklärte, „zur Zusammenarbeit zwischen den Mitgliedstaaten und zur Bildung staatenübergreifender Partnerschaften und Netzwerke anregen, um neue und innovative Wege zur Integration von Zuwanderern zu finden". In der Vergangenheit ist allerdings bei der Integration von Ausländern, insbesondere jener aus islamischen Ländern, einiges schiefgelaufen. Die Bombenanschläge in der Londoner U-Bahn im Juli 2005 wurden ebenso wie die vereitelten Anschläge auf Transatlantikflüge im August 2006 von Zuwanderern der zweiten Generation verübt.

Weil Zuwanderer von Brüssel mit offenen Armen empfangen werden, reißt der Strom von Afrikanern, die versuchen, illegal in die EU zu gelangen, nicht ab. Als

„Tor nach Europa" dient vor allem Spanien – in den ersten acht Monaten des Jahres 2006 kamen rund 20.000 illegale Zuwanderer auf die Kanarischen Inseln. Die seit Anfang August 2006 laufende Aktion „Hera II", mit der die EU Spanien mit zwei Patrouillenbooten und zwei Hubschraubern unterstützen will, diente vorrangig der Beruhigung der Bevölkerung. Und mit der Ausweitung des Schengen-Raums auf die neuen Mitgliedstaaten könnte es für illegale Zuwanderer noch leichter werden, in die EU zu gelangen.

Manuel Medina Ortega, ein sozialistischer EU-Abgeordneter von den Kanarischen Inseln, wollte in einer Anfrage von EU-Kommissar Frattini, wissen, welche Maßnahmen die EU zum Schutz der Außengrenzen vorschlägt. Die Antwort des Vizepräsidenten der Kommission läßt jedoch darauf schließen, daß in Zukunft nicht mit einer Verringerung der illegalen Zuwanderung zu rechnen ist. Zwar verwies Frattini auf die Verpflichtung der neuen Mitgliedstaaten, „einen hohen Standard der Grenzkontrollen zu garantieren".

Soweit davon die Aufhebung der Kontrollen an den Binnengrenzen betroffen ist, würde die Erfüllung der „hohen Schengen-Standards der externen Grenzkontrollen" von „Experten der Mitgliedstaaten und der Kommission überprüft". Bezüglich jener Bereiche der illegalen Zuwanderung, die für die Kommission als vorrangig gelten, verwies Frattini auf eine Mitteilung der Kommission vom 19. Juli 2006. Dieses Dokument der Kommission zeigt, wie sehr der politische Wille fehlt, wirksam gegen die illegale Massenzuwanderung vorzugehen. Die Einhaltung der Menschenrechte für Illegale wird über die Notwendigkeit zu umfassenden Rückführungsmaßnahmen gestellt und die Herkunftsländer sollen mit weiteren finanziellen Mitteln zur Zusammenarbeit bewogen werden. Ein Entzug der Entwicklungshilfe für kooperationsunwillige Staaten ist nicht vorgesehen.

Noch mehr Sorgen als die illegale Zuwanderung bereitet der EU die Öffentlichkeit, bei der „keine falschen oder übermäßigen Erwartungen geweckt werden" sollen. Daher sollte „in Rechnung gestellt werden, daß die öffentliche Wahrnehmung dazu tendiert, bestimmte gesellschaftliche Probleme mit der illegalen Einwanderung zu verknüpfen. Die EU und die Mitgliedstaaten müssen eine auf objektiven Informationen basierende Diskussion fördern, um gegen Rassismus und Fremdenfeindlichkeit vorzugehen".

In diesem politisch korrekten Wahn entgeht es der EU, die nach eigenem Bekunden so großen Wert auf die Achtung der Menschenrechte legt, daß wegen der Massenzuwanderung besonders grausame Praktiken wie Genitalverstümmelungen oder Ehrenmorde immer mehr zum europäischen Alltag gehören. Allein in Wien sollen bis

Ansturm auf die Festung Europa: Afrikaner in der spanischen Enklave Melilla

zu 8.000 Frauen leben, die Opfer einer Genitalverstümmelung geworden sind, was zeigt, wie es um die Integrationsbereitschaft von Zuwanderern, insbesondere aus der islamischen Welt, in vielen Fällen wirklich bestellt ist.

Aber auch die Europäer selbst sind an diesen menschenverachtenden Zuständen nicht ganz unbeteiligt. Viele, vor allem politisch korrekte Gutmenschen, haben diese mittelalterlichen Praktiken indirekt zugelassen. Unter dem Deckmantel der freien Ausübung des islamischen Glaubens wurden derartige Praktiken akzeptiert und banalisiert, kritisiert der freiheitliche Europaparlamentarier Andreas Mölzer.

Die Blindheit der Europäischen Union gegenüber Menschenrechtsverletzungen in islamischen Ländern zeigt auch die Aufnahme der Beitrittsverhandlungen mit der Türkei. Denn in den Dörfern dieses orientalischen Landes sind bis zu 80 Prozent der Frauen zwangsverheiratet. Ethnische und religiöse Minderheiten werden auch zu Beginn des 21. Jahrhunderts weiterhin diskriminiert. Angesichts derartiger Zustände ist es nicht verwunderlich, daß 2005 EU-weit mehr Asylanträge von Türken als von Irakern gestellt wurden und daß die Türkei auch 2005 etwa in Deutschland zweitstärkstes Herkunftsland für Asylwerber bleibt. Von einer tatsächlichen Umsetzung der Menschenrechte in der türkischen Gesellschaft kann daher keine Rede sein.

Von den selbsternannten Tugend- und Moralwächtern war bislang weder zu Genitalverstümmelungen und Ehrenmorden, noch zur Mißachtung elementarer Menschenrechte durch die USA in ihrem „Krieg gegen den Terrorismus" viel zu hören. Die Ursache mag darin liegen, daß ihre Zeit allzu sehr vom „Kampf gegen rechts" in Anspruch genommen wird. Welcher Geist in Brüssel bereits

Einzug gehalten hat, beweist die sogenannte Antidiskriminierungsrichtlinie, die eigentlich eine „Anti-Meinungs-
freiheitsrichtlinie" ist.

Der Schutz der Zuwanderer vor angeblicher Diskriminierung verschließt dem politisch korrekten Establishment
die Augen davor, daß diese mit den grundlegenden Frei-
heits- und Menschenrechten in vielen Fällen nicht allzu
viel anzufangen wissen. Dazu zählt die Diskriminierung
der Frauen ebenso wie die Bestrebungen, in Europa einen
islamischen „Gottesstaat" zu erreichen. Die Bombenanschläge in der Londoner U-Bahn im Juli 2005 und die
Unruhen in den französischen Vorstädten im November
des selben Jahres zeigten die „Verbundenheit" vieler Einwanderer, auch jener der zweiten und dritten Generation,
mit den „europäischen Werten".

Wohin die schrankenlose Massenzuwanderung führt,
das zeigen nicht nur die Unruhen in den Pariser Banli-
eues, wo Jugendliche aus schwarz- und nordafrikanischen
Ländern die Institutionen des Rechtsstaates herausfordern
und nicht jener Einzelfall sind, als der sie gerne hinge-
stellt werden. Denn im Herbst 2004 wurde der dem Islam
kritisch gegenüberstehende niederländische Filmemacher
Theo van Gogh auf offener Straße von einem niederländischen Staatsbürger marokkanischer Herkunft, der in
Islamistenkreisen verkehrte, auf offener Straße brutal ermordet. Und die Attentäter von London waren bekanntlich Einwanderer der zweiten und dritten Generation, die
unter dem Deckmäntelchen vermeintlicher Toleranz ihren
dunklen Machenschaften nachgehen konnten.

All jene, die sich dem politisch korrekten Zeitgeist
hingeben und meinen, daß sich die dramatischen Ereignisse, die Frankreichs Ausländer-Ghettos erschüttern,
hierzulande nicht abspielen können, wurden mittlerweile

Folgen der schrankenlosen Massenzuwanderung: Feuerwehreinsatz nach
den Unruhen in Paris im November 2005

eines Besseren belehrt. Sowohl in Bremen und Berlin als
auch in Brüssel fanden sich Nachahmungstäter, die ihrer
blinden Zerstörungswut freien Lauf ließen. Daß sich in
Deutschland, aber auch in Österreich jederzeit Unruhen
„französischen Ausmaßes" ereignen können, ist leider
denkbar. Denn beide Länder haben einen der höchsten
Zuwandererprozentsätze aller EU-Mitgliedsländer und die
Existenz einer türkisch-islamischen Parallelgesellschaft ist
erwiesenermaßen Realität im Lande. Die Ereignisse in
Frankreich, in Belgien, den Niederlanden, in England,
aber auch in Deutschland müssen zu einem Überdenken
der Zuwanderungspolitik in Europa führen. Denn es sind
schon zu viele gekommen, deren Integrationswilligkeit in
die Leitkultur des jeweiligen Gastlandes nicht gegeben
ist und die die Aufnahmefähigkeit des jeweiligen Landes
überfordern. Eine wirkliche Integration in die bestehende
autochthone Kultur der europäischen Staaten kann nicht

mehr gewährleitstet werden. Das Entstehen einer multi-kriminellen Ghetto- und Konfliktgesellschaft ist offenbar eine irreversible Tatsache.

Angesichts der neuen Militanz, die von Frankreich ausgehend europaweit Nachahmungstäter findet, sind einschneidende Maßnahmen erforderlich. Vorrangig wäre ein sofortiger Zuwanderungsstopp, auch im Bereich des Familiennachzugs, erforderlich. Denn trotz der niedrigen offiziellen Einwanderungsquoten gibt es ein Vielfaches an Ausländerzuzug durch Familiennachzug. Die Abschie-bung straffällig gewordener Ausländer hätte rigoroser zu erfolgen als es bisher der Fall war. Und nicht zuletzt wä-ren beschäftigungslose Ausländer, die keine unmittelbare Chance haben, am Arbeitsmarkt Verwendung zu finden, zur Rückwanderung in ihre Heimatländer zu bewegen.

All die genannten Vorschläge bleiben freilich wirkungs-los, wenn seitens des politischen Establishments kein Um-denken stattfindet. Wie die Ereignisse in Frankreich, in den Niederlanden und in Großbritannien zeigen, ist Zu-wanderung kein Wert an sich, sondern jener Sprengstoff, der Europa jederzeit in Stücke reißen kann und, wenn kein radikales Umdenken stattfindet, auch wird. Fest steht, daß sich mit der Massenzuwanderung, insbesondere aus der islamischen Welt, wenn sie nicht bald aufgehalten wird, das Bild Europa nachhaltig verändern wird. Dann wäre es vorbei mit Freiheit und Humanismus, aber auch mit dem Nationalstaat. Denn der Nationalstaat als politische Ge-meinschaft ist unter anderem durch die Identität und Loya-lität jener Menschen, die ihm angehören, gekennzeichnet. Dem gegenüber orientiert sich der Islam, insbesondere in seiner fundamentalistischen Ausprägung, an der „Umma", der Gemeinschaft aller Gläubigen. Der Nationalstaat als freier Verband der Bürger wird zurückgewiesen, an seine

Stelle sollen Gottesstaat und Scharia, das islamische Recht, treten.

Findige selbsternannte Menschenrechtler denken indessen schon eifrig darüber nach, wie das Tor nach Europa auch künftig sperrangelweit offengehalten und die verhaßte Festung Europa endlich sturmreif geschossen werden kann. Weil die Ereignisse in Nordafrika gezeigt haben, daß unter den „Flüchtlingen" nur die allerwenigsten politisch Verfolgte im Sinne der Genfer Konvention sind, soll nun der Flüchtlingsbegriff ausgedehnt werden. „Umweltflüchtlinge", also all jene, die wegen des Klimawandels ihre angestammte Heimat verlassen, sollen dieselben Rechte genießen wie Folteropfer afrikanischer oder orientalischer Despoten.

Selbstverständlich ist all jenen Menschen, die Opfer von Naturkatastrophen werden, zu helfen. Warum aber die Hilfe ausgerechnet darin bestehen soll, diese Menschen nach Europa hereinzuholen, können und wollen die sogenannten Hilfsorganisationen nicht erklären. Vielmehr wird das Leid der Katastrophenopfer zum Anlaß genommen, um gegen jene patriotischen Kräfte, die für das Weiterbestehen der historisch gewachsenen Ethnien Europas einsetzen, die Moralkeule zu schwingen.

Als Ausweg aus dieser für Europa und seine Völker existenzbedrohenden Lage fordern Europas Rechtsdemokraten einen „sofortigen Einwanderungsstopp für alle Staaten der Europäischen Union auch im Bereich des sogenannten Familiennachzugs." Und als ergänzende Maßnahme treten sie für „eine pro-natalistische Familienpolitik, die die Förderung des Kinderreichtums der europäischen Völker in der traditionellen Familie bezweckt", ein. Bruno Gollnisch vom Front National sieht neben der Massenzuwanderung auch in „unserer eigenen Dekadenz" eine Gefahr

300

Le hijab est notre honneur: Der Schleier ist unsere Ehre – Der islamische Fundamentalismus ist im Vormarsch, wie diese Demonstration in Frankreich zeigt

für Europa. Denn die vorherrschende „Kultur des Todes" sei die heute dominierende Ideologie und favorisiere die Abtreibung der Europäer. „Gleichzeitig haben wir nicht einmal genug Kinder, um unsere Bevölkerung aufrecht-

301

zuerhalten", betont der Franzose. Daher fordert Gollnisch, dem die „Kultur des Lebens" entgegenzusetzen, das Naturrecht zu respektieren und die Familie, die Keimzelle unserer Gesellschaft, zu fördern.

Europa und den Europäern verpflichtet

Die „Wiener Erklärung" der rechtsdemokratischen und patriotischen Parteien Europas

Im Gegensatz zu den politisch korrekten Vorgaben des Brüsseler Polit-Establishments fühlen sich Europas Patrioten und Rechtsdemokraten allein Europa und seinen Völkern verpflichtet. Um die Zusammenarbeit zwischen den einzelnen Bewegungen zu verstärken, fand im November 2005 in der österreichischen Hauptstadt ein Treffen statt, an dem neben Vertretern der FPÖ Vertreter des Vlaams Belang, des Front National, der Großrumänien-Partei, der bulgarischen „Ataka" sowie der italienischen Parteien „Fiamma Tricolore" und „Alternativa Sociale" teilnahmen und die „Wiener Erklärung" verabschiedeten.

Rechtsdemokratische Zusammenarbeit: Luca Romagnoli (Fiamma Tricolore), Carl Lang, Jean-Claude Martinez, Marine Le Pen, Jean-Marie Le Pen, Lydia Schenardi (Front National), Philip Claeys (Vlaams Belang), Bruno Gollnisch (Front National), Andreas Mölzer (FPÖ), Koen Dillen (Vlaams Belang) und Fernand Le Rachinel (Front National, v. l. n. r.)

Wiener Erklärung des Kontaktforums
der europäische patriotischen und nationalen Parteien und Bewegungen

Im Bewußtsein unserer gemeinsamen Verantwortung für die europäischen Völker und für die von diesen repräsentierte Vielfalt der Kulturen und Sprachen, eingedenk der unveräußerlichen Werte des Christentums und des Naturrechts, des Friedens und der Freiheit in Europa und angesichts der europäischen Werte durch Globalisierung, Masseneinwanderung und politisch korrekten Realitätsverweigerung fordern wir, die Vertreter der patriotischen und nationalen Parteien und Bewegungen Europas:

1. Die Schaffung eines Europas der freien und unabhängigen Nationen im Rahmen eines Staatenbundes souveräner Nationalstaaten.

2. Die Abkehr von allen Versuchen, eine Verfassung für einen zentralistischen europäischen Superstaat zu schaffen.

3. Die klare Absage einer schrankenlosen Ausweitung der europäischen Integration auf geographisch, kulturell, religiös und ethnisch nichteuropäische Gebiete Asiens und Afrikas wie etwa der Türkei.

4. Den effektiven Schutz Europas gegen Gefahren wie etwa den Terrorismus, aggressiven Islamismus, Supermacht-Imperialismus und wirtschaftliche Aggression durch Niedriglohnländer.

5. Einen sofortigen Einwanderungsstop für alle Staaten der Europäischen Union auch im Bereich des sogenannten Familiennachzugs.

6. Eine pro-natalistische Familienpolitik, die die Förderung des Kinderreichtums der europäischen Völker in der traditionellen Familie bezweckt.

7. Den solidarischen Kampf der europäischen Völker gegen die sozialen und wirtschaftlichen Auswirkungen der Globalisierung.

8. Die Wiederherstellung der sozialen Systeme in den Mitgliedstaaten der Europäischen Union und soziale Gerechtigkeit für die europäischen Völker.

Andreas Mölzer:

EUROPA, EIN GEISTIGER KONTINENT

Essays zur kulturhistorischen Substanz
Europas

Mitteleuropa – gegen den Uhrzeiger

4.000 Kilometer von Wien nach Böhmen und ins polnische Krakau, nach Breslau, Wittenberg an die deutsche Ostsee, weiter nach Friesland, Holland, Belgien, zurück über den Rhein und den Main an die Donau. Ein Lokalaugenschein im Sommer 2005

Mitteleuropa, das ist ein geistiger Kontinent, ein Archipel der Kultur, geeint in Vielfalt, zerrissen durch jahrhundertelangen gemeinsamen Haß und doch ein geistiger Lebensraum slawischer, germanischer und romanischer Völker, der heute die Mitte des sich integrierenden Europas darstellt. Ein Lebensraum, den wir zu kennen glauben, der uns aber doch immer wieder überrascht in seiner Vielfalt, in seiner Widersprüchlichkeit und in seinen großen Gemeinsamkeiten. Überraschungen, die an Dichte gewinnen, wenn man sich ihnen als Reisender in unmittelbarer zeitlicher Abfolge in Form einer Rundreise stellt. Begonnen bei strömendem Regen über Böhmen und Südpolen, weitergeführt und abgeschlossen bei brütender Hitze über Ost- und Nordsee und den größten Teil Deutschlands. Eine mitteleuropäische Rundfahrt, die geistig-kulturelle Zusammenhänge offenbarte und soziale, sowie ökonomische Brüche und Problembereiche deutlich machte. Der Flucht ins kulturhistorische Paradies der altehrwürdigen Städte Mitteleuropas mit ihren Domen und Residenzschlössern entspricht gleichzeitig die Vertreibung aus demselben in die Kümmernisse des

Massentourismus' und des Reiseverkehrs in den Stunden
europaweiter „rush hour".

Die gemeinsamen Nenner

Wenn man bei so einer Mitteleuropa-Rundfahrt ein
gutes Dutzend Städte besucht und den gesamten geistig-
kulturellen-geopolitischen Raum auf einen oder mehrere
gemeinsame Nenner zu bringen versucht, sind das zuerst
einmal die Kirchen, die Kathedralen, die steingewordenen
Zeugnisse der Christentums, die diesen Raum verbinden.
Die Marienkirche in Krakau, in der einst Karol Woytila
als Erzbischof predigte, die Schloßkirche in Wittenberg,
an deren Tür Luther seine Reformationsthesen anschlug.
Die Grote Kerk im holländischen Harleem, die Kaiserdome in Mainz und Worms sowie in Bamberg, sie alle sind
gewaltige, gegen Himmel weisende Zeugnisse des tiefen
alteuropäischen Glaubens an den Christengott.

Diese romanischen und gotischen Kathedralen, sowie
ihr karolingischer Vorfahr in Aachen gehören zweifels-
ohne zu den größten kulturhistorischen Werten, die die
Menschheit auf diesem Planeten geschaffen hat. Europa ohne seine Kathedralen wäre eine geistige Wüstenei.
Wenn die Gottlosigkeit der französischen Revolution, die
aus den Kathedralen Kultstätten der Vernunft machen
wollte, wenn der Marxismus-Leninismus der Bolschewi-
ken, der aus den Kirchen Pferdeställe machte, wenn diese
geistigen Strömungen gesiegt hätten, wäre das geistige
Europa zweifellos zum Armenhaus degeneriert.

Auch heute noch ragen die steinernen Zeugen des alteuropäischen Christenglaubens über die profane Welt der
europäischen Städte des 21. Jahrhunderts hinaus. Die romanischen Kaiserdome am Rhein überstrahlen die häßlich
gewordenen Wiederaufbau-Stadtbilder aus den 50er und

60er Jahren des 20. Jahrhunderts nicht nur in ästhetischer Hinsicht, sie überragen sie auch. Der Wiener Stephansdom ist nach wie vor auch im Zeitalter der Hochhäuser das prägende Element der Silhouette der Donaustadt. Der „graue Alte", wie die Bewohner des holländischen Groningen den Turm ihrer Martinskathedrale liebevoll nennen, bleibt das Wahrzeichen der Stadt. Die Kathedrale von Ostende ragt über die Mole des Hafens hinaus, und die Türme der Dome im östlichen Mitteleuropa, in Tschechien, in der Slowakei in Polen, in den baltischen Staaten, künden nach wie vor von der Größe des abendländischen Christentums.

Offenbar ist tatsächlich der Glaube, die spirituelle Hingabe an Gott die stärkste Triebkraft. Eine Triebkraft, die den Menschen zu den größten kulturellen und künstlerischen Leistungen befähigt, wenn man sich das europäische Mittelalter, die Dimensionierung der damaligen Städte, die Kleinräumigkeit der Wohnhäuser, die Schäbigkeit von Dörfern mit strohgedeckten Hütten vergegenwärtigt. Dann

Wiener Hofburg: Früheres Machtzentrum Mitteleuropas

309

erkennt man, welch ungeheuren Eindruck romanische und gotische Gotteshäuser auf die Menschen damals gemacht haben müssen. Und sie machen diesen unglaublichen Eindruck auch noch auf die Menschen des 21. Jahrhunderts, trotz Raumfahrt, Internet und Molekularbiologie.

Neben den Kathedralen, den Zeugen des Christentums, sind es natürlich die Fürstenhöfe, die so etwas wie einen gemeinsamen Nenner dieses geistigen Kontinents Mitteleuropa ausmachen. Die Wiener Hofburg des habsburgischen Erzhauses, der Krakauer Wawel der polnischen Könige, das bescheidene Wittenberger Schloß des weisen Kurfürsten Friedrich, der Sitz des Grafen von Holland in Harlem, die fürstbischöfliche Residenz in Bamberg, die Reste der Kaiserpfalz Heinrich II. ebendort, sie alle dokumentieren bis herauf in unsere ach so demokratischen Tage den Glanz mitteleuropäischer Fürstenhöfe. Kaiser, Könige, Herzöge und Erzbischöfe umgaben sich dort mit einem prachtvollen Hofstaat. Und so sehr diese Residenzen, Burgen, Pfalzen, Schlösser und Paläste zur Erhöhung ihres persönlichen Ruhmes galten, so sehr waren sie doch im wesentlichen auch durch den sakralen Bezug des Gottesgnadentums legitimiert. Auch diese mitteleuropäischen Fürstenhöfe waren mehr oder weniger direkt also Ausflüsse des abendländischen Christentums, in seiner Dualität zwischen Kaiser und Papst, zwischen Kirche und Fürstenherrschaft. In wenigen Fällen ist das weltliche und das geistliche Regiment vereint oder zumindest nahe beisammen. Etwa im Falle der Bamberger Pfalz Kaiser Heinrichs II., der sich noch klar als Schutzherr der Kirche verstand und mit den Päpsten verfuhr wie er wollte. Oder auch auf der Krakauer Burg, wo Kathedrale und Palast innerhalb der gleichen Mauern vorzufinden sind.

Neben den Domkirchen und den Fürstenresidenzen

Innenraum der Schloßkirche zu Wittenberg: Von hier aus nahm die Ausbreitung des Protestantismus ihren Ausgang

sind es die Rathäuser der alten mitteleuropäischen Städte, die so etwas wie einen gemeinsamen Nenner darstellen. Das Rathaus im böhmischen Olmütz, mit seiner prachtvollen astronomischen Uhr, die Tuchhallen von Krakau, das Rathaus der alten Hansestadt Wismar, die Getreidebörse in Groningen, das gotische Rathaus von Breslau, das Brüsseler Rathaus auf der „Grande Place", das Rathaus in Archen und ebenso jenes in Wittenberg, sie zeugen von Bürgerstolz und Bürgerfreiheit. „Stadtluft macht frei" hieß es, und schon im Spätmittelalter waren es diese Bürger, die der geistlichen Macht und auch den weltlichen Herrschern Paroli zu bieten vermochten. Die Bürger der norddeutschen Hansestädte, die Bürger der Niederlande und jene der freien Reichsstädte entwickelten ein Selbstbewußtsein, erlangten Einfluß und Wohlstand. Ein Lukas Cranach etwa, Bürgermeister von Wittenberg, Zeitgenosse

Luthers, Verleger der ersten Luther-Bibel, Schöpfer – gemeinsam mit seinem Sohn – von rund 3.000 malerischen Spitzenwerken, die heute in allen Museen der Welt zu sehen sind, mag als Beispiel für diesen frühen Bürgerstolz in Mitteleuropa dienen.

Diese drei Faktoren jedenfalls, die Kathedralen, die Residenzen und die Stein gewordenen Zeugen des Bürgerstolzes sind es, die in kulturhistorischer Hinsicht den gemeinsamen Nenner Mitteleuropas als zentralen Bestandteil des alten Abendlandes ausmachen. Sie gehören bis zum heutigen Tag zu den stolzesten Zeugnissen geistig-kulturellen Schaffens der Menschen im alten Europa, sie sind bis zum heutigen Tage die Hauptanziehungspunkte für Reisende und Kulturbeflissene aus aller Welt. Sie sind es, die die europäische Identität, das geistig-kulturelle Selbstbewußtsein der Europäer, insbesondere in der Mitte des Kontinents, bis zum heutigen Tage am stärksten prägen und beflügeln.

Existenz an der Grenze

Bei einer solchen Gewalttour quer durch Mitteleuropa in einer guten Woche überschreitet man zwangsweise eine Vielzahl von Staatsgrenzen. Sieben waren es im konkreten Fall, jene zwischen Österreich und Tschechien, jene zwischen Tschechien und Polen, jene zwischen Polen und Deutschland, jene zwischen Deutschland und Holland, jene zwischen Holland und Belgien, jene zwischen Holland und Deutschland und schließlich noch jene zwischen Deutschland und Tschechien und zuletzt jene zwischen Tschechien und Österreich. Heute spielen diese Grenzen eine untergeordnete Rolle. Es sind alles EU-Mitgliedsstaaten und wenn auch noch nicht alle dem Schengen-Abkommen beigetreten sind, ist die Härte der Grenzkontrollen längst nicht mehr so dramatisch wie seinerzeit, als der Eiserne Vorhang noch existierte. Dennoch ist diese Trennlinie, die da ein halbes Jahrhundert quer durch Europa, zwischen dem freien Westen und dem real sozialistischen Osten verlief, nach wie vor spürbar. 50 Jahre Kommunismus, 50 Jahre Gleichmacherei, 50 Jahre Leistungsfeindlichkeit und Nivellierung lassen sich nicht in einem Jahrzehnt wegreformieren. Ob es das Frühstück im Kaffeehaus im böhmischen Olmütz ist, wo soviel Flexibilität, um eine Buttersemmel zuzubereiten, schlicht und einfach nicht zu verlangen ist, oder ob es der Friedhof der Offiziere der Roten Armee vor dem polnischen Wroclav, einst Breslau, ist, ob es die tatsächlich blühenden Landschaften in den neuen deutschen Bundesländern, ehemals „DDR", welche natürlich die Vorexistenz des ersten deutschen Arbeiter- und Bauernstaates bedingen, immer wird einem die Tatsache der europäischen Teilung durch den Eisernen Vorhang auch heute noch bewußt. Mitteleuropa ist also eine soziokulturelle, eine politische Existenz an der Grenze. Einstmals die Grenze zwischen dem katholisch geprägten Abendland und der osteuropäischen orthodoxen Welt, beziehungsweise dem Osmanischen Reich am südlichen Balkan. Dann war es wie gesagt die Grenze zwischen real existierenden Sozialismus und dem freien Westen. Heute ist es die Grenze zwischen dem saturierten westlichen Europa und den Beitrittsländern der EU-Osterweiterung, die hier nach wie vor maßgeblich ist. Darüber hinaus aber ist es die Grenze im Osten dieser Staaten zur Ukraine, zu Weißrußland, zu Rumänien und Bulgarien, zu Bereichen also, die von der europäischen Integration vorläufig noch nicht erfaßt wurden. Und es ist immer eine Grenze zwischen Wohlstand und Armut, zwischen funktionierender Demokratie und ersten demokratischen Gehversuchen, zwischen funktionierenden Strukturen und Korruption, zwischen Ordnung und Chaos. Grenzen dieser Art charakterisierten die Existenz in der Mitte Europas seit Generationen, wenn nicht gar seit Jahrhunderten.

Ihren trennenden Charakter haben diese Grenzen weitgehend verloren. Wenn man etwa auf der Autobahn, von Bremen kommend, die deutsch-niederländische Staatsgrenze passiert, um in Richtung Groningen zu fahren, könnte man diese vollends übersehen, wäre da nicht ein gewisser Unterschied in der rein ästhetischen Pflege der Grünstreifen zwischen den Autobahn-Fahrstreifen. Zwischen Polen und Deutschland ist das noch anders. Nicht nur daß es hier – Schengen-bedingt – noch eine entsprechende Grenzkontrolle gibt, es manifestiert sich auch ein grundlegender Unterschied zwischen der Befahrbarkeit der Autobahnen. In Schlesien reist man zwischen Breslau und der Grenze zwar mehr als 200 Kilometer auf der alten Reichs-Autobahn, sie wurde allerdings offenbar seit sechs Jahrzehnten keiner Pflege und keiner Reparatur unterworfen. Auf ihrer Trasse wird nun offenbar mit EU-Fördergeldern eine neue Autobahn errichtet. Vorläufig aber fährt man auf einer Beton-Rumpelpiste mit Gegenverkehr, auf einer Fahrspur, um dann nach dem Grenzübertritt, nach dem Motto „freie Fahrt für freie Bürger", auf den neu gebauten Autobahnen der neuen deutschen Bundesländer dahinbrausen zu können. Ein Unterschied, wie er nicht gewaltiger sein könnte. Ein Unterschied, der einem den Begriff „Grenze" ganz plastisch vor Augen führt: Hier saturierter Wohlstand, der allerdings in die Krise geraten ist, dort Aufbau- und Aufbruchstimmung, mit der die real getätigten Sanierungsmaßnahmen noch nicht so recht Schritt halten können.

Auch eineinhalb Jahrzehnte nach der Ostöffnung und

dem Fall des Eisernen Vorhangs und ein Jahr nach dem Beitritt der ostmitteleuropäischen Länder zur Europäischen Union ist jene Grenze, wie sie in den Maitagen des Jahres 1945 durch den Vorstoß der östlichen und der westlichen Siegermächte nach Mitteleuropa geschaffen wurde, spürbar. Und auch wenn viele Milliarden an EU-Geldern in den Osten Mitteleuropas fließen dürften, wird ein gewisses sozioökonomisches und strukturelles Gefälle wohl für lange Zeit, wenn nicht gar für Generationen spürbar bleiben. Grenzen wirken auch nach ihrer Überwindung für lange Zeit nach. Sie trennen Wohlstandsgesellschaften von Mangelgesellschaften, sie trennen Mentalitäten. À propos: Die durch den Kommunismus und wohl auch durch typisch slawische Melancholie bedingte Mentalität ist mit dem Fall des Eisernen Vorhangs längst nicht geschwunden. Einerseits sind bei Slowaken, Tschechen und Polen große wirtschaftliche Dynamik und bahnbrechende wirtschaftspolitische Weichenstellungen vorzufinden, wie etwa die „Flat tax" und ähnliches, andererseits sind die Gewohnheiten obrigkeitsstaatlich bedingter Passivität nicht so leicht zu überwinden. Wenn man also Mitteleuropa gegen den Uhrzeigersinn bereist, zuerst über die Lande der ehemaligen Tschechoslowakei, dann nach Polen und schließlich über die neuen Bundesländer nach Deutschland, verspürt man die nach wie vor existente Kraft der Grenzen.

Die gemeinsamen Bedrohungen

Über alle alten und nach wie vor bestehenden Grenzen hinweg gibt es allerdings gemeinsame Bedrohungsfelder für die Völker dieses Mitteleuropas. Da gibt es einerseits die Überalterung der Völker und den dramatischen Geburtenschwund. Am deutlichsten wird dies wohl in der Bundesrepublik Deutschland. Wer etwa an der Hafenpromenade von Travemünde flaniert und feststellen muß, daß sich dort 90 Prozent alte Leutchen tummeln, sympathisch zwar, ordentlich, höflich, aber doch eben schlicht und einfach überaltert, dem wird dieses Problem drastisch vor Augen geführt. Gewiß, es mag sein, daß eben die älteren Menschen heute aktiver sind, daß sie verstärkt in den Urlaubsorten und in der Öffentlichkeit zu finden sind und damit einen dominanteren Eindruck hinterlassen. Tatsache ist aber, daß es zunehmend weniger Kinder gibt und wenn, dann sind es meist farbige oder osmanische Zuwandererkinder.

In eben dem Maße, in dem die autochthone Bevölkerung der mitteleuropäischen Völker zurückgeht, wird sie eben, in Zuge der Migrationsbewegung der letzten Jahre und Jahrzehnte, von Zuwandererpopulationen abgelöst wenn nicht gar verdrängt. Es ist dies keineswegs nur mehr ein Verdrängungsprozeß am Arbeitsmarkt und im Bereich

Moschee in Deutschland: Europa verändert sein Antlitz

der Wohnviertel, es ist dies längst ein soziokultureller und sozioökonomischer Verdrängungsprozeß durch den Osteuropäer aus den GUS-Staaten, Asiaten und Afrikaner, insbesondere aber Türken zum treibenden Element der demographischen Entwicklung werden.

Überalterung, Kindermangel und eine immer dominanter werdende Zuwanderungsbevölkerung stellen Probleme dar, die allen mitteleuropäischen Gesellschaften immanent sind. In unterschiedlichem Ausmaße allerdings, in Polen etwa gibt es ähnlich wie im Westen, in Frankreich, ein wenig mehr Kinder. Die Geburtenrate dort ist noch nicht ganz so niedrig wie etwa in Deutschland und Österreich. Es gibt auch in den ärmeren Ländern des östlichen Mitteleuropas naturgemäß nicht ganz so viele Zuwanderer, da die sozialstaatlichen Benefizien, die Hilfen für Asylsuchende etwa, längst nicht so großzügig bemessen sind wie in Deutschland und Österreich. Dennoch verhält es sich mit den EU-Mitgliedsstaaten und damit auch mit den mitteleuropäischen Staaten ähnlich wie mit kommunizierenden Gefäßen: Eine dramatisch steigende Zuwanderungsbevölkerung mit entsprechendem Kinderreichtum beschränkt sich nicht auf die ehemaligen Kolonial-Staaten Belgien und Holland, sie weitet sich aus. Natürlich ist das Straßenbild in Brüssel und in Amsterdam dramatisch von Menschen mit nicht-weißer Hautfarbe geprägt. In Berlin oder Wien gibt aber mit den osmanischen Zuwanderern mindestens genauso viele Fremde und dies ist keineswegs nur auf die Metropolen oder auf Industriegebiete beschränkt, auch in beschaulichen Universitätsstädten wie etwa in Mainz, ist ein Drittel der jungen Menschen, die da offenbar als Studenten die Straßencafes bevölkern, ganz offensichtlich nicht europäischer Herkunft. Ein Faktor, der kurz- bis mittelfristig zu einer grundlegenden Veränderung der

ethnisch-kulturellen Struktur, auch in Mitteleuropa, führen wird. Eine Veränderung, an der schon nichts mehr zu
ändern ist, bei der sich eher die Frage aufwirft, wie wir mit
ihr umgehen.

Weniger dramatisch, eher im Bereich des ökonomisch-
strukturellen Lebens angesiedelt, sind die Probleme des
Verkehrs und damit auch des Fremdenverkehrs, des Tou-
rismus', die die Länder Mitteleuropas gemeinsam betref-
fen: Wahre Verkehrslawinen sind es, die sich quer durch
Mitteleuropa über die Autobahnen ergießen. Erholungs-
suchende reisen nach Nord und Süd an die Meeresstrände.
Ein gewaltiger, bisweilen, wie man hört, auch sinnloser
Gütertransport bewegt die verschiedensten Produkte der
europäischen Wirtschaft, aber wohl auch außereuropäische
Importe quer über den Kontinent, in Mitteleuropa über-
schneiden sich diese Transportwege. Von den Nord- und
Ostseehäfen nach Südeuropa von Westeuropa in den Osten
– alles trifft sich, alles kreuzt sich zwangsläufig in der
Mitte des Kontinents. Ein kleines Alpentransitland wie
Österreich weiß ein Lied von dieser Problematik zu sin-
gen. Die Bewohner ganzer Talschaften werden neurotisiert
durch Verkehrslärm und Verkehrsdruck. Der Mitteleuropäer selbst, der sich diesem Verkehr lemminghaft immer
wieder aussetzt, in dem er just an den Sommer-Samstagen
gegen Süden reist, ist von seinen Stau-Erfahrungen trau-
matisiert, und die Planer und Finanziers des Massenver-
kehrs stehen längst vor unlösbaren Aufgaben – sowohl was
den Straßenbau betrifft als auch die Reglementierung des
Verkehrs selbst.

Der Reisende, der sich quer durch Mitteleuropa seinen
Weg bahnt, muß erkennen, daß der Faktor Verkehr, sei es
im Bereich des Gütertransports, sei es im Bereich des Tou-
rismus' und des Nahverkehrs der zur Arbeit Pendelnden,

Krakau: Der mitteleuropäische Charakter der heimlichen Hauptstadt Polens ist nicht zu übersehen

daß dieser Faktor Verkehr zu einem ungeheurem Problem für die Menschen und für die Staaten geworden ist. Zu einem Problem, das offenbar auch die europäische Union in ihrer Reglementierungswut vergeblich zu bewältigen versucht. Ein Problem allerdings, daß eben mit dem modernen Leben und den zeitgenössischen Faktoren der Wirtschaft zusammenhängt.

Und was ist mit den alten nationalen Antagonismen, mit den Gegensätzen, mit dem Haß, mit den alten Erbfeindschaften der mitteleuropäischen Völker, gibt es sie noch? Wie weit sind die Deutschen und mit ihnen die Österreicher für Polen und Tschechen Todfeinde, wie weit sind sie die Söhne bluttriefender „Nazischergen"? Und umgekehrt, wie weit sehen wir Deutsche, wir Österreicher in Polen und Tschechen Landräuber, Okkupanten deutschen und österreichischen Guts, der Ostgebiete, des Sudetenlandes? Wie steht es mit den alten Aversionen der Holländer und der Belgier gegenüber den Deutschen, haben sich all diese Gegensätze, all dies Aversionen in europäischer Völkerfreundschaft aufgelöst?

Wohl kaum. Wer als Reisender Mitteleuropa gegen den Uhrzeigersinn durchforscht, wer mit den Menschen in Böhmen, in Polen, an der Ostsee, an der Nordsee, in Holland und Belgien spricht, der muß erkennen, daß vieles der alten Vorurteile nach wie vor vorhanden ist und prägewirksam nachdauert. Wirklichen Haß aber wird er kaum mehr finden. Es ist eher da und dort noch so etwas wie Antipathie spürbar. Antipathie allerdings, die häufig und zunehmend von neuen Sympathien, von neuen Kontakten und neuen Kooperationen überlagert wird. Die jungen Studenten, die da in Krakau als Bildungsreisende den Wawel besuchen und den Flügelaltar des Veit Stoß in der Marienkirche bewundern, die jungen Menschen, die in Mainz als Studenten in den Straßencafes sitzen, die jungen Menschen, die im Umfeld der europäischen Institutionen als Assistenten und Praktikanten in Brüssel arbeiten, sie wissen bei entsprechender historischer Bildung vielleicht noch um diese alten europäischen Gegensätze, um die längst begrabenen Erbfeindschaften. Sie haben aber einen anderen Zugang zur Geschichte, einen emotionsfreieren, und sie haben völlig neue Interessen und neue Kontakte, die den Generationen vor ihnen fehlten.

Und das ist wahrscheinlich neben der kunsthistorischen Größe dieses Mitteleuropas, neben der Bewunderung für das historische Erbe dieses Weltteils die positivste Erfahrung des Mitteleuropa-Reisenden unserer Tage. Hier wächst eine junge Generation heran, die einen weiteren Horizont hat, die das Bewußtsein um die jeweils eigene nationale Identität mit einer neuen Offenheit und mit der Kenntnis der mitteleuropäischen Nachbarn zu verbinden weiß. Und im Stolz auf eine große Vergangenheit gibt es somit immerhin eine Hoffnung auf eine fruchtbringende Zukunft auch.

Die Renaissance Mitteleuropas

Die Völker in der Mitte Europas sind
nicht nur geographisch verbunden

Was ist Mitteleuropa? Mehr als geographischer Begriff, mehr als jener Bereich zwischen West und Osteuropa, zwischen Nord- und Südeuropa? Gibt es eine geistigkulturelle Dimension Mitteleuropas, die es klar unterscheidet von den übrigen Bereichen des alten Kontinents? Gibt es eine geopolitische Dimension, die Mitteleuropa ein spezielles Gewicht auch im Zuge des gegenwärtigen europäischen Integrationsprozesses verleiht? Fragen, die nicht so einfach zu beantworten sind.

Seit der EU-Osterweiterung und davor seit dem Fall des Eisernen Vorhangs ist von Mitteleuropa nicht mehr allzu viel die Rede. Bis 1989 galt Mitteleuropa als eine geistig-machtpolitische Dimension, die man gerne zitierte, um Perspektiven für die Überwindung der europäischen Teilung aufzuzeigen. Auf Mitteleuropa beriefen sich Habsburg-Nostalgiker ebenso wie die Apologeten des Donauraums um Erhard Busek. Von Mitteleuropa sprachen Dissidenten in Prag, in Preßburg und in Budapest, wenn sie ihrem Unbehagen über den Warschauer-Pakt vorsichtig Ausdruck verleihen wollten. Mit der Einbeziehung dieses Raumes in die EU-Osterweiterung und damit in die aktuelle europäische Integration war dieser Bezug überflüssig.

Geographisch muß man Mitteleuropa nicht näher definieren. Der Raum zwischen Rhein und Weichsel, zwischen

Nord- und Ostsee einerseits und den südlichen Ausläufern der Alpen andererseits stellt Mitteleuropa dar. Diese geographische Dimension war in der Mitteleuropa-Debatte der 70er und 80er Jahre gar nicht konkret berücksichtigt worden. Deutschland, das nun einmal die Mitte des Kontinents und damit auch das Herz Mitteleuropas und dessen Schwerpunkt darstellt, klammerte man dabei bewußt aus. Eine geopolitisch wie auch geistig-kulturell unzulässige Vorgangsweise.

Gerade in historischer Betrachtungsweise ist Mitteleuropa nämlich ausschließlich und schwergewichtig mit Deutschland in Zusammenhang zu bringen. Die Mitte des alten Abendlandes, das war das alte Heilige Römische Reich Deutscher Nation, regiert und gestaltet zuerst von der Rheinachse aus, die von Pfalzen Karls des Großen über die Städte Mainz, Worms und Speyer, wo sich die romanischen Kaiserdome befinden, reicht. Dann verwaltet von der Achse Berlin-Prag-Wien aus. Eine Achse, die im Grunde im Zuge der deutschen Ostsiedlung während des gesamten Mittelalters nach Osten wanderte und sich in der Neuzeit an den Residenzstätten der Habsburger und der Hohenzollern festmachen läßt. Demgemäß waren die Mittelmächte, wie sie im Ersten Weltkrieg von Westen und Osten bekämpft wurden, die Erben dieses Mitteleuropa. Das wilhelminische Deutschland und die k. u.k Monarchie, sie bildeten Mitteleuropa und waren zwangsläufig damit auch die geopolitische Ausgangsbasis für die Mitteleuropa-Ideologie des Altliberalen Friedrich Naumann. Dessen Konzept allerdings wäre nur nach einem Sieg Deutschlands realisierbar gewesen. Die Friedensdiktate von Versailles, Trianon und Saint Germain machten all diese Ambitionen zuschanden.

Gegenwärtig scheint es so, als wäre der Begriff Mit-

Todesgrenze zum ehemaligen Ostblock: Was der Eiserne Vorhang einst trennte, wächst nun wieder zusammen

teleuropa politisch und geistig-kulturell ohne Bedeutung, als bräuchte man ihn bloß nur mehr als geographische Angabe. Die europäische Integration und die EU-Osterweiterung unter Einbeziehung des Baltikums, Polens, Rumäniens, Bulgariens und des Balkans scheint den Begriff Mitteleuropa überflüssig zu machen. Da behilft man sich eher mit Bezeichnungen wie „Altes Europa" und im Gegensatz dazu das „Neue Europa" im Osten. Die innereuropäische Wohlstandsgrenze, die in etwa am früheren Eisernen Vorhang verläuft, scheint eine solche begriffliche Aufteilung auch sinnvoll zu machen.

Fraglich ist nur, ob historisch-kulturelle Konstanten, wie etwa der Geist der alten Habsburger Monarchie und auch der Geist des untergegangenen Preußen, so etwas wie eine spezifisch mitteleuropäische Atmosphäre auch im 21. Jahrhundert bedingen können. Sind sich Tschechen, Ungarn, Slowenen, Kroaten und Österreicher auch innerhalb des offenen, sich integrierenden Europas noch in besonderer Weise nahe? Haben Deutsche, Esten, Letten und Polen kulturelle Verbindungen und auch konkrete politisch-ökonomische Interessen, die sie im gleich gestalteten Europa miteinander in höherem Maße verbinden?

Es sind dies Fragen, die sich nicht so leicht beantworten lassen. Die Zwänge der Geographie aber und nachbarschaftliche Nähe können auch für die Zukunft ein Sonderverhältnis der mitteleuropäischen Nationen begründen. Das gemeinsam historische Erbe ist ja auch durch das gemeinsam erlebte Grauen der beiden Weltkriege des 20. Jahrhunderts überdeckt. Dieses Grauen zu überwinden, ist längst noch nicht in allen Bereichen gelungen. Auch dieses Überwinden, das Zuschütten alter historischer Gräben wäre eine spezifisch mitteleuropäische Aufgabe. Eine Aufgabe, mit der West- und Nordeuropäer und die Südeuropäer weniger zu tun haben.

Abgesehen davon allerdings gibt es eine Fülle ganz konkreter ökonomischer und struktureller Probleme, die diese Mitteleuropäer auch im 21. Jahrhundert miteinander verbinden. Da sind die Fragen des Verkehrs, der sich hier in der Mitte Europas kreuzt, daß sind die sozialen Probleme der Zuwanderung und viele andere Bereiche mehr, die es zu bewältigen gilt.

Krakau und Wittenberg – zwei Metropolen des europäischen Christentums

Der Geist Karol Woytilas und
der Geist Martin Luthers – Schwerpunkte des
mitteleuropäischen Christentums

Europa im 21. Jahrhundert – ein gottloser Kontinent. Das Christentum, das mit der geistigen Entwicklung Europas, mit der Kultur des alten Abendlandes so eng verwoben ist, scheint auf verlorenem Posten zu kämpfen und ist offenbar massiv in Rückzug begriffen. Die Europäische Union schafft sich eine Verfassung, in der für Gott kein Platz ist, in den Konstitutionen der europäischen Staaten legt man Wert auf die strikte Trennung von Kirche und Staat und setzt gewissermaßen auf Äquidistanz zu den großen Konfessionen. Ob Christ, ob Muslim, ob Buddhist oder Agnostiker, jeder hat da das gleiche Gewicht, jede Konfession kann vom Staat denselben Freiraum für sich beanspruchen, Privilegien und Sonderverhältnisse gibt es nur mehr ausnahmsweise. Erscheinungen, wie etwa das Konkordat zwischen Österreich und dem Vatikan, spielen keine große Rolle mehr.

Und der Glauben, die spirituelle Bindung der Menschen an den Christengott, an Jesus und seine Lehrer, scheint vollends zur Randerscheinung zu werden. Da mag es noch so etwas wie christliches Lebensgefühl zu geben und einem von Christentum her bestimmten Jahresablauf. Man heiratet vielleicht noch in der Kirche, läßt die Kinder taufen – auch das geht zurück – und begeht Feste wie Ostern und Weihnachten, ohne ihren religiösen Sinn noch wirklich nachzuvollziehen. Der Glaube aber an die göttliche Dreifaltigkeit, an die Erlösung und auch an die Verdammnis, an das Paradies und an die Hölle, an das Weltgericht und die Vergebung der Sünden, dieser Glauben ist zur geistig-spirituellen Randerscheinung geworden.

Die katholische Kirche ist zwar durch ihren inzwischen verstorbenen polnischen Papst und durch den nunmehrigen deutschen Papst noch immer eine Kirche mit europäischem Schwerpunkt, sie weiß aber, daß sie mit Europa einen längst heidnischen Kontinent vor sich hat, der allenfalls Stätte der Remissionierung sein müßte. Und die evangelische Kirche scheint im alten Europa zur linksliberalen Lebenshilfe-Instanz verkommen zu sein. Aus einst glaubensstarken Predigern wurden Verfechter

Krakau: Eines der Zentren des polnischen Katholizismus

326

und -innen der multikulturellen Gesellschaft und des spätlinken Zeitgeists. Das Christentum im alten Europa, insbesondere im Kernbereich Mitteleuropas scheint also in unseren Tagen zwischen katholischer Resignation und protestantischer Dekadenz zu schwanken. Dennoch gibt es in der Mitte Europas nach wie vor Stätten, an denen der Geist der beiden großen christlichen Konfessionen stark und rein zutage tritt. Die polnische Königsstadt Krakau ist ein Ort, an dem der Katholizismus nicht nur gelebt wird, sondern auch noch starke geistige Ausstrahlung zu besitzen scheint. Und das mitteldeutsche Residenzstädtchen Wittenberg – 500 Kilometer westlich – ist eine Stätte, in der der Geist des Protestantismus' noch klar und unverfälscht zutage tritt. Aus Krakau kam der polnische Papst Karol Woytila, hier war er Oberhirte, bevor er nach Rom berufen wurde. In der Krakauer Marienkirche beten die Menschen noch den ganzen Tag über, nicht nur während der heiligen Messe, und der größere Teil der Kirche ist den Touristen verwehrt und den Betenden unter ihnen, auffällig vielen jungen Menschen, vorbehalten. Der gewaltige spätgotische Flügelaltar von Veit Stoß mit seinen überlebensgroßen realistischen Figuren, mit den Marienlegenden, ist tatsächlich Objekt tiefer religiöser Verehrung. Volksfrömmigkeit in absoluter Übereinstimmung mit katholischer Kirchen- und Dogmengläubigkeit präsentieren sich hier gemeinsam.

Auf dem Krakauer Wawel, der Burg, befinden sich in der Burgkathedrale die Gräber der katholischen Könige Polens. Gekürt und wieder gestürzt von der Adelsrepublik, gefürchtet oder auch ohnmächtig, immer aber zutiefst katholisch. Stets verstand sich Polen, und das bis zum heutigen Tage, als katholisches Kernland. Und es ist dies im neuen Europa geblieben. Mehr noch wahrscheinlich als das katholische Italien, als Spanien und Portugal, da sich die romanischen Länder doch durch die politische Klasse, beziehungsweise deren linkes Spektrum, bewußt gegen den politischen Katholizismus gewandt haben. Und die Königsstadt Krakau des verblichenen Papstes Karol Woytila ist gemeinsam mit dem Wallfahrtsort der schwarzen Madonna, Tschenstochau, das Zentrum dieses nach wie vor vital existierenden polnischen Katholizismus'.

Ähnlich und doch ganz anders verhält es sich mit Wittenberg, der Stadt Martin Luthers. Die einstige Kursächsische Residenzstadt mit ihrer von Friedrich dem Weisen 1502 gegründeten Universität ist auch heute noch ein Kleinstädtchen geblieben. Zur Zeit Martin Luthers hatte Wittenberg rund 2.000 Einwohner, wozu noch zusätzlich 3.000 Studenten kamen. Das akademische Leben und der Fürstenhof dominierten das kleine Gemeinwesen. Der Geist des Weisen und das Gedenken an den „Lehrer Deutschlands", den großen Humanisten Melanchthon, und an den Reformator Martin Luther durchwehen die kleine mitteldeutsche Stadt. So wie die Achse des polnischen Katholizismus' von der Wawel-Kathedrale bis zur Marienkirche in Krakau geht, so zieht sich hier die Achse des Protestantismus von der Wittenberger Schloßkirche bis zur Stadtkirche St. Marien. Dort schlug Martin Luther am 31. Oktober 1517 seine Thesen an, hier predigte er also täglich. Heute ist der Geist des Protestantismus' eher in Übersee lebendig als in deutschen Pastoren beheimatet. Amerikanische Prediger sind es daher auch, die in der Wittenberger Stadtkirche immer wieder predigen, die hier ihren Urlaub verbringen, um den Geist des Reformators zu atmen.

Gewiß, Wittenberg ist ähnlich wie Krakau ein Magnet für den Kulturtourismus. Das kurfürstliche Schloß

Wittenberg: In der mitteldeutschen Lutherstadt findet sich noch immer der Geist der evangelischen Konfession

und die Cranach-Höfe sind ebenso Ziele touristischen Interesses wie die Krakauer Burg. Genauso aber wie der Katholizismus in Krakau lebt und atmet, findet sich der Geist der evangelischen Konfession in der mitteldeutschen Lutherstadt. Hunderte Namenschilder auf den Wittenberger Häusern zeugen vom Wirken der großen Geister des Protestantismus', vom Reformator angefangen bis zum Schöpfer der evangelischen Kirchenlieder, Paul Gerhard. Und dort, wo einst der geschäftstüchtige und politisch so geschickte Bürgermeister und Maler Fürst Lukas Cranach der erste Drucker und Verleger der Lutherschen deutschen Bibel war, ist heute nach wie vor ein geistiger Kombinationspunkt der protestantischen Theologie, im Rahmen der Universität Halle-Wittenberg. Der bäurisch-breite Reformator auf seinem Standbild auf dem Marktplatz von Wittenberg und die robust-resolute Katharina von Bora,

329

wie wir sie von ihrem Standbild vor dem Lutherhaus in Wittenberg kennen, repräsentieren bis zum heutigen Tag den Geist des Protestantismus' des deutschen Christentums, wie es vor einem halben Jahrtausend entstand. In Wittenberg ist dieser Geist auch heute noch zu spüren.

Wenn im alten Europa insgesamt also, insbesondere in Mitteleuropa, das Christentum unaufhaltsam auf dem Rückzug zu sein scheint, wenn auch das Christentum in der katholischen und in der evangelischen Konfession in Mitteleuropa gegenwärtig massiv im Rückzug begriffen zu sein scheint, finden sich also in Krakau einerseits und andererseits in Wittenberg nach wie vor Stätten, die von tiefer Religiosität und tiefem christlichem Geist durchdrungen sind. Im Spannungsfeld zwischen der polnischen Königsstadt und der mitteldeutschen Universitätsstadt manifestiert sich seit einem halben Jahrtausend die ganze Breite christlichen Denkens in der alten Welt. Ein Spannungsfeld, das sich jenem Besucher, der in der Lage ist, mit offenen Augen durch die beiden Städte zu gehen, noch immer eröffnet.

Zweierlei Wiederaufbau

Breslau und Mainz – zwei Städte wurden zerstört und
wieder aufgebaut. Kein Vergleich

Wer heute die alte schlesische Hauptstadt Breslau
besucht, die heute – rein phonetisch – so unschön
Wroclav heißt, wird im Zentrum voller Bewunderung
das völlig wiederhergestellte gotisch Renaissance- und
Barock-Ensemble des alten Marktes und des Salzmarktes
finden. In der Mitte des alten Marktes das gotische Rathaus, das jahrhundertelang Wahrzeichen der ehrwürdigen
deutschen Stadt war. Alles historisch getreu restauriert,
wunderschön anzusehen, wenn es auch teilweise nur die
Fassaden sind.

Ganz anders verhält es sich mit Mainz, der rheinpfäl-
zischen Metropole: Dort gruppieren sich um den romanischen Kaiserdom, der St. Martin und St. Stephan geweiht
ist, die „Baudenkmäler" des westdeutschen Wiederaufbaus
zwischen 1950 und 1970. Da präsentiert sich in einer ein-
stöckigen Betonglashalle das Versandhaus „Quelle", einige
Schritte entfernt davon die Konkurrenz „Karstadt", alles
ist säuberlich zubetoniert, geprägt vom indessen ein wenig
abgewohnt und schäbig wirkenden Charme der 60er Jahre
des 20 Jahrhunderts. Da ist man offenbar davon ausgegangen, daß es Kitsch wäre, die historische Bausubstanz
wieder herzustellen. Dieses Beispiel zweier – im Falle
Breslaus ehemaliger – „deutscher Provinzhauptstädte"
zeigt zwei grundverschiedene Anschauungen in Hinblick
auf die städtebauliche Sanierung nach den Zerstörungen

331

des Zweiten Weltkriegs. Breslau war nach quälend langer und tödlicher Belagerung durch die Rote Armee bis kurz vor Kriegsende 1945 entvölkert und völlig zerstört. Die deutsche Bevölkerung, soweit sie nicht bereits geflohen oder evakuiert worden war, wurde in der Folge von den sowjetischen Siegern und den neuen polnischen Herren brutal ausgetrieben. Stattdessen wurde mehr oder minder kollektiv die polnische Bevölkerung der vormals ostpolnischen, nach Kriegsende sowjetischen und heute ukrainischen Stadt Lemberg in das wiederaufzubauende „Wroclav" umgesiedelt. Im Zuge des Wiederaufbaus hat sich somit eine keineswegs autochthone Bevölkerung des historischen deutschen Erbes bemächtigt. Aber sie hat dies – zumindest in städtebaulicher Hinsicht – in würdiger und respektvoller Art und Weise getan, indem sie die historische deutsche Bausubstanz wiederhergestellt hat. Die polnischen Denkmalschützer und Städteplaner sind dabei offenbar von der Vorstellung ausgegangen, daß die Rettung des historischen Erbes der Stadt einen wertvollen Beitrag zur nationalen polnischen Kultur der Zukunft darstellen würde. Daß sie damit auch ein Zeugnis deutscher Kulturleistung im ehemaligen Ostdeutschland retten würden, haben sie gewiß nicht geplant. Sie haben es allerdings getan.

Ganz anders war es in Mainz oder anderen rheinländischen Städten wie etwa dem benachbarten Worms. Dort war die historische Bausubstanz Opfer des angloamerikanischen Bombenterrors geworden. In Worms etwa kam es noch wenige Wochen und Tage vor Kriegsende zu zwei vernichtenden Bombenangriffen, die militärisch völlig ohne Sinn waren. Die fürsterzbischöfliche Metropole Mainz und die alte Reichsstadt Worms, Städte zahlreicher Reichstage, wurden in Wüsteneien verwandelt. Als schier unzerstörbar

Breslau: Die schlesische Hauptstadt wurde nach dem Zweiten Weltkrieg von den Polen vorbildhaft wiederaufgebaut

erwiesen sich einmal mehr die romanischen Kaiserdome. Sie, die Kriege, Brandschatzungen und Zerstörungen des vergangenen blutigen Jahrtausends überlebt hatten – Worms etwa einen einwöchigen Brand, den die Franzosen im Zuge der Raubkriege Ludwigs XIV. gelegt hatten – überstanden auch den Bombenkrieg. Heute stehen die beiden romanischen Kaiserdome beeindruckend religiös, geheimnisvoll und mächtig nach wie vor inmitten der beiden Städte. Diese aber wurden nach Kriegsende, bis herauf in die 70er Jahre, auf eine Art und Weise wiederaufgebaut, die das Gegenteil von Breslau darstellt. Nur ausnahmsweise hat man die historische Bausubstanz revitalisiert, in den meisten Fällen hat man billig, sparsam und modernistisch mit minderwertigen Materialien Bauwerke in die Zentren der alten historischen Städte hingeklotzt, die heute, ein Menschenalter nach dem Wiederaufbau, längst schäbig

333

geworden sind. Sie wirken geschmacklos und abgenützt, sie werden der historischen Bedeutung ihrer Städte in keiner Weise gerecht und sie sind auch als ökonomischer Faktor, nämlich als Anziehungspunkt für den Städtetourismus ohne jeden Wert.

Nun ist schon klar, daß das unmittelbare Erfordernis der ersten Nachkriegsjahre darin bestand, den Menschen – und zwar rasch – wieder ein Dach über dem Kopf zu schaffen, die Trümmer aus den Zentren der Städte zu entfernen, die Infrastruktur, Strom, Wasserversorgung, Kanalisation instandzusetzen. Da war nicht viel Zeit und Möglichkeit, auf denkmalschützerische Belange Rücksicht zu nehmen. Da galt es, schnell, möglichst kostengünstig und sauber den Wiederaufbau zu organisieren. Interessant ist allerdings, daß dieser im Falle des damals kommunistischen Polens und der Stadt Breslau anders vonstatten ging wie etwa in dem schon in den 50er Jahren relativ reich werdenden Westdeutschland, wo Mainz und beispielsweise Worms liegen. Noch in den 80er und 90er Jahren baute man nämlich im heutigen „Wroclav" eher die lieb- und bedürfnislos errichteten Wiederaufbau-Bauwerke nach dem Vorbild der historischen Bausubstanz der gotischen oder barocken Bürgerhäuser um. Die Wiederherstellung des historischen Stadtbildes war also so wichtig, daß man keine Kosten und Mühen scheute, bereits bestehende, an sich intakte Wiederaufbauhäuser noch einmal baulich ganz massiv zu verändern. Von derlei Ambitionen war und ist im Westen Deutschlands, aber auch in den neuen Bundesländern, nur wenig zu merken. Gewiß, arge Wiederaufbausünden, etwa der einstigen „DDR", wurden punktuell und vereinzelt korrigiert. Wer etwa das Zentrum der sächsischen Hauptstadt Dresden, die bekanntlich durch Bombenangriffe völlig zerstört wurde, aus der „DDR"-Zeit kennt, darf sich darüber freuen, daß die Frauenkirche mit gewaltigem Aufwand und historisch getreu wiedererrichtet wurde.

Rheinische Provinzstädte aber wie Worms, die in der tausendjährigen Geschichte so unglaublich bedeutend waren, die kunsthistorische Schatzkammern darstellten – Worms hatte allein 70 mittelalterliche Türme – sehen heute – mit Ausnahme des romanischen Doms – wie Industriesiedlungen aus dem Mittleren Westen der USA aus, geprägt von der kargen Anti-Ästhetik des Wiederaufbaus und vom öden Charme der 50er und 60er Jahre. Der Nationalstolz der Polen hingegen darf sich an historischen Städten wie Breslau nähren. Und das keineswegs zu Unrecht, da die historische Bausubstanz zwar deutsch ist, die Leistung des Wiederaufbaus aber zweifelsfrei polnisch. Eine wahrhaft paradoxe Situation.

Rund um Europas deutsche Mitte

Ein sommerlicher Lokalaugenschein: Wer Europas
starkes, deutsches Herz erleben will, kann dies bei
einer Rundreise über Wien, Prag, Dresden, Stralsund,
Schleswig, Goslar, Maastricht, Brüssel, Luxemburg
und Trier tun

Anders als die meisten europäischen Nationen definiert
sich die deutsche Nation nicht vom Zentrum her, sondern zumeist von der Peripherie. Wer Frankreich verstehen
will, muß zu allererst Paris kennen. Spanien ohne Madrid,
England ohne London, Schweden ohne Stockholm wären
ungreifbar. Deutschland hingegen wird in seiner geistigen
und kulturhistorischen Existenz erst greifbar, wenn man
von Prag und Dresden, von Straßburg und Aachen, von
Wien und Stralsund aus die entsprechenden Annäherungs-
versuche unternimmt.

Wer also Europas starkes deutsches Herz erfühlen will,
muß sich diesem Land und seinen Menschen, diesem geistigen Kontinent Deutschland, gewissermaßen als Suchender
von außen, es umkreisend, es rundum ertastend nähern.
Deshalb auch der Versuch, die deutsche Befindlichkeit des
Jahres 2006 in einer sommerlichen Reise rund um dieses
Deutschland zu erkunden.

Auf der Achse Wien–Prag–Dresden

Wien, über Jahrhunderte die deutsche Kaiser- und
Residenzstadt, war nicht zufällig auch gleichzeitig so

337

etwas wie der südöstlichste Stützpunkt dieses römischen Kaisers, dort wo er deutscher König war. Bis zum Beginn der Neuzeit war Ungarn ja immer wieder Herausforderer und Gegner, danach, einverleibt, Kampfgenosse gegen die über Jahrhunderte anbrandenden Türken. Wer sich also von dieser südöstlichen Bastion des alten deutschen Volksbodens hin in das neue zeitgenössische Deutschland aufmacht, kann entweder donauaufwärts reisen, oder nach Norden quer durch Böhmen, das jetzt Tschechien heißt.

Die 300 Kilometer von Wien nach Prag fahren sich flott und angenehm. Die Bundesstraße quer durch das Weinviertel ist so gut, daß sie zum Rasen verführt, der Grenzübergang von Kleinhaugsdorf hat seinen Schrecken durch allzulange Wartezeiten längst eingebüßt. Danach erblickt man die Silhouette von Znaim von der Ferne, die alte südmährische Hauptstadt, noch immer beeindruckend. Aus der Nähe gesehen ist das, was sich zwischen dem Grenzübergang und dem heutigen Znojmo entwickelt hat, eher trostlos. Letztklassige Fernfahrer-Bordelle und prahlerische Diskontläden markieren diesen Grenzübergang. Die Straße von Znaim nach Iglau, der ehemals deutschen Sprachinsel, ist neu asphaltiert, die EU-Gelder sind offenbar entsprechend geflossen. Erfreulich, daß die alten Straßenalleen erhalten sind, auffällig nur die zahlreichen kranken oder abgestorbenen Linden und Eichen. Sichtlich hat hier in Südmähren, aber auch dann weiter in Richtung Zentralböhmen, Europa zugeschlagen, beziehungsweise die westliche Wirtschaft, auch die österreichische. Die „Volksbank" und die „Österreichische Mineralölverwaltung", „Billa" und andere Großkonzerne klotzen ihre Werbeaufschriften ins Land. Überhaupt ist es eine überbordende Flut von Werbetafeln, die dem suchenden Auge des Reisenden entgegen springt. Ob die Republik

Prag: War in der Geschichte neben Wien eines der bedeutendsten politischen und kulturellen Zentren Mitteleuropas

Tschechien, Mitglied der Europäischen Union, wirklich jene vielgepriesene gesellschaftliche und ökonomische Entwicklung durchgemacht hat, von der man allenthalben hört, ist auf der raschen Durchreise kaum festzustellen. Daß das Land fest in den Klauen des Kapitalismus' ist, manifestiert sich allerdings unübersehbar. Und wenn man dann nach Prag hineinfährt, und bereits vor den aus den Zeiten des Kommunismus' stammenden Plattenbauten der Vorstädte die neuen postkommunistischen Vor-Vororte sieht – zeitgeistige Wohnbau-Architektur und Lagerhallen eben derselben Multis, Lagerhallen eben derselben Konzerne – verstärkt sich dieser Eindruck.

Prag selbst ist eine wahre Touristen-Hölle. Menschenmassen, wie man sie leider überall dort vorfindet, wo sich die Spitzenleistungen menschlicher Kultur manifestieren. Wie in Florenz, wie in Venedig, so ist es auch in Prag.

339

Japanische und US-amerikanische Touristen, staunende Ahnungslose, die wohl kaum verstehen können, was es bedeutet, daß dies die Residenzstadt der römisch-christlich-deutschen Kaiser aus dem Hause Luxemburg und später aus dem Hause Habsburg war. Touristische Melkkühe, die in den wie Pilze aus dem Boden schießenden Souvenirgeschäften und Gaststätten ausgenommen werden. Massen, die sich über die historische Moldau-Brücke, vorbei am Denkmal Kaiser Karls IV. hin zum Hradschin wälzen und so gar nichts vom Geist dieser Stadt begreifen.

Dennoch ein rascher Fußmarsch durch die Stadt, eine belebende Tasse Kaffee oder ein Glas böhmischen Bieres, köstlich ohne Kohlensäure, und dann weiter nach Norden. Vorbei an Terezin, dem alten Theresienstadt, jener Festung, die die mütterliche Kaiserin Maria Theresia in ihren Kriegen gegen Preußen anlegen ließ und die dann der Braunauer in seiner ebenso maßlosen wie schrecklichen „Güte" – „der Führer schenkt den Juden eine Stadt" – zum KZ-Ghetto umfunktionieren ließ. Und weiter nach Teplitz, um dann über das Riesengebirge nach Sachsen einzureisen. Die ehemals deutsche Stadt wird ebenso wie das deutsche Znaim an der Südgrenze Tschechiens durch das nur allzu sichtbare Phänomen der Prostitution beschämt. Rudelweise stehen Huren am Straßenrand entlang, wenn man hinauf ins Erzgebirge fährt.

Eine halbe Stunde später ist man in Dresden, der sächsischen Metropole, die ihre alte ehrende Bezeichnung als „Elb-Florenz" zunehmend wieder verdient. Staunend steht der Reisende vor der wiedererrichteten Frauenkirche, deren Kuppel sich majestätisch und dominant gegen den Himmel reckt. Auch hier sind es Touristenmassen, die sich rund um den Zwinger, das Dresdener Schloß oder auf der Brühlschen Terrasse drängen. Aber es sind weitestgehend

Dresden am Ende des Zweiten Weltkriegs: Obwohl ohne militärische Bedeutung, wurde die Stadt zum Opfer des alliierten Bombenterrors

Deutsche, die nach Dresden kommen und die zur wiedererrichteten Frauenkirche pilgern, die geradezu so etwas wie ein nationales Symbol des wiedervereinten Deutschland nach 1990 geworden ist. Beachtenswert sind auch die Pläne zur Wiedererrichtung der historischen Bürgerhäuser, die einst rund um die Frauenkirche standen. Hier erweist sich, daß modere Architektur und die Wiedererrichtung historischer Bausubstanz sehr wohl vereinbar sind. Wenn man die Stadt in Richtung Norden verläßt und einen letzten Blick auf die geradezu dramatische Silhouette Dresdens hin zu Elbe wirft, wird dem Betrachter deutlich, daß die vor mehr als sechs Jahrzehnten so brutal ausradierte Elb-Metropole nunmehr wieder zu einer der schönsten Städte Mitteleuropas geworden ist. Die kaiserlichen und königlichen Residenzstädte Wien, Prag und Dresden sind einander wieder würdig.

Wer kennt Bautzen?

Getreu dem Grundsatz, Deutschland von der Peripherie her zu erfahren, wendet sich der Reisende von Dresden
ostwärts, um nach rund 70 Kilometern in der Oberlausitz
das Städtchen Bautzen zu erreichen. Der Name der Stadt
stand in den dunklen Jahren des „DDR"-Kommunismus'
für die Einkerkerung politischer Gefangener. Wenn man
von der Ferne kommend die romantische Silhouette der
Stadt erblickt, mit ihren vielfältigen Türmen und dem
imposanten Bauwerk der „alten Wasserkunst", kann man
sich kaum mehr vorstellen, welchen Schrecken die Erwäh-
nung von Bautzen bei den Systemkritikern im SED-Staat
erweckt hatte.

Heute ist das in sich geschlossene mittelalterliche
Städtchen, das sich auf einem Felsen über der Spree erhebt,
nicht nur wieder zu einer Touristen-Attraktion geworden,

Bautzen: Mittelpunkt der sorbischen Minderheit in Deutschland

sondern vor allem als Zentrum der sorbischen Minderheit von Bedeutung. 60.000 Sorben sollen es dereinst gewesen sein, die in der Ober- und Niederlausitz siedelten, bevor sie in Zuge der Wiedervereinigung und der darauf folgenden Abwanderung, zum Teil weger der Arbeitslosigkeit, wegzogen. Noch immer ist rund um Bautzen, bis hinauf nach Hoyerswerda und Cottbus flächendeckend auf den Straßen alles zweisprachig ausgeschildert, und in Bautzen selbst sind konsequent alle Straßentafeln auf Deutsch und Sorbisch beschriftet. Gesucht ist das sorbische Wirtshaus, wo es die sorbische Hochzeitssuppe gibt und das neu eingerichtete sorbische Museum im Bautzener Schloß besticht durch seine hervorragende Dokumentation des kleinen sorbischen Volkes. Zwar gibt es im deutschen Grundgesetz keine Bestimmungen, die dem Schutz nationaler Minderheiten dienen – die Bundesrepublik von 1949 hatte ja auch keine ethnischen Minderheiten – heute aber genießt die sorbische Minderheit in der Ober- und Niederlausitz hervorragende Minderheitenrechte. Ein wohlausgebautes Kindergartennetz und Schulsystem, bis hin zum sorbischen Gymnasium in Bautzen, garantiert das Überleben der sorbischen Kultur. In der Bautzener Domkirche St. Petri findet sich das Kuriosum, das die sächsischen Protestanten und die Sorben, die dort mehrheitlich Katholiken sind, sich eine Kirche miteinander teilen. Seit der Reformation ist dieses bemerkenswerte Beispiel konfessioneller Toleranz in Übung.

In den Jahren seit der Wende ist in dem eher verschlafen wirkenden Städtchen Bautzen viel geschehen. Die alten Bürgerhäuser sind vorbildlich renoviert. Die historische Bausubstanz der Stadtmauer mitsamt den Wehrtürmen ist bestens erhalten, die alte Wasserkunst, ein spätmittelalterliches Schöpfwerk zwecks Wasserversorgung der

Stadt, ist als technisches Museum zu besichtigen und im Schloß, nächst dem sorbischen Museum, findet sich ein stark frequentiertes Sommertheater mit Freilichtbühne. Die Menschen sind freundlich, die Bautzener Jugendlichen bevorzugen offenbar den seltsamen Brauch des Lippen- und Nasenpiercings, wirken aber sehr freundlich, was angesichts der dort grassierenden Arbeitslosigkeit nicht selbstverständlich ist. Da der Reisende just in den Tagen der Fußballweltmeisterschaft in Bautzen weilte, da sich Deutschland mit einem Sieg gegen Portugal den dritten Platz holte, wird er überdies nächtens von einem lauthupenden Autocorso eben derselben gepiercsten Jugendlichen erfreut. Die zahllosen schwarz-rot-goldenen Fahnen, mit denen die Stadt beflaggt ist, beweisen überdies, daß auch in Bautzen der Fußball-Partypatriotismus ausgebrochen ist.

Die Hansestädte Stralsund und Lübeck

Von der Ferne sieht Stralsund mit seinen drei dominanten mittelalterlichen Türmen so aus, wie es sich im frühen 19. Jahrhundert dem Maler Caspar David Friedrich dargeboten haben mag. Dann aber drängt sich das Bild der gewaltigen Hängebrückenkonstruktion auf, die gegenwärtig von Stralsund aus hinüber auf die Insel Rügen errichtet wird, und die Moderne überlagert die mittelalterliche Ansicht.

Stralsund, das ist auch deutsche Peripherie: Nahe der polnischen Grenze und einst tiefste „DDR", versucht die Hafenstadt mit ihren traditionsreichen Werften in wirtschaftlicher und sozialer Hinsicht erst wieder Tritt zu fassen. Dennoch sind weite Bereiche der alten Stadt, die 1944 durch ein Bombardement gründlich zerstört wurde, bereits wieder vorbildlich restauriert. Im belebten Hafen nahe den zahlreichen, sündteuren Privatjachten liegt das alte deutsche Schulschiff „Gorch Fock". Wie reich und mächtig die Hansestadt einst war, läßt sich überaus deutlich am gotischen Prachtbau des Rathauses, mit seiner ebenso filigranen wie beeindruckenden Fassade, erkennen. Das Ensemble der Bürgerhäuser rund um das Rathaus darf als gelungenes Beispiel städtebaulicher Erneuerungsarbeit gepriesen werden. Auch jene Bereiche der alten Backsteinmauer, die rekonstruiert, beziehungsweise ganz real neu errichtet wird, erscheinen vorbildlich. Auch wenn große Bereiche des alten Hafens und der Stadt selbst noch im Zustand des Verfalls in den grauen und braunen Rosttönen der alten „DDR" zu sehen sind, zeigt sich doch, daß die Hansestadt Stralsund bald ein Teil der – Helmut Kohl läßt

Stralsund: Abseits der Altstadt hat die alte Hansestadt noch „DDR"-Charme

grüßen – „blühenden Landschaften" der neuen Bundesländer sein wird.

Kaum eine Autostunde westwärts, entlang der Ostseeküste, trifft der Reisende dann auf die „Königin der Hansestädte", auf Lübeck. Im Vergleich zum östlichen Stralsund war Lübeck immer größer und mächtiger und auch prächtiger. Auch heute wirkt Stralsund, verglichen mit Lübeck, bescheidener, aufgrund des unseligen „DDR"-Erbes noch baufälliger und längst nicht so reich. Lübeck ist geprägt vom Wiederaufbau der 50er und 60er Jahre und es ist auch durch diesen Wiederaufbau entsprechend geschädigt. Wenn die Heimatstadt von Thomas Mann, auch nach wie vor über hunderte Backsteinhäuser und beeindruckende mittelalterliche Baudenkmäler, wie die Marienkirche, den Dom und das Holsten-Tor verfügt, hat es doch den eher abgeschmackten Flair einer typischen westdeutschen Großstadt. Die Fußgängerzonen sind von den 08/15-Supermärkten und Handelsketten geprägt, die man überall findet, „C&A" und „Karstadt" prunken in Stahlbeton und Glas, vermögen die alte echte Pracht, etwa des Rathauses, in seiner edlen Backsteinpatina doch nicht in den Schatten zu stellen. 1942 wurde Lübeck bereits durch einen alliierten Bombenangriff in Schutt und Asche gelegt. Die Marienkirche etwa, das bürgerlich hanseatische Gegenstück zum Dom, wurde nahezu völlig zerstört. Heute bildet sie ein Beispiel eines gelungenen sakralen Wiederaufbaus und gilt als eine Krone der norddeutschen Backsteingotik. Der lichtdurchflutete, protestantisch-nüchterne, aber doch merkwürdig spirituelle Innenraum ist so etwas wie ein nördliches Gegenstück zum Straßburger Münster und zum Wiener Stephansdom.

Lübeck, das steht ebenso wie Stralsund für die alte norddeutsche Hanse und damit für die nördliche nach Skandinavien zur Nord- und Ostsee orientierte Peripherie des deutschen Volks- und Kulturraums. Lübeck ist bis heute hanseatisch selbstbewußt, kühl, nüchtern und freundlich. Und es macht deutlich – gerade im Vergleich mit der kleineren Schwester Stralsund – welche Unterschiede auch 15 Jahre nach der Wiedervereinigung nach wie vor zwischen dem Gebiet der ehemaligen „DDR" und dem der ehemaligen Bundesrepublik Deutschland bestehen. Der arme Osten, in den Milliarden gepumpt wurden, hat durch die verspätete Restauration und Renovierung der Kulturgüter die Chance, dies liebe- und anspruchsvoller zu tun. Der reichere Westen wurde schnell und häufig allzu geschmacklos in den 50er, 60er und 70er Jahren wiederaufgebaut. Ein Wiederaufbau, der heute in die Jahre gekommen ist und da und dort schäbig zu wirken beginnt.

Die Menschen im deutschen Norden bieten für den Betrachter von außen einen zwiespältigen Eindruck: Da sind viele alte Leute und viele dicke Leute und viele farbige Leute. Ein überaltertes und saturiertes Volk mit einem starken und dynamischen Teil an Zuwanderern. Doch der merkwürdige Ausbruch an Optimismus und Patriotismus im Zuge der vergangenen Fußballweltmeisterschaft mit den zahllosen schwarz-rot-goldenen Flaggen und Fahnen, die nach wie vor präsent sind, signalisieren so etwas wie einen neuen Überlebenswillen, eine neue Aufbruchsstimmung der von Krisen und Brüchen geprägten gegenwärtigen deutschen Identität.

Um den Eindruck der norddeutschen Peripherie abzurunden, begeben wir uns weiter die Küste entlang ins tiefe Schleswig-Holstein hinein. Nahe der Grenze gelangen wir nach Schleswig, in jenen ursprünglichen Wikinger-Handelsplatz, der dann Residenz der Gottdorfer Herzöge wurde. Das Schloß Gottdorf selbst und der St. Petri Dom, ein weiteres Beispiel der beeindruckenden norddeutschen Backsteingotik mit seinem wunderbaren holzgeschnitzten Flügelaltar zeugen davon, daß das bescheidene und beschauliche Städtchen von großer kultureller und politischer Bedeutung war. Die Fischersiedlung Holm mit ihren niedlichen Fachwerkhäusern, kreisrund angesiedelt um den Gottesacker mit den Kriegerdenkmälern für die Gefallenen der beiden Weltkriege, dokumentiert so etwas wie norddeutsch-skandinavischen Biedersinn und Bescheidenheit. Das im Umfeld von Schleswig liegende Wikinger-Museum von Haithabo macht dem Reisenden deutlich, wie sehr Schleswig-Holstein bereits Teil der skandinavisch-nordischen Welt ist.

Und ähnlich wie in der Lausitz rund um Bautzen, gibt es hier die dänische Minderheit, deren Entsprechung nördlich der Grenze die deutsche Minderheit in Dänemark ist. Dänen und Deutsche haben die Konflikte der Vergangenheit – man denke an den deutsch-dänischen Krieg von 1864 – längst überwunden und gewähren einander in vorbildlicher Minderheitenpolitik großzügig Rechte für die Volksgruppen.

Wendet man sich dann der Nordseeküste Schleswig-Holsteins zu, gelangt man weiter nach Höide und nach Marne. Wer mit der Fähre von Glücksstadt nach Wischhafen die längst zum Meeresarm gewordene Elbe überquert, erkennt die Bedeutung der See und der Schiffahrt für diesen nördlichen Teil Deutschlands. Die Silhouetten der Kernkraftwerke von Brunsbüttel und Brokdorf und die zahllosen hochragenden Masten der neuen Windkraftwerke stehen dabei im merkwürdigen Gegensatz zur ruhigen und gleichförmigen Landschaft des flachen friesischen Küstenlandes. Die Nächtigung im romantischen Hansestädtchen Stade mit seinen herrlich restaurierten Fachwerkhäusern rund um den kleinen alten Hafen mit dem hölzernen mittelalterlichen Kran und ein deftiges Abendmahl bestehend aus Labskaus und mehren Gläsern Jever Pils führen zur tieferen kulturhistorischen Einsicht, daß die norddeutsche Ost- und Nordsee-Peripherie Deutschlands, das hanseatische Element also, ein ebenso wichtiger wie stabiler Bestandteil der historischen, aber auch der gegenwärtigen deutschen Identität bilden. Der weltoffene Blick auf den Ozean, gepaart mit geradezu biedermeierlich provinzieller Beschaulichkeit. Freundliche Gelassenheit und hintergründiger Humor, Großzügigkeit und Geschäftssinn, all dies sind Bestandteile, all dies gehört zu dieser Art des hanseatischen-norddeutschen Charakters.

Das altsächsische Herz Deutschlands

Überall von der deutschen Peripherie aus gelangt man sowohl geographisch wie auch kulturhistorisch sehr rasch

Kaiserpfalz in Goslar: Der Sachsenkaiser Heinrich II. residierte oft hier

349

und sehr leicht ins Zentrum, beziehungsweise in ein Zentrum der deutschen Geschichte und es deutschen Geistes eben. Aus dem norddeutsch-hanseatischen Bereich ist man in kaum mehr als einer Auto-Fahrstunde im alten sächsischen Kernbereich: An den Hängen des Harz erhöht sich die alte Kaiserpfalz Goslar, wo Heinrich II., der letzte große Sachsenkaiser, immer wieder residierte. Die beinahe schon kitschig schöne Fachwerkstadt ist naturgemäß ein Touristenmagnet. Die im 19. Jahrhundert restaurierte Kaiserpfalz mit den beiden Reiterstandbildern des 1871er Kaisers Wilhelm und des alten Friedrich Barbarossa zeigen einerseits, wie sehr sich das zweite deutsche Kaisertum auf das altdeutsch-römische Kaisertum zu berufen versuchte, es zeigt aber auch den Unterschied zwischen Anmaßung und wirklicher Größe.

Der Historismus, der sich in der erneuerten und entsprechend pathetisch ausgestalteten Kaiserpfalz im Stile des 19. Jahrhunderts präsentiert, kann nicht vergessen machen, daß eben in seiner Epoche auch die baufällig gewordene Domkirche zu Goslar schlicht und einfach abgerissen wurde. Geblieben ist nur das nach wie vor gewaltige romanische Eingangsportal. Damit ahnen wir, heute im 21. Jahrhundert, wie dieses patriotische Deutschland des 19. Jahrhunderts empfunden hat: Einerseits wird lästige, weil desolate alte Reichsgeschichte beseitigt, andererseits wird die mittelalterliche Reichsgeschichte zwecks Untermauerung des eigenen politisch-nationalen Anspruchs pathetisch überhöht.

30 Kilometer weiter nördlich in Hildesheim, einem weiteren Zentrum dieses sächsisch deutschen Hochmittelalters, findet der Reisende Belege für einen anderen Bruch der deutschen Geschichte: Für den wohl dramatischsten in der Baugeschichte des deutschen Mitteleuropas, für die

Zerstörung durch den alliierten Bombenkrieg vor 1945. Hildesheim erscheint so gründlich zerbombt gewesen zu sein, daß sich die Wege ins Stadtzentrum zu den kulturhistorischen Stätten, insbesondere den Kirchen, kaum mehr nachvollziehen lassen. Und der Wiederaufbau dieser beschämenderweise zerstörten romanischen Gotteshäuser ist bis zum heutigen Tag nicht abgeschlossen.

Westlich von Hildesheim, in der aus der deutschen Volkssage bekannten Rattenfängerstadt Hameln, finden sich zwar nach wie vor wunderschöne geschlossene Ensembles von Fachwerkhäusern, insbesondere solche der prachtvollen Weser-Renaissance. Dazwischen aber bezeugt ein über Strecken nicht immer sehr gelungener Wiederaufbau die Schäden des Bombenkriegs.

Und überdies – es mag ein Zufall, so etwas wie die Tagesverfassung der Stadt gewesen sein – erlebt man Begegnungen mit der multikulturellen und multiethnischen deutschen Zuwanderungsgesellschaft unserer Tage besonders intensiv: Lautstark und betont selbstbewußt auftretende junge Türken bevölkern die Straßen und Gassen des traditionsreichen Städtchens.

Kurz ist der Weg von Hameln nach Detmold und damit in den sagenumwobenen Teutoburger Wald. Das monumentale Herrmanns-Denkmal, das an die Varusschlacht zwischen den Cheruskern und den Römern im Jahre 9 nach Christus erinnern soll, ist so wirklich eigentlich wiederum eine Erinnerung an den deutschen Nationalismus des 19. Jahrhundert. Das Schwert drohend gegen den französischen Erbfeind nach Westen gerichtet, soll Arminius deutsche Größe, deutsche Stärke und deutsche Einheit symbolisieren. Eine Symbolik, die allein schon durch das lieblos gestaltete Areal rund um das Denkmal ad absurdum geführt wird. Allerdings scheint es so etwas wie eine List

Herrmannsdenkmal: Im 19. Jahrhundert errichtet,zeigt es den überhöhten nationalen Pathos des wilhelminischen Deutschland

der Geschichte zu sein, daß eines der wenigen Symbole des deutschen Nationalbewußtseins aus dem 19. Jahrhundert die, alten Burschenschafter-Farben schwarz-rot-gold, just in den Tagen unserer sommerlichen Reise anläßlich der Fußball-Weltmeisterschaft massenhaft fröhliche Urständ quer durch Deutschland und darüber hinaus feiert. Der cheruskische Freischärler-Führer Arminius – oder wie im-

352

mer er hieß – hat mit den Farben schwarz-rot-gold zwar nichts zu tun, wohl aber jene Menschen und jene Kräfte, die sein Denkmal auf den Waldberg südlich vom Detmold türmten.

Die Nacht verbringt der Reisende in einem zu einem schmucken Hotel umgebauten Nebengebäude – Fachwerk selbstverständlich – der geschichtsträchtigen Reichsabtei von Herford. Dort, in diesem vornehmsten Damenstift des alten Deutschen Reiches, wirkten im ersten Jahrhundert seines Bestehens, zwischen 800 und 900 also, zwei Äbtissinnen aus dem Geschlecht der Karolinger und wenige Jahre darauf eine Äbtissin aus dem Hause des rebellischen Sachsenherzogs Wittekind. Auf die Karolingerin Adelheid folgte wenige Jahrzehnte später die Sächsin Mathilde. Kein Wunder, ist Herford doch das Zentrum des sogenannten Wittekind-Landes.

Dieser Abstecher in geschichtsträchtige sächsisch-deutsche Kernland konfrontiert uns also mit der Frage, wie wir, die heutigen Deutschen und Europäer, zu der frühen deutschen Geschichte, die sich aus der Zeit der Karolinger und der Sachsenkaiser herausentwickelte, stehen. Sie konfrontiert und aber auch mit dem vordeutschen Selbstbehauptungswillen der Varusschlacht. Und sie konfrontiert uns mit dem überhöhten nationalen Pathos des 19. Jahrhunderts, insbesondere im wilhelminischen Deutschland. Sind Goslar, Hameln, Herford und das Herrmanns-Denkmal allenfalls noch Ziele für Senioren-Busreisen oder bleiben Hermann der Cherusker, 1.000 Jahre später der Sachsen Kaiser Heinrich II. und wiederum 900 Jahre später der Reichseinigungskaiser Wilhelm I. Gestalten, mit deren Charakter und Wirken wir uns auch im 21. Jahrhundert als aufgeklärte Deutsche und abgeklärte Europäer zu beschäftigen haben? Der Reisende läßt die Frage offen.

EU-Zentrum und deutsche West-Peripherie

Quer durchs Ruhrgebiet in Richtung Südwesten führt uns nun die Reiseroute. In der Stadt Maastricht im südwestlichsten Zipfel der Niederlande machen wir Station. Der Name der Stadt ist untrennbar mit der Entwicklung in seinem neuen EU-Zentralismus verbunden. Maastricht das ist „Versailles ohne Krieg" formulierte der legendäre Spiegel-Herausgeber Rudolf Augstein seinerzeit bei Abschluß der Maastricht-Verträge. Und tatsächlich stellten diese ja so etwas wie den Preis für die deutsch-deutsche Wiedervereinigung dar, insbesondere in Form der Aufgabe der starken, eigenständigen Deutschen Mark zugunsten des Euro. Und wenn vom nahegelegenen Aachen, vom Kaiserhof Karls des Großen, vor 1.200 Jahren die deutsche Reichsgeschichte ihren Ausgang genommen hat, so könnte sie hier im niederländischen Maastricht durch das erzwungene Aufgehen in EU-Europa ihr Ende finden. Von Maastricht führt uns unser Weg weiter nach Brüssel in die EU-Zentrale. Die Stadt ist innerhalb Belgiens mit seinen beiden einander mit unversöhnlicher Abneigung gegenüberstehenden Volksteilen geradezu so etwas wie ein Fremdkörper geworden: Einerseits multikulturell auf der gehobenen, man könnte sagen elitären Ebene, da sie Sitz von 10.000 EU-Beamten und EU-Funktionären, Diplomaten und Abgeordneten ist. Auf der anderen Seite multiethnisch, da sie eine Zuwanderungsmetropole ist, in der Nordafrikaner, Schwarzafrikaner, Türken und Asiaten in der Wohnbevölkerung bald die Mehrheit stellen dürften. Durchs Zentrum der einen multinationalen Gemeinschaft sind die utopischen Bürotürme von Parlament, Kommission und Rat zu sehen, die den Anblick der Stadt in zunehmendem Maße dominieren. Die trostlosen und verschmutzten Wohnviertel der Zuwanderungsbevölkerung

Justus Lipsius-Gebäude in Brüssel: Hinter diesen Mauern trifft der Europäische Rat unter Ausschluß der Bürger seine Entscheidungen

bilden die Kehrseite der Stadt. Die alte wunderbare Gotik der Grande Place, die da aus der flämisch-niederdeutschen mittelalterlichen Geschichte übrig geblieben ist, hat mit den beiden neuen Facetten der Brüsseler Gegenwart eigentlich kaum etwas zu tun.

Wenn man anderntags allerdings in den wirklich flämischen Teil des Landes reist und etwa in Gent Station macht, vermag man den Geist und die Geschichte Flanderns, dieses niederländisch-niederdeutschen Landes, zu erfühlen. In der Sankt-Bavo-Kathedrale angesichts des Genter Altares, den die Gebrüder Van Eyck im 15. Jahrhundert geschaffen haben, verspürt man das einzigartige bildnerische Talent dieses Volkes, daß im ausgehenden Mittelalter und in der frühen Neuzeit malerische Spitzenleistungen der Weltkunst und damit des Menschheits-Kulturerbes erbrachte.

355

Diese niederdeutsche Peripherie war also damals deutsches Kultur-Zentralland, und wer eben Städte wie Gent, Brügge oder Antwerpen sieht, mit ihren prachtvollen Rathäusern und wunderbaren gotischen Domen, mit ihren herrlichen Fachwerkhäusern und aufragenden Stadttürmen, der weiß, daß hier nach wie vor Zentren alteuropäischer Kultur- und Geisteswelt bestehen.

Die Rückreise führt uns dann von Brüssel über Luxemburg nach Trier. Angesichts des romanischen Domes von Trier, einer Stätte, wo seit 1.600 Jahren christlicher Gottesdienst betrieben wird, wird dem Betrachter vor Augen geführt, daß es eigentlich in erster Linie die Gotteshäuser sind, die deutsche mitteleuropäische Kultur ausmachen. Der Veitsdom in Prag, die Frauenkirche in Dresden, der St.-Petri-Dom in Bautzen, die Marienkirche in Lübeck, die Servatius-Kathedrale in Maastricht, die Kathedrale des heiligen St. Bavo in Gent und schließlich dieser Dom zu Trier, sie stellen die baulichen Spitzenleistungen deutsch-europäischen Geistes und Kulturlebens dar. Und das bis zum heutigen Tag, da dieses Europa, auch das deutsche Mitteleuropa, längst nur mehr in Restbeständen christliches Territorium ist. Ein Paradoxon der Geschichte.

Moselabwärts reisen wir bis Koblenz, durch die wunderschöne Weingegend, um dann rheinaufwärts und den Main aufwärts zu fahren und quer durch Deutschland die Heimat anzustreben. Dieses Deutschland des Sommers 2006 strahlt wieder mehr Optimismus aus. Ein Optimismus, der nicht nur durch die Fußballweltmeisterschaft begründet sein kann. Es ist nach wie vor ein schönes, ein reiches, ein gesegnetes Land, aber es ist ein Land der Probleme, ein Land mit ungewisser Zukunftsentwicklung. Das „heilige Deutschland", wie es Graf Stauffenberg vor dem Erschießungskommando am 20. Juli 1944 genannt hat, will jedenfalls immer wieder aufs Neue entdeckt und erschlossen werden.

Die Reiseroute

Von Wien über Prag nach Dresden, quer durch Mähren und Böhmen. Dann nach Bautzen ins Zentrum der Lausitzer Sorben. Weiter durch Brandenburg und Mecklenburg-Vorpommern, nach Stralsund und Rügen. Von dort nach Lübeck und weiter nach Schleswig. Dann über die Elbe hinunter zur Hansestadt Stade von dort nach Niedersachsen nach Goslar, Hildesheim und Hameln und Detmold und in die Stadt Herford. Von dort nach Maastricht und weiter nach Brüssel und Gent. Schließlich nach Luxemburg, weiter nach Trier und über das Moseltal, von dort quer durch Süddeutschland zurück nach Österreich.

Zwischen Drau, Donau, Theiß und Karpaten

Ein Lokalaugenschein entlang der alten Ostachse der K & K Monarchie

Mitteleuropa in seiner geistigen Dimension, aber auch in seiner geographischen Erstreckung ist so etwas wie ein eigener kultureller Kontinent. Ein Kontinent, der nach wie vor von der untergegangenen Habsburgermonarchie geprägt ist. Von Galizien im Nordosten bis Bosnien im Südosten, vom Bodensee im Westen bis zu den Karpaten im Osten erstreckte sich das habsburgische Territorium, ein Gewirr an Kulturen, Völkern und Landschaften. Die Zerstörungswut zweier Weltkriege und die jahrzehntelange Ödnis des real existierenden Sozialismus' vermochten es nicht, diesen geistigen Kontinent zu zerstören. Und wer sich heute die Mühe macht, die kulturellen Landmarken dieses Kontinents zu bereisen, wird Zeuge erstaunlicher kultureller Kontinuität.

Für dieses Mal bewegt sich der Reisende gewissermaßen auf der West-Ost-Achse der alten Monarchie. Drauabwärts aus dem alten inneralpinen Herzogtum Kärnten kommend, hinunter zuerst in die heute slowenische Untersteiermark. Vorbei an der untersteirischen Hauptstadt Marburg/Maribor gelangt er nach Ptuj, wie das alte steirisch-deutsche Pettau heute heißt. Bereits in der Römerzeit war Poetuvio ein wichtiges militärisches und wirtschaftliches Zentrum. Bis zur Plünderung im Hunnensturm lebten angeblich 40.000 Menschen in der römischen Provinzstadt. Bereits

in der Karolingerzeit wurde das Städtchen Pettau dann
Teil des fränkischen Reiches, später des Heiligen Römischen Reiches Deutscher Nation. Das wunderbar erhaltene
gotisch-barocke Städtchen ist heute von seinen alten deutschen Bewohnern längst verlassen. Mit seiner historischen
Bausubstanz und dem stattlichen Schloßberg ist es allerdings wieder ein Ziel des Ausflugstourismus geworden.
Die Gaststätten, wie das Fischlokal „Ribic" unmittelbar an
der angestauten Drau, haben ein beachtliches Niveau gewonnen. Aus ausschließlich wirtschaftlichen Gründen ist
die deutsche Sprache im einst deutschen Städtchen Pettau
wieder zunehmend zu hören. Die Kellner im Restaurant
„Ribic" nehmen selbstverständlich deutsche Bestellungen
entgegen, vom historischen deutschen Charakter der Stadt
zeugen allerdings nur mehr wenige Inschriften: „Arbeit
adelt, Bildung macht frei" kündet ein kleines barockes
Wappenschild über dem Eingang eines alten Pettauer
Bürgerhauses. Von solch altem deutschem Bürgerstolz ist
nur der Hauch einer Erinnerung geblieben.

Drauabwärts führt die Reise weiter in Richtung Osten,
über die slowenisch-kroatische Grenze hinweg nach
Varaždin. Die Barockstadt, die wir alle aus der Operette
„Gräfin Mariza" von Emmerich Kalman kennen, ist heute
ein kroatisches Provinzstädtchen. Die mitteleuropäisch-
kakanische Prägung der Stadt ist unübersehbar. Kein
Wunder, war es doch über Jahrzehnte, im 18. Jahrhundert
in der Regierungszeit Maria Theresias, die Hauptstadt des
kroatischen Königreichs.

Die Weiterreise führt uns von Varaždin über Kopriv-
nica weiter an der Drau entlang bis zum Grenzübergang
Barcs, wo wir ungarischen Boden betreten. Die Straßen-
verhältnisse in diesem nordöstlichen Teil Kroatiens sind
eher trostlos, und obwohl Varaždin als Zentrum eines wirt-

Pettau: Vom alten deutschen Bürgerstolz blieb nur mehr die Erinnerung

schaftlich entwickelten Teils des kroatischen Hinterlandes gilt, ist doch am Zustand der häufig unverputzten Häuser – sind es Rohbauten oder doch so etwas wie slawonische Backstein-Häuser? – zu sehen, daß hier doch noch große Armut herrscht. Die vielen österreichischen Kennzeichen zeugen davon, daß zahlreiche Bewohner dieses Landstrichs als Wochenpendler in die Steiermark oder nach Kärnten kommen, um ihr Brot in Österreich zu verdienen.

Nun verläßt der Reisende den nach Süden weichenden Lauf der Drau und fährt durch die Baranya, die die Donauschwaben Branau nennen, in Richtung Fünfkirchen, dem ungarischen Pecs. Fünfkirchen gilt mit seinen 160.000 Einwohnern als eine der schönsten Städte Ungarns. Es ist das Zentrum der südungarischen Donauschwaben und die Heimat von neun ethnischen Minderheiten mit eigener Selbstverwaltung. Der Bischofsitz und die Universität Pecs sind das geistige Zentrum des südwestlichen Ungarns, aber auch ein ökonomisch-industrielles. Fünfkirchen wird im Jahr 2010 den Titel „Kulturhauptstadt Europas" tragen und folgt in dieser Funktion der steirischen Landeshauptstadt Graz, die dies im Jahre 2003 war und unserem Reiseziel Hermannstandt/Sibiu, das im Jahre 2007 diese Funktion ausüben wird. Die Stadt ist dieser Ehrung auch tatsächlich würdig. Das historische Zentrum mit seinen zu Kirchen umgewandelten Moscheen bietet zahlreiche Denkmäler und malerische Plätze, anmutige Innenhöfe und Straßencafés mit südlichem Flair. Die im Jahre 1367 gegründete erste ungarische Universität ist heute eine international anerkannte Stätte von Forschung und Lehre. Die Tatsache, daß Fünfkirchen nahezu 150 Jahre von 1543 bis 1686, unter türkischer Herrschaft stand, wird von den bereits genannten umgebauten Moscheen eindrucksvoll bezeugt.

Fünfkirchen/Pecs: Die südungarische Stadt wird im Jahr 2010 den klingenden Titel „Kulturhauptstadt Europas" tragen

Für die etwa 60.000 Ungarndeutschen der Baranya/Branau ist Fünfkirchen nach wie vor das wirtschaftliche und geistige Zentrum. Als Sitz der deutschen Selbstverwaltung und als Begegnungszentrum genießen die Donau-Schwaben hier weiterhin eine gesellschaftliche und ökonomische Bedeutung, die über ihre Anzahl hinausgeht. Insbesondere in den umliegenden Weinbauorten ist das bäuerliche deutsche Element noch immer stark verwurzelt.

Etwa 600 Kilometer sind es, die der Reisende von Fünfkirchen über Mohacs und Szeged, die ungarisch-rumänische Grenze querend, über Arad bis hin nach Hermannstadt zurückzulegen hat. 600 Kilometer, die ausnahmslos auf Landstraßen mit starkem Durchzugsverkehr zu bewältigen sind, die in Ungarn zwar häufig neu asphaltiert, aber mit schlechtem Unterbau versehen sind und daher Rumpelpisten gleichen. Landstraßen, die in Rumänien die bislang nicht vorhandenen Autobahnen ersetzen und daher besser sind, dafür aber eben überaus starke Verkehrsfrequenz aufweisen. Die erste Hürde ist schon der Grenzübergang vor Arad, bei dem der Durchschnittsreisende mehrere Stunden Wartezeit einrechnen muß. Die Stadt Arad mit völlig verrotteten Plattenbauten ist ein Ausbund an Häßlichkeit.

Der Reisende wird in der Folge dafür von der schönen offenen und weitläufigen rumänischen Landschaft entschädigt, insbesonders wenn er sich dann dem siebenbürgischen Bergland nähert. Durch alte siebenbürgersächsische Siedlungen wie Mühlbach, heute Sebas, und dem Landlerdorf Großpol, erreicht man Herrmannstadt, das die Rumänen Sibiu nennen. Die ganze Stadt ist im Sommer 2006 eine einzige Baustelle, und erst wenn man in den altstädtischen Bereich gelangt, vermag man die Schönheit der vorbildlich renovierten historischen Sachsen-Metropole zu erkennen. Kaum mehr als 2.000 Siebenbürger Sachsen und Landler leben heute noch in Hermannstadt – bei insgesamt 160.000 Einwohnern sind dies nicht einmal mehr zwei

Im Hermannstädter Ratshaus: A. Mölzer und Bürgermeister K. Johannis

Prozent. Noch 1918, am Ende des 1. Weltkrieges, standen annähernd 20.000 Sachsen nur 7.000 bis 8.000 Rumänen gegenüber. Und dennoch geschah im Jahre 2000 das Wunder, daß bei den Kommunalwahlen der Kandidat des Demokratischen Forums der Deutschen, der vormalige Physiklehrer und Schulinspektor Klaus Johannis in der Stichwahl mit 70.000 Stimmen zum Bürgermeister von Hermannstadt/Sibiu gewählt wurde. Vier Jahre später, im Jahre 2004 war der heute 45jährige Siebenbürger Sachse so beliebt, daß er auf Anhieb von nahezu 90 Prozent der Hermannstädter Bevölkerung, also auch von der weitaus überwiegenden Mehrheit der Rumänen, neuerlich zum Bürgermeister gewählt wurde. Während es bei der ersten Wahl – so erklärt uns der Bürgermeister selbst – eine Art Protestvotum gegenüber der etablierten und vielfach versagenden rumänischen Politik war, war es bei der zweiten Wahl wohl die Honorierung der persönlichen Leistungen des Bürgermeisters und seiner Stadtrats-Mannschaft. Zuerst stellte das deutsche Forum nur 7, jetzt stellt es 15 der 26 Stadtabgeordneten.

Klaus Johannis, den wir im neu restaurierten Rathaus besuchen, erzählt uns nicht ohne Stolz, daß die zahlenmäßig so geschrumpften Siebenbürger-Sachsen im gesellschaftlichen und wirtschaftlichen Leben der Stadt, nicht zuletzt durch seinen politischen Erfolg, nunmehr wieder eine bedeutende Rolle spielen. Eine Rolle, die sich auch darin manifestiert, daß der Bürgermeister von Mediasch ebenso ein Siebenbürger Sachse ist wie etwa der Kreisvorsitzende. Den Zuschlag als europäische Kulturhauptstadt bekam Hermannstadt gemeinsam mit Luxemburg erst im Jahre 2004, also vor drei Jahren. Für diesen kurzen Zeitraum ist das Revitalisierungs- und Restaurierungsprojekt der altensiebenbürgischen Metropole in beeindruckendem

Maße fortgeschritten. Das historische Ensemble auf den zentralen Plätzen der Stadt wurde nicht zuletzt mit Hilfe österreichischer und deutscher Firmen wiederhergestellt. Wunderschön die neu gedeckten Dächer der behäbigen Barock-Stadthäuser, stilvoll das neue Pflaster auf dem als „großer Ring" gezeichneten Stadtplatz. Christian Rado, der Koordinator des Projekts „Europäische Kulturhauptstadt", erläutert uns, daß es den Organisatoren in Hermannstadt nicht so sehr darauf ankomme, einzig und allein im Jahre 2007 mittels punktueller Kulturveranstaltungen Menschen in die Stadt zu locken, sondern daß man vielmehr mittels der großzügigen Sanierung der städtischen Infrastruktur und durch den Aufbau eines neuen kulturellen Selbstverständnisses längerfristig für die Stadt und ihre Bewohner Perspektiven eröffnen will.

Die kleine sächsische Gemeinschaft Hermannstadts trifft sich Sonntagvormittags zum Gottesdienst in der evangelischen Pfarrkirche. Diesmal ist es der alte Pfarrer Rehner, der der Gemeinde in einer eindrucksvollen Predigt – ganz gegen den Zeitgeist – das Bild eines strafenden und richtenden Gottes zeichnet. Überwiegend sind es wie in nahezu allen Kirchen des alten Europa auch hier ältere Menschen, die den Gottesdienst besuchen, es findet sich aber doch auch sächsische Jugend in der evangelischen Pfarrkirche ein.

Der nunmehr 83jährige Ehrenvorsitzende des Deutschen Forums, der emeritierte Theologieprofessor Paul Phillipi, erzählt uns, daß von den etwa 250.000 Siebenbürger Sachsen, die es vor dem Kriege gab, nur mehr rund 15.000 verblieben sind. Ein Teil von ihnen ging im Zuge des Kriegsendes bereits nach Deutschland, so wie Phillipi selbst, der, wie seine Generation insgesamt, zur Waffen-SS eingezogen worden war und dann in Heidel-

Hermannstädter Dächermeer: Fast scheint es, als sei die Zeit stehengeblieben

berg landete, wo er Ordinarius für Theologie wurde. Der andere Teil siedelte in der Ceausescu-Ära in die Bundesrepublik Deutschland aus, die damals für jeden Rumäniendeutschen ein Kopfgeld zu zahlen pflegte – seinerzeit eine willkommene Einnahmequelle des kommunistischen Rumänien. Professor Phillipi kam bereits im Jahre 1982 als Theologieprofessor zurück nach Hermannstadt, wo er sich nach der Wende dem Aufbau des Deutschen Forums widmete. Auf die Frage, ob er eine Chance sehe, daß ein Teil der jüngeren ausgesiedelten Siebenbürger Sachsen aus Deutschland zurück nach Hermannstadt kehren könnten, meint Phillipi, daß dies zwar vereinzelt geschehe, daß er aber eher die Hoffnung hege, daß Menschen aus Deutschland oder aus Österreich, die keineswegs Siebenbürger Sachsen wären, aus anderen Gründen nach Siebenbürgen zuzögen. Und tatsächlich trifft man auf der Straße in

367

Hermannstadt auf das eine oder andere bekannte Gesicht aus Österreich. Da der Klagenfurter Student, der sich die Kulturhauptstadt des Jahres 2007 kurz ansehen möchte, dort der pensionierte Luftlinienmitarbeiter aus Wien, der bereits vor langen Jahren eine Rumänin geheiratet hat und in Hermannstadt eine Wohnung hat. Die Welt ist klein – allzumal in Mitteleuropa.

Apropos, Kulturstadt-Koordinator Rado erläutert uns, daß es einen großen Unterschied zwischen dem heutigen Rumänien diesseits und jenseits der Karpaten gibt. Jenseits, rund um Bukarest, das sei der Balkan, meint Rado. Diesseits in Siebenbürgen, in Transsilvanien, wie er sagt, das sei Mitteleuropa. Und er erläutert uns eines der größeren Projekte im Zuge des Kulturhauptstadt-Jahres, das sich mit dem „Ostrand des Imperiums" beschäftigt. Dabei sollen in Hermannstadt eine Reihe von Örtlichkeiten, die an das alte Habsburgerreich erinnern, bespielt werden, teilweise als Ausstellung, teilweise als „Event" gewissermaßen – das traditionsreiche Hotel „Zum römischen Kaiser", wo vor mehr als 200 Jahren bereits Kaiser Josef II. abgestiegen war, die alte K & K Kaserne, der Bahnhof, das wunderbar restaurierte Thalia-Theater, das Bruckental-Museum und andere Stätten mehr. Im traditionsreichen Zentrum von Hermannstadt ist man versucht, die Entwicklung Rumäniens in allzu rosigem Lichte zu sehen. Die vorbildlich vorgenommenen Restaurierungsarbeiten und die allgemeine Geschäftigkeit der diversen Bautrupps vermitteln das Bild eines allgemeinen Aufbruchs. Der dynamische deutsche Bürgermeister Johannis und das rege Leben in der Stadt selbst lassen vergessen, daß in anderen Teilen Rumäniens, allzumal auf dem flachen Lande, die Zustände nach wie vor im argen liegen. Wer etwa die Durchzugsstraßen verläßt und in die kleinen Dörfer fährt, tut gut daran, ein geländegängiges Fahrzeug zu haben. Während in Hermannstadt bereits reger Städtetourismus vorzufinden ist, der sich im Kulturhauptstadtjahr 2007 gewiß noch massiv steigern dürfte, gibt es auf dem flachen Lande, auch in Siebenbürgen, noch nicht einmal die primitivsten Voraussetzungen für Fremdenverkehr. Weder die entsprechend notwendige Verkehrsinfrastruktur ist vorhanden noch jenes Mindestmaß an Gastronomie, das man den Touristen bieten muß. Von der vielgepriesenen Europareife des Landes ist wenig festzustellen.

Ganz abgesehen von den Mängeln in der Infrastruktur Rumäniens ist beispielsweise das Lohnniveau von einer Europareife weit entfernt. Ein gehobener Durchschnittsverdienst eines rumänischen Angestellten beträgt an die 200 Euro im Monat. Beobachtern ist es vollends ein Rätsel, wie die Menschen mit derlei Einkommen die keineswegs unbeträchen Lebenshaltungskosten bestreiten können. Kleine Leute, die jahrzehntelang in irgendwelchen ländli-

Rumänischer Alltag: Das neue EU-Mitglied hat noch einen weiten Weg vor sich

chen Genossenschaften geschuftet haben, bekommen zwischen 30 und 70 Euro Pension. Man kann sich vorstellen, daß dieser gewaltige Unterschied zwischen dem durchschnittlichen EU-Lohnniveau, etwa in Österreich oder in Deutschland, und den rumänischen Zuständen geradezu so etwas wie einen Sog auf den Arbeitsmarkt der bisherigen EU-Staaten erzeugt. Dennoch ist Rumänien ebenso wie Bulgarien seit 1. Jänner 2007 Mitglied der Europäischen Union sein. Und die Eröffnungsveranstaltung des Kulturhauptstadtjahres in Hermannstadt sind gleichzeitig mit den Aufnahmefeierlichkeiten Rumäniens in die EU zusammengefallen. Auf der bereisten Ost-West-Achse, die sich auf einer Länge von rund 1.000 Kilometer zwischen Kärnten und Siebenbürgen erstreckt, stellt Hermannstadt so etwas wie die letzte mitteleuropäische, deutschgeprägte größere Stadt dar. Diese Ost-West-Achse durchmaß vor einem Jahrhundert die gesamte Habsburgermonarchie, sie durchmißt heute das sich im Rahmen der EU-Osterweiterung wieder findende Mitteleuropa. Das geistlich-kulturelle prägende Element dieses Mitteleuropas ist das Erbe der alten Habsburgermonarchie. Das tragende Element dieses Raumes war einmal das in Streusiedlungen lebende Deutschtum, das bis hin in den Karpatenbogen Christentum, städtisch-bürgerliche Kultur und westlich-humanistische Gesittung in den Osten Europas gebracht hatte. Heute existieren von diesen tragenden Elementen nur noch Restbestände, die aber – man denke eben an Hermannstadt – auch heute noch eine wichtige Funktion ausüben.

Bei allen Problemen, die die allzu rasche und allzu unvorbereitete EU-Osterweiterung mit sich gebracht hat und mit sich bringt, ist es doch ein positiver Faktor, daß ausgerechnet Herrmannstadt zum Zeitpunkt der Aufnahme Rumäniens in die Europäische Union auch den Ehrentitel einer rumänischen Kulturhauptstadt inne hat. Hermannstadt, das ist heute eine rumänische Metropole – keine Frage. Hermannstadt, das ist aber vom historischen Erbe her eine deutsch-sächsische Stadt. Hermannstadt, das ist vom Geist her eine Erinnerung an das alte Österreich. Eine Stadt, die ihr Wiederaufblühen Männern wie dem Bürgermeister Johannis, dem alten Theologieprofessor Phillipi, dem evangelischen Pfarrer Rehner, aber auch dem jungen Kulturhauptstadt-Koordinantor Rado oder dem österreichischen Kulturattaché in Rumänien, Frau Bärbel Schöfnagel, verdankt. Letztere hat über Jahrzehnte die privaten Hilfsinitiativen für die Siebenbürger-Sachsen von Wien aus koordiniert. Daß sie heute das Wiederaufblühen der von ihr so geförderten Stadt erleben darf, muß nicht nur von ihr als glückliche Fügung betrachtet werden.

Der kulturelle Raum zwischen Drau, Donau und Theiß und Karpatenbogen umfaßt heute ein halbes Dutzend von Staaten. Der Reisende durchmißt, nachdem er Österreich verläßt, Slowenien, Kroatien, Ungarn, Rumänien und auf der Rückreise auch noch Serbien. Trotz aller allzu berechtigten Kritik an der Europäischen Union ist es doch eine glückliche Fügung, daß sich dieses östliche Mitteleuropa nunmehr nach und nach schrittweise wiederfindet. Ob das heutige kleine, vielleicht bisweilen allzusehr nach Westen orientierte Österreich in der Lage sein wird, bei dieser Widerfindung jenes Raumes, den es über Jahrhunderte dominiert hatte, eine mitgestaltende Rolle zu spielen, bleibt abzuwarten.

Woche für Woche Hintergrund-
informationen aus Österreichs einziger
wertkonservativer Wochenzeitung

Testen Sie das einzige, wöchentlich
erscheinende Printmedium, das sich nicht
dem linken Zeitgeist und Tugendterror
unterworfen hat.

Jetzt bis zu fünf Bücher zum „Zur Zeit"-
Abo! Näheres unter www.zurzeit.at

Vorname, Zuname

Straße   PLZ, Ort

Vorwahl/Telephonnummer

Bezugsart angeben (jährlich 50 Ausgaben, vierteljährlich 12 Ausgaben), bei Versand
ins europäische Ausland (Preise für Deutschland siehe unten) zzgl. Porto:

Österreich	Förderabo	Jahresabo	Sozialabo *
jährlich	☐ 166,40 €	☐ 98,00 €	☐ 48,00 €
halbjährlich	☐ 84,30 €	☐ 51,00 €	☐ 25,50 €
vierteljährlich	☐ 43,20 €	☐ 27,00 €	☐ 14,00 €
Deutschland			
jährlich	☐ 171,20 €	☐ 123,00 €	☐ 79,70 €
halbjährlich		☐ 63,00 €	☐ 41,35 €

Ich zahle per   ☐   Einzugsermächtigung   ☐ Rechnung

Konto-Nr.   BLZ   Bank

**Das Abonnement wird automatisch verlängert, wenn es nicht mindestens drei Wochen
vor Ablauf gekündigt wird!**

X _____
Datum, Unterschrift

Bitte diesen Abschnitt ausschneiden und einsenden an: „Zur Zeit"-Leserdienst,
Postfach 80, A-1031 Wien oder per E-Mail an die Adresse abo@zurzeit.at oder per Fax (01) 712 10 57 DW 20;
* Schüler, Studenten, Grundwehrdiener, Ausgleichszulagenbezieher, Sozialhilfeempfänger (Nachweis beifügen!)

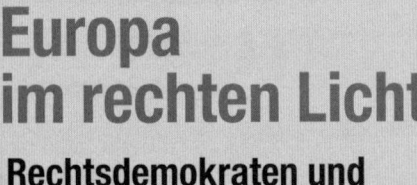